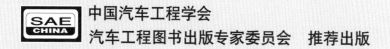
中国汽车工程学会
汽车工程图书出版专家委员会　推荐出版

汽车智能制造典型案例选编 2018

Typical Cases of Automobile Smart Manufacturing（2018）

中国汽车工程学会　组编

北京理工大学出版社
BEIJING INSTITUTE OF TECHNOLOGY PRESS

版权专有 侵权必究

图书在版编目（CIP）数据

汽车智能制造典型案例选编：2018／中国汽车工程学会组编 . —北京：北京理工大学出版社，2018.10
 ISBN 978－7－5682－6367－2

Ⅰ.①汽… Ⅱ.①中… Ⅲ.①汽车制造厂－智能制造系统－案例－汇编 Ⅳ.①U468.2

中国版本图书馆 CIP 数据核字（2018）第 218850 号

出版发行 ／ 北京理工大学出版社有限责任公司
社　　　址 ／ 北京市海淀区中关村南大街 5 号
邮　　　编 ／ 100081
电　　　话 ／ （010）68914775（总编室）
　　　　　　（010）82562903（教材售后服务热线）
　　　　　　（010）68948351（其他图书服务热线）
网　　　址 ／ http：//www.bitpress.com.cn
经　　　销 ／ 全国各地新华书店
印　　　刷 ／ 北京地大彩印有限公司
开　　　本 ／ 710 毫米 × 1000 毫米　1/16
印　　　张 ／ 20.75　　　　　　　　　　　责任编辑 ／ 张鑫星
字　　　数 ／ 362 千字　　　　　　　　　　文案编辑 ／ 张鑫星
版　　　次 ／ 2018 年 10 月第 1 版　2018 年 10 月第 1 次印刷　责任校对 ／ 周瑞红
定　　　价 ／ 168.00 元　　　　　　　　　　责任印制 ／ 王美丽

图书出现印装质量问题，请拨打售后服务热线，本社负责调换

序 言

近年来以信息技术与制造业深度融合为重要特征的新一轮科技和产业革命正在蓬勃兴起，推动着制造业的生产方式逐步发生深刻的变革。为顺应制造业这一发展趋势，世界上主要发达国家采取了一系列重大举措，希望依靠以智能制造为核心构建新的优势。智能制造是《中国制造2025》确定的主攻方向，也是推动中国制造业转型升级的关键所在。近几年经过各方面共同努力，在全社会、全行业形成了协同推进智能制造的良好氛围，特别是在2015年工信部组织实施的智能制造综合标准化与新模式应用项目起到了很好的推动作用，智能制造标准体系更加完善，新模式推广应用成效显著，智能制造支撑能力进一步增强。另外，由中国汽车工程学会作为发起学会之一的国际智能制造联盟工作近来我也参与其中，目前正在筹备阶段，相信不久我们与国际的合作交流也将得到不断的深化。

汽车产业是展示国家强弱的标志，具有极强的时代特征。当前汽车产业正处于转型升级的关键时刻。汽车产业的低碳化、电动化、智能化、共享化成为新的发展趋势。2018年进一步的改革开放，包括股比放开和关税下调，汽车产业处于空前激烈的市场竞争中。

本书在这个时候出版恰到好处，相信本书能够为广大主机厂和汽车零部件厂提供一些借鉴和参考，书中不仅包括了近年来国内整车智能化新工厂的建设项目，也包括了零部件和新能源汽车电池智能制造案例。本书收录了去年刚刚投产的华晨宝马新大东工厂项目，工厂生产过程通过大数据的运用，使柔性生产成为可能，据了解，该工厂只需在车身车间及总装车间对设备稍做改造，就能实现纯电动、混动以及传统燃油车的并线生产，这个项目被行业内认为是中德双方在汽车行业智能制造合作典范，非常值得国内厂商学习借鉴。此外，书中还包括国内自主品牌厂商的智能制造方案，比如长安汽车鱼嘴工厂智能制造基地通过柔性夹具切换、信息化质量控制、产线在线监控等一系列关键技术在冲压、焊装线上的具体应用,长安汽车实现了具有自身特色的智能制造系统上的突破。

  汽车产业的发展正在迎接新的技术革命和产业变革,柔性化、智能化和高度集成化是打造汽车企业未来核心竞争力的关键,我们需要在有限的时间内在汽车制造核心技术上有所作为、有所突破,在整个产业链上实现协同创新和合作。同时,我们也要看到我们的汽车产业体量很大,但国际市场的表现并不尽人意,所占的市场份额很小,未来我国汽车品牌想要走出国门必须苦练内功,通过提质增效打造中国制造品牌,而通过智能制造技术对产业进行升级就是实现"两提高、一降低"的途径。

  本书凝聚了众多智能制造行业专家的智慧与心血,相信此书会给汽车产业相关从业人员带来启发或借鉴。借此机会,向参与本书撰写的各位专家表示衷心的感谢!感谢在百忙之中不辞辛苦、分享经验与成果。同时也向在编辑出版工作中付出辛劳的所有工作人员表示感谢!

中国汽车工程学会名誉理事长
中国汽车制造装备创新联盟理事长

前　　言

自 2006 年以来，日本、美国和德国等世界工业化强国相继推出发展先进制造技术的战略规划。2015 年中国政府提出《中国制造 2025》发展战略，这是我国实施制造强国战略第一个十年的行动纲领，其主线是以科技创新为主要驱动力，加快新一代信息技术与制造业的深度融合，主攻方向是智能制造。目前在世界范围内，制造业已成为经济竞争的制高点，而智能制造则是全球制造业发展的主要目标。

经过近几十年的快速发展，我国制造业已建立起门类齐全、独立完整的制造体系，规模跃居世界第一位，成为支撑我国经济社会发展的重要基石和促进世界经济发展的重要力量。尽管如此，我们应该清醒地认识到，我国仍处于工业化进程中，与先进国家相比还有较大差距。总体来说制造业大而不强，自主创新能力弱。具体表现为关键核心技术与高端装备对外依存度高，以企业为主体的制造业创新体系仍不够完善；此外，还存在产业结构不合理，高端装备制造业和生产性服务业发展滞后，特别是制造业信息化水平不高，与工业化融合深度尚不够。这些都是在大力推进制造强国建设的进程中必须着力加以解决的问题。

尽管在国际上对于智能制造并没有十分明确的定义，但无疑人工智能、机器人和数字化制造三大技术为智能制造提供了技术基础，其数字化和网络化的特征已构成新一轮工业革命的核心技术。几年来的实践使我们对智能制造有了更明晰和深刻的认识。中国制造业发展的当务之急是鼓励加快发展智能制造装备和产品，从而推进制造过程的智能化，包括在重点领域试点建设智能工厂/数字化车间，加快人机智能交互、工业机器人、智能物流管理、增材制造等技术和装备在生产过程中的应用，促进制造工艺的仿真优化、数字化控制、状态信息实时监测和自适应控制。

汽车业是综合性较强的行业，同时也是资金密集和技术密集的行业，所以一个国家汽车产业的水平可以反映这个国家的综合实力。一直以来汽车行业给予智能制造更多的关注。我国汽车整车生产有完整的标准化生产体系,自动化生产水平非常高,在制造业中智能化水平处于领先。在中国整车及零部件生产企业中,不少企业已经开始实施智能制造,并取得了很不错的效果。智能化工厂的建设基础良好,利用国内外企业提供的软、硬件装备进行系统集成,完成从自动化生产线到数字化车间、甚至数字化工厂的升级或者新建工作。国内整车企业已经100%实现了核心工艺自动化。

在大数据、物联网、云技术和机器人等几项技术的支持下,近年来中国汽车行业智能制造的实践表明,一些重点企业,特别是国内多家汽车自助品牌的生产企业在智能制造的不同领域进行了大胆和有益的尝试,他们的积极探索和取得的宝贵经验亟待进行及时总结并进行大力推广。基于此目的,我们特别收集、整理和编辑本书,通过一些企业在汽车智能制造实践中具体的典型案例和技术应用,以期在汽车和机床以及相关行业内得到同行有益的借鉴,同时促进汽车智能制造领域科技工作者的技术交流,共同推动汽车行业智能制造技术的发展。

本书共收集19篇文章,分别以汽车智能制造新工厂建设案例、汽车智能化制造工艺案例和汽车智能制造案例与技术应用等几方面进行归纳和分类。其内容涉及智能制造的多种内涵和关键技术,除了智能工厂、智能车间、智能生产线和汽车制造的传统工艺外,还包括智能管理、智能服务和智能物流与供应链及软件等诸多方面。这些典型的案例和技术应用基本反映出目前国内在汽车智能制造领域的水平和现状。

此外,特约稿《新一代智能加工系统——智能工艺中心》一文,以独特的工业视角诠释智能制造,提出一种面向未来的智能加工系统的理论框架和技术构想。同时,结合中国轻量化加工的实际需求和欧洲最新技术动向以及厂商应用案例,探讨新一代轻量化加工设备的技术路线。

希望通过本书的出版,对于在汽车制造企业中的决策者,能够在研究和制定智能制造发展战略,促进科技成果的产业化以及深化互联网在制造领域的应用能够有所帮助;特别是在汽车行业加快推动新一代信息技术与制造技术融合的发展中起到积极的促进作用。

目 录

第一篇　汽车智能制造新工厂建设案例

1. 长安乘用车智能制造基地建设 ………………………………… 彭小刚 / 3
2. 长城汽车智能工厂与高端智能装备 ……… 臧传福　王　周　张光辉 / 31
3. 华晨宝马智能制造技术与集成应用 ………………………… 刘来超等 / 46
4. 吉利汽车智能制造战略的创新实施 ……… 李瑞方　张　喆　石文玲 / 61
5. 宇通客车智能制造实践探索 ……………………… 谢群鹏　李建凯 / 80

第二篇　汽车智能制造信息化案例

1. 4 000吨高效智能压铸岛及生产管理信息化系统 …… 康运江　高梅香 / 95
2. 智能制造在车身装焊工艺开发和生产中的应用 …… 信振宇　高琳琳 / 106
3. 立足制造本质，打造智能工厂——北京宝沃发动机厂
 ………………………………………… 李奉珠　包树楠　匡　野 / 119
4. VC虚拟调试——汽车行业中的VR ……………………… 丁裕冬 / 158
5. 节能与新能源汽车智能柔性焊接系统解决方案
 ………………………………………… 刘铸斌　彭小刚　刘亚飞 / 168
6. 汽车行业智能制造实现路径与解决方案 ………………… 万　波 / 181
7. 新松机器人在汽车智能制造中的应用 …………………… 王金涛 / 198

第三篇　汽车智能制造案例与技术应用

1. 汽车精密阀类部件的智能装配与检测
　　…………… 樊　悦　邓　媞　赵　奇　刘　昆　檀学莹　刘国状 / 211
2. 智能仓储物流系统在离散制造业中的应用
　　………………………………………………… 吴　双　杨　骁　武名虎 / 222
3. 自主研发的双离合自动变速器（DCT）装配测试数字化车间
　　…………………………… 王淑旺　屠庆松　汪　波　王　瑞 / 235
4. 新能源汽车锂电池模组线和 PACK 线智能制造新模式
　　………… 曹云翔　王明睿　刘振国　金武飞　郭　瑞　谢兵兵 / 253
5. 生产线智能管理系统的开发 ………… 樊峻杉　宋　阳　索　强 / 272
6. 高效环保型发动机智能制造技术研究与应用
　　………………………………………………… 李小青　刘　成 / 283

特邀稿

1. 新一代智能加工系统——智能工艺中心 ………… 吴昊阳 / 303

第一篇

汽车智能制造新工厂建设案例

长安乘用车智能制造基地建设

重庆长安汽车股份有限公司　彭小刚

一、实施背景与状况

在智能化、"互联网+"的大背景下,汽车产业形态正在发生深刻的变化,互联网、虚拟仿真、柔性化制造等技术的广泛应用,使汽车产业正在被重新定义。长安汽车以智能制造的发展战略为牵引,以智能化工厂、智能化产品、智能新模式、智能化管理等着力点,全面推进智能制造工作,已初步建成以产品全生命周期管理支撑企业战略和业务发展的大型数字化制造企业。

长安汽车智能制造以"大批量个性化定制生产模式"为目标,以数字化、信息化、自动化为智能制造的手段,以产品平台化设计、精益化制造解决大批量定制化效率问题和成本问题。采用"一车、一单、一BOM(物料清单)、一工艺、一物流、一配送、一装配、一检验"的技术理念,搭建产品代码解析系统,自动解析客户订单为制造代码,指导设备运行、物流配送、人工作业的智能执行。

鱼嘴乘用车基地是长安汽车建设智能化工厂的首次尝试。该工厂建设规划阶段,初步以"自动化信息化融合""柔性平台化""智能化产品"为定位,设计建设过程中逐步融入"数字化设计""虚拟制造仿真""大数据决策""机器自适应"等技术。信息化方面全面运用自动化、物联网技术、制造执行平台,将机器、设备、网络系统与先进传感器和穿戴应用服务相连,实现人机交互,由系统进行管理、组织生产。数字化设计方面,运用PD、PS、Plant对产品全生命周期中的工艺设计和制造过程进行模拟、验证、优化,使生产过程和制造过程最优、生产状态更稳定。

二、长安智能制造的主要技术路径

1. 数字化

平台体系:建立TC数字化制造管理平台,实现主数据(BOP)在工艺开发（SE、CAE等），数字化工厂设计，生产制造各阶段的同源共享；采用"虚实双胞胎"的技术路线，推进"数字化工厂与实物工厂的交互控制、等效验证"。

落地情况：已应用在长安汽车冲压、焊接、涂装、整车总装四大专业，优化了汽车工艺规划、人机工程、生产效率。

2. 信息化

系统路线：互联网+融合到全产业链，将客户、主机厂、零部件供应商、4S店集成，实现全产业链的协同。

数据管理路线：在重庆鱼嘴基地建设长安全球数据中心，逐步建成车联网云、电商云、基础设施云，挖掘应用五国八地研发数据、9个整车基地和9条发动机基地的制造数据、全球客户数据。

业务技术路线：以产品28位代码为基础，运用超级BOM手段将客户选配订单转换为制造执行代码，指挥生产制造。

制造环节信息化：构建IT（信息技术）网络集群、工业控制、物联网集群，实现底层工艺设备到企业上层管理系统之间的贯通。业务逻辑植入信息化系统，自动运行，实现制造业务从"人管理"到"系统自动执行"的变革。

3. 自动化

长安汽车从"提升自动化率+全生命周期管理+品牌统一、降成本"三个方向推荐自动化工作落地。搭建设备管理系统，采集关键自动化设备（机器人、NC、压机等）的电流衰减、精度变化等内部数据，通过大数据分析预测维护，提升自动化产线的开动率。

4. 产品平台化

定义长安平台"3+1"模块、整合长安汽车全球研发资源、开展前置前驱模块化平台架构开发。3+1模块——动力系统：动力系统及机舱实现标准化布置，主要零部件通用化，实现P3平台轿车、SUV（运动型多用途汽车）、MPV（多用途汽车）等同平台开发。

底盘系统：按整车属性目标选择系统和硬点，与车身接口实现标准化、系列化。

电气系统：电子电器架构搭建和完善以及智能化开发。

下车体：研究同平台车身架构衍生以及车身结构轻量化设计。

5. 制造平台化

将平台内车型的工艺流程、工艺方法、制造工时、传输定位等制造要素整合，实现平台内车型的通用化设计，从而实现同平台车型在相应的平台基地"0"改造共线生产，工装设备通用化程度提升、生产管理简化、制造成本降低。

三、主要实施内容和措施

1. 工厂级信息化系统

工厂智能制造系统根据业务通用性，分为"工厂级"系统与"车间级"系统，如图1所示。

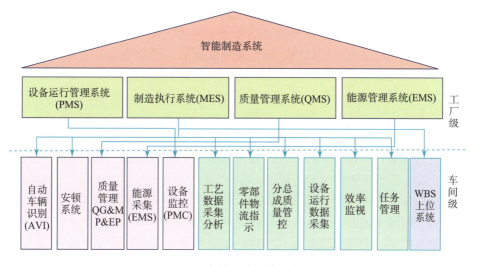

图1 智能制造系统组成

工厂级，统一建设整车制造四大专业，均涉及"设备运行管理""制造执行""质量管理""能源管理"系统。

设备运行管理系统（PMS）：与企业级设备资产管理系统并行，补足设备技术管理的空白。通过对设备运行状态数据进行分析，自动监控和分析异常，判断故障点，开展预防、预测维护，实现"基于经验的被动维护转变为基于状态的主动维护"；运用IT技术、业务管理植入系统，实现系统自决策。以设备关节/部件为核心构建精准维护系统（设备的关节/部件负荷强度不同，应针对性考虑维护内容、维护周期），改变目前以整体设备为核心的粗放式维护模式。采集机器人、NC、电动机等关重设备各关节/部件的电流衰减、精度衰减、转速、轴偏差等核心内部参数，通过大数据趋势分析，提前判断设备运行风险、故障点及出故障时间，进行预测性、精准性维护。

制造执行系统（MES）：工厂层制造执行系统主要实现乘用车基地与股份公司核心业务流程的贯通，与企业级上层系统包括 ERP（企业资源计划）、SRM（供应链管理）、LES（物流执行系统）、Portal 等进行数据交互，实时准确地将生产任务分解下发到各车间，再由各车间级智能制造系统承接，组织现场执行生产任务。

质量管理系统（QMS）：将生产过程中与质量有关的数据（生产过程质量、全检、抽检区域问题）及时准确录入系统中，实现进货质量管理中控制计划涵盖各风险零部件、杜绝进货质量管理中必检零件（新品）的未检漏入，实现产品生产过程质量数据分析，及时对操作者进行指示，对管理者进行预警。便于质量问题跟踪、追溯、分析达到提升过程质量的目的，提高生产现场管理人员过程质量控制管理水平。质量管理系统业务模型如图 2 所示。

能源管理系统（EMS）：采用数字化智能电表、流量计、水气表等，分别建设设备级、产线级、车间级、能源站级能源监控网络，实时采集四大工艺车间能耗数据，结合动态能源价格，分析用能量、用能形式等，指导能源采购、用能管理、能耗分析，系统性地提高工厂能源利用率，减少能源损耗，提升能源供给的计划性，减少企业能源支出。

2. 冲焊涂总车间级智能制造系统

互联互通：构建 IT 网络集群、工业控制、物联网集群，实现底层工艺设备到企业上层管理系统之间的贯通。

业务集成：将生产、质量、工艺、设备、能源等管理逻辑融入系统、自动运行，实现工艺业务"人管理"到"系统管理"变革。

数据集成：车间底层数据（生产、工艺质量、设备）全采集，实现大数据驱动生产管理。

冲压车间智能制造系统：原冲压车间与整车生产制造信息沟通严重脱节，生产资源占用大，不能满足整车生产高速、柔性、精益化生产需求。冲压车间智能制造系统深入整合核心业务，包括工艺、物流、制造、质量、设备核心业务 30 余项，车间管理 KPI（关键绩效指标）及算法 40 余项，形成了以智能化任务管理、智能排产、物料管理等 15 个核心功能块为主的系统功能构架，如图 3 所示。

冲压智能制造系统主要基于智能传感、智能识别、工业以太网、Scada 等关键技术，引进先进的智能制造技术 Ampla、Citect 平台，将车间高速压机、高速传输设备、端拾器、工装模具、自动化立体仓库、高精度视觉检测设备、自动识别物流盛具等硬件集成为智能"物联网"系统，将智能"物联网"系统与工厂级 MES 管理系统的生产计划与制造信息同步共享，实现以整车生产需求为拉动的智能化冲压生产模式。同时，冲压智能制造系统为车间必要的人工工位提供人机交互界面，将系统指令通过声音、亮灯、HMI（人机接口）等设备下发到工位，实现车间业务自动化管理执行。同时将人工作业数据采集进系统，冲压车间现场业务数据全采集，为管理层提供精确可靠的车间运行数据，支撑数据驱动管理。

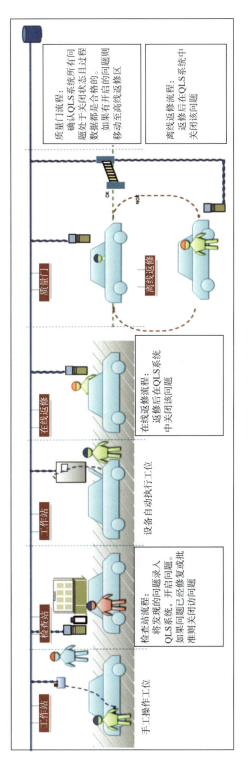

图2 质量管理系统业务模型

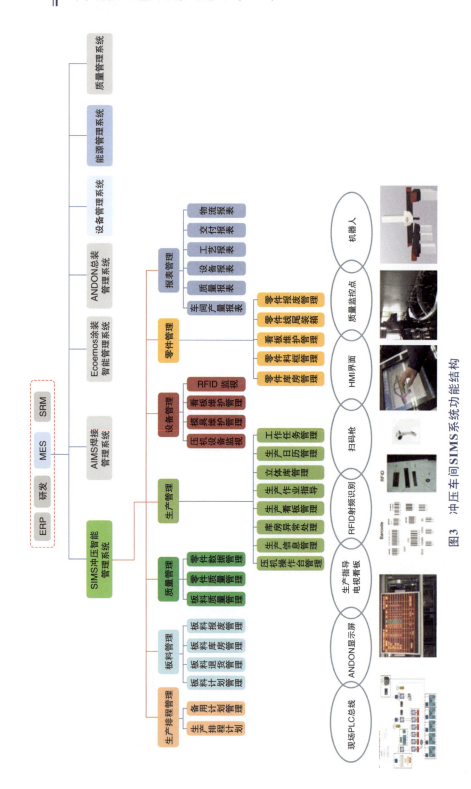

图3 冲压车间SIMS系统功能结构

焊接车间智能制造系统：面对新品快速上市的汽车市场，为保持竞争力，长安汽车开启整车产品平台化开发模式，建造柔性生产线；以研究及运用智能连接技术、智能传输技术、智能工装切换技术、智能质量检测技术四大技术为主导，推进智能柔性生产线建立，实现多车型共线生产。同时以工艺流程、夹具和滑橇定位点、抓具定位点、工艺方法四个工艺要素为主导推进新品导入产品限制条件的研究工作，实现制造平台化开发模式创新。其次建立生产线系统集成，包含工业以太网、PLC（Programmable Logic Controller，可编程逻辑控制器）控制、人机界面、现场总线、伺服控制、安全总线六大先进技术，将六大集成技术应用到长安汽车智能制造项目，建立长安汽车自主设计和应用标准，缩短项目方案设计周期，促进智能制造和多车型共线生产目标的实现。搭建三层系统构架，贯通上下层执行系统的数据链路；建立智能化管理系统平台，包含制造过程参数、设备、能源、质量、物流等方面的内容；以RFID（Radio Frequency IDentification，射频识别）、传感器、PLC及自动化工艺设备为支撑，全面采集产品制造过程数据、设备信息数据、能源数据等信息，形成制造信息的大数据库。从而实现生产资源高度协同，提高制造过程的透明度，达到多车型共线生产、产品个性化生产的配置管理目标。

涂装车间智能制造系统：鱼嘴乘用车基地涂装车间制造执行系统采用杜尔公司的专业软件Ecoemos，更为细致地查看生产过程以及消耗数据。该系统从工厂各个生产环节的PLC控制器上收集数据，因此可以对整个生产流程进行有效的控制和监测。Ecoemos系统由多达16个模块化解决方案构成，这些方案都共用一个平台。最常使用的模块是"监测"和"管理"模块。"监测"模块是对系统的状况进行总体浏览和检查，如喷漆室的温度、车身的数量、材料的消耗情况等。"管理"评价工具会把这些信息集合成生产指标，对工厂的绩效进行评估。其他常被订购的模块用于管理车体存储、颜色和模型序列的"存储"模块，可以识别造成生产线停止原因的"按灯"模块以及可对能源消耗进行评估，并可降低能耗的"能源效率"模块。

总装车间智能制造系统：总装车间智能制造系统以鱼嘴乘用车基地为代表，通过AVI、PMC、EPS（电子助力转向）等数字化技术实现设备参数、工艺参数、质量信息、生产过程信息的全面收集。总装车间智能制造系统以高效支撑长安"多车型、多品种、小批量"柔性制造模式为目标，以总装下线为基准，制订"总装拉式平准化顺序"生产计划，通过生产过程控制来对生产排序、主数据管理、可视化等进行控制，以及通过质量管理系统、停线管理系统等来实现生产全过程的精益管理。系统通过PLC、IPC（工业个人计算机）、RFID等物联网设备自动采集生产全过程数据，实时监控生产线运作，建立过程控制评价标准,实时展示生产控制指标,以数据支撑生产决策。总装车间智能制造系统主要包括以下几大功能模块:AVI 系统、ANDON(按灯)系统、拧紧机生产指导及拧紧缺陷管理系统、EP 零部件装配防错及工艺作业防错系统、PMC 生产监控系统、EMS 能源管理系统、车辆制造数据管理系统、报表生成及发布系统。与车间系统配合的智能化子系统还有 Kitting 亮灯拣料系统、AGV(自动引导运输车)自动化配送系统及 Ecast 电气功能配置检测系统,以实现不同车型物料的准时准确到位,支撑柔性化生产,平准化排序计划。

四、智能柔性高速冲压新模式应用示范专项介绍

(一)项目总体目标

本项目拟采用智能化设备、数字化仿真、生产信息集成等先进技术,搭建汽车生产线信息化、智能化的系统架构平台,实现生产线底层物联网与上层管理系统 MES(Manufacture Execution System,制造执行系统)、ERP(Enterprise Resource Planning,企业资源计划)等的互联互通,填补企业上层管理和现场自动化制造之间的信息断层;并应用 PDM(产品数据管理系统)/CAD(计算机辅助设计)/CAE(计算机辅助工程)协同设计,缩短冲压工艺设计制造时间;实施车间、物流虚拟仿真验证,提高工艺流程设计和生产计划管理准确率;建设冲压车间级 MES、BI(Business Intelligent,商业智能)、SCADA(Supervisory Control And Data Acquisition,数据采集及监控集成平台)等信息化平台;通过搭建冲压模具生产智能检测系统,实现模具工装的使用状态及使用过程中的质量监控的量化监控,提升产品质量及产能;大幅提升汽车冲压工艺智能制造水平,达成研制目标。

长安汽车实施的"长安汽车智能柔性高速冲压新模式应用"的研究项目,采用智能化设备、数字化仿真、生产信息集成等先进技术,并搭建了汽车生产线信息化、智能化的系统架构平台,实现生产线底层物联网与上层管理系统(MES、ERP 等)的互联互通,填补了企业上层管理和现场自动化制造之间的信息断层;并应用 PDM/CAD/CAE 协同设计,缩短冲压工艺设计制造时间;实施车间、物流虚拟仿真验证,提高工艺流程设计和生产计划管理准确率;建设冲压车间制造执行管理系统、BI、SCADA 等信息化平台,大幅提升汽车冲压工艺智能制造水平。预期达到以下指标:

(1)综合指标:冲压车间生产效率提升 20% 以上,运营成本降低 20.2% 以上,产品不良率降低 24% 以上,产品研制周期缩短 31% 以上,能源利用率

提升10％以上。

（2）技术指标：生产线工序间实现高速自动传输，传输时间4～6 s，生产节拍提高25％以上。实现生产期间3 min内快速换模、1.5 d低库存运营、实时动态库存管理、实时动态盘存、生产计划实时智能化排程。

（二）项目主要内容及技术路线

在"互联网+"时代下制造业的大环境下，长安汽车以智能制造的发展战略为牵引，智能化工厂、智能化产品、智能新模式、智能化管理、智能化服务五大领域全面推进智能制造工作。产品设计采用平台化开发的新模式，以市场需求为导向，采用智能化柔性生产线实现长安C301、S201、V301等节能与新能源车型的柔性智能生产。智能制造设计总图如图4所示。

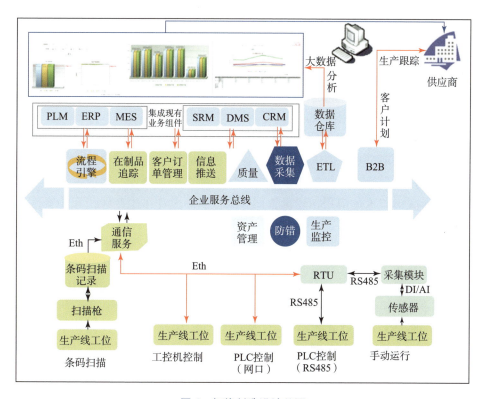

图4 智能制造设计总图

智能制造设计总图纵向涵盖了从移动信息采集到商务决策的智能化管理的整个纵向链条；从横向涵盖了用户终端的个性化定制选车到零部件供应商的横向链条。

纵向分为三层，底层为基础信息采集，主要是工厂生产线的工位信息采集、装配件装配扫描信息采集、机床控制控位等；中间层为系统运营层，主要包括 ERP、MES、SRM（Supplier Relationship Management，供应商关系管理）、DMS（汽车经销商管理系统）、CRM（客户管理系统）、PDM、BOM 等业务支撑管理系统，其中还包括 OTD（汽车订单交付）系统；上层为决策支持层，主要包括 OTD 系统、BI 及其子系统。横向则分为用户、经销商、智能工厂、中储、供应商等。

基于上述的智能制造总体框架，长安汽车智能柔性高速冲压生产线以压机多连杆节能机构、高速传输、通用端拾器匹配、生产线与立体仓库、模具、端拾器智能匹配应用等优势装备为重点，积极采用自动控制技术、网络技术、数字技术对产品进行技术改造，提升装备的自动化、信息化、数字化水平，推动冲压装备加快向智能化、高端化转变。

本项目以高效设计、精益生产、快速交付为管理基础，以数字化、网络化、智能化、柔性化制造为核心，以可集成、快速反应、快速交付的管理流程和业务运营管理平台为特征，整合企业计划、采购、生产、销售、物流等各环节，集成企业内部及内部与外部之间各个信息系统，实现信息的及时传递与交互，打造高效协同的汽车制造供应体系。本项目采用的智能制造手段主要包括以下几个方面：

1. 建设鱼嘴乘用车基地智能柔性高速冲压生产线

以鱼嘴乘用车基地冲压生产线建设项目为载体，通过平台化冲压能力设计、全自动化高速冲压线、高参数自动化立体端拾器仓库、智能生产信息管理系统等关键技术的应用，建设智能、柔性、高速冲压生产线，为长安汽车智能柔性高速冲压新模式应用提供研究和实施载体。

1）整线钢铝混线的柔性化生产线

由于铝板无磁性，钢铝混线的生产线需要在原有磁性分张的基础上增加气刀分离装置。原有的磁性摩擦传送带增加真空吸盘，解决铝板传输问题。废料线采用钢铝双通道，分别进行钢铝废料收集。

2）整线全自动 ADC 系统 3 min 换模

整线逻辑控制采用树状结构分模块管理，每个模块（拆剁单元、清洗单元、各压机参数、自动化轨迹等）都具有独立的记忆、调用、执行功能。整线 ADC 系统起动后，只需要在总控台输入下一批次要生产的零件号，生产线的各单元模块将得到更换该零件的指令，并进行该零件生产参数（板料信息、平衡器压力、模具生产参数、机械手运行轨迹）的调用，根据程序设定的先后顺序进行自动调整、跟换。整个过程不超过 3 min。

3）双臂连续生产模式的应用

传统断续模式的生产线，压机每运动一个冲次都会由离合器将压机滑块与主电动机进行动力切断,但主电动机不停止运动,在切断期间造成能耗的浪费。采取连续生产模式后,压机将不再停车,每一个冲次需要的能耗将降低10%以上,同时减小压机在停车时受到的巨大的冲击载荷,延长压机的使用寿命。

采用双臂横杆送料系统,结合压机的连续模式,生产节拍达到15次/分,是机械手或机器人单机连线自动生产线的1.5倍以上。

4) 整线数字化的应用

冲压生产线信息采集、分析、反馈技术:汽车冲压线生产的零件数量大、种类多、过程复杂,对设备要求高,因此研发一套智能生产监控系统以及远程监控系统就可以在一定条件下通过 Internet 监视生产过程和现场设备的运行状态及参数,管理人员可以远程监视生产运行情况,根据需要及时发出调度指令,制造商可以方便地利用本地丰富的软硬件资源对远程对象进行故障诊断、系统升级。冲压车间高速冲压线与冲压生产管理 MES 系统集成连接,实现生产管理系统自动化、无纸化及成本控制。

5) 整体安全防护及降噪

根据整线功能部件排布及运行轨迹要求,结合整线噪声指标及整线安全保护分区要求,确定防护的整体布局。通过分析整线各主要功能部件运行所产生的噪声情况,确定整线主要噪声点分布位置,并根据位置分布有针对性地进行隔音降噪设计,最终满足整线噪声低于 82 dB 的设计要求。

整线安全装置有可上牌挂锁的安全联锁装置和逃生释放功能的安全联锁装置,不能自动复位的光栅装置、声光报警装置、安全销或者安全柱;压机的安全装置有离合自动安全监控,断轴检测装置,通知、警告信号灯,急停装置。

6) 建设高效的线首拆垛单元

本项目建设的生产线线首,采用两个拆垛小车左右布置,小车 A 在工作的同时,小车 B 开出线体的安全围栏,叉车换料完成后自动进入待拆垛区,当拆垛手完成小车 A 的末张料的拆垛后程序自动改变拆垛手的运动,到达小车 B 进行拆垛,实现整线的无间歇换料。

本项目采用通用的上料端拾器应对整线所有零件的生产,替换传统的多个端拾器应对多个产品的生产方式,减少端拾器跟换人员,降低端拾器维护时人工进入线体发生危险的风险。

7) 生产线欧式节能起重机的应用

欧式节能起重机较传统的老式起重机具有自重轻、结构小巧紧凑、能耗较低等特点。欧式节能起重机高度方向只有传统起重机的1/2,能有效减小厂房高度,节约厂房建造成本;其自身质量轻、轮压小,可以适当减小承重梁受力；同时其结构精小、自身轻便的特点也大大降低了运行成本。

8）生产线首台八连杆压机的应用

首台压机采用八连杆机构传动，成形时，滑块速度低且匀速，回程速度快；拉深工作区间内模具受到的冲击力小，大幅提高使用寿命，噪声小；满负荷工作区域长，适合深拉深工艺工作；每个驱动元件负载较低，加速和制动的惯量低，节约能源。

9）自动化立体仓库的应用

利用自动化立体仓库存放零件端拾器，可以减少端拾器的存放面积，提高冲压车间空间面积利用率。同时自动化立体仓库采用先进的自动化物料搬运设备，不仅能使端拾器在仓库内按需要自动存取，而且可以与仓库以外的生产计划相互联，提前准备生产需要的端拾器并实现系统智能自动防错，以提升工作效率。

10）通用化工装器具的应用

托盘通用化、标准化研究：标准化、通用化托盘可提升板材更换效率、降低投资成本、保证托盘重复定位精度。

端拾器自动更换方式研究：采用自动更换方式，减轻工人的劳动强度，提升生产效率。

2. 建设冲压车间智能制造执行系统

智能生产信息系统包括整线控制系统、设备监控系统、质量管理系统、物流监控及生产智能排程系统、生产防错系统、工艺参数监控系统及 SCADA 数据采集集成平台。通过车间智能制造执行系统的建设，解决底层自动化设备间，上层各系统间（如 MES、PMC、MQS 等）的互联互通，以及设备参数、工艺参数、质量信息、生产过程数据全面采集。开发工艺参数、设备运行状态、生产计划状态、质量大数据分析优化模型，以支持工艺、质量、生产管理的持续优化，形成产品内部执行代码解析、工装字段定义、冲压设备数据采集及管理等内容的创新应用。

1）冲压车间智能制造执行系统

结合现场总线技术、工业以太网、RFID 电子标签、自动传感器、PLC、电控元器件、人机交互界面、搭建"物联网"车间。消除车间设备相互独立的信息孤岛，实现车间底层数据（生产、工艺质量、设备、人工）全采集。建设冲压智能制造系统，将生产、质量、工艺、设备的管理逻辑融入系统，实现冲压核心业务自动运行，提升生产效率和设备利用率，实现长安汽车智能柔性高速冲压新模式应用的研究与突破。冲压车间智能制造执行系统功能结构如图 5 所示。

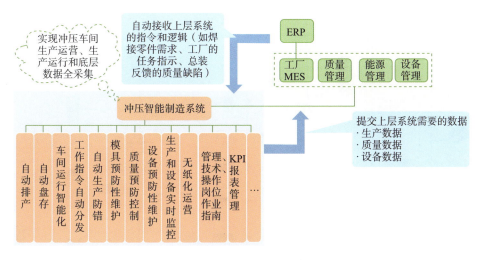

图 5　冲压车间智能制造执行系统功能结构

2）冲压车间数据采集集成平台和数据库管理系统

通过建立数据采集管理控制系统，统一生产数据模型，将工厂、设备和其他信息资源与智能管理应用共享，按照多种逻辑方式处理实时数据、历史数据和关系型数据。所有数据源都整合到标准化的数据平台中，满足从现场设备层、车间级、工厂级、企业级等多级智能应用的需要。为物流、质量、生产、设备维护管理需求（如库存管理系统、设备管理系统、能源管理系统、制造执行系统）等多个应用提供统一的数据来源。

3. 冲压车间制造执行系统结构和数据集成方案

1）冲压车间制造执行系统网络架构

车间网络包括三层网络结构：车间办公网络，车间设备控制网络（主要是工业以太网，少数不支持工业以太网的设备用现场总线连接）和车间数据采集网络。三层网络结构在网络硬件上相互独立，通过交换机和核心 PLC 相互连接。车间办公网络采用标准 TCP/IP 协议，负责连通车间管理层的服务器，数据库，上层企业级管理应用系统［ERP、MES、PLM（产品生命周期管理）等］，以及车间现场其他由 PC（个人计算机）控制的设备（三坐标或其他质检设备）；车间设备控制网络采用（工业以太网协议），组成区域环网结构，负责连通现场设备的控制器、设备通信模块、网关等；为避免干扰设备控制信号，单独建设数据采集网络，数据采集网络采用星形结构，将自动化子系统的设备控制器、离散仪器仪表、传感器、网关等连入核心 PLC，再通过核心 PLC 与车间管理系统连接。冲压车间制造执行系统网络拓扑如图 6 所示。

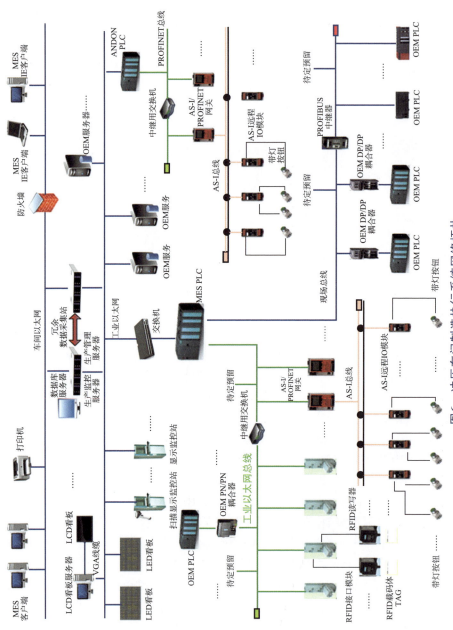

图6 冲压车间制造执行系统网络拓扑

2)"物联网"车间现场数据信息集成方案

搭建车间"物联网"数据集成平台。数据集成平台介于 MES 系统与底层 PLC、数控系统、离散式智能传感器及其他数字化设备之间,承载着承上启下的重要功能。数据集成平台用于从多个数据源接收数据,可以扩展接收任何可获取的数据源,并提供一个完整的独立数据层。数据平台中的数据对网络中的所有其他功能模块可用。

车间数据采集基于 PLC 控制器为核心,通过网关或耦合器将现场不同协议、不同品牌的终端设备和 PLC 连接到数据采集平台的核心 PLC 控制器。作为核心的 PLC 控制器支持本地数据存储,提供实时数据断点寄存功能。核心 PLC 与 MES 服务器直接进行数据交互,交互方式通过 OPC(OLE for Process Control)或者报文传递。

现场设备控制 PLC 都需按照规定的数据结构规范,建设内存映射区、Tag 地址定义或 PLC 程序改造。设备控制 PLC 中管理系统需要的数据同时保存在 PLC 地址映射区中,通过报文或者 OPC 的方式将数据传送给 MES 系统。PLC 控制程序到 PLC 地址映射区为只读,既保证了设备信号的开放性,又避免了人工误操作,污染设备自身的控制信号的风险。

4. 冲压车间制造执行系统功能方案

1)开放式物流跟踪管理方案

采用 RFID 技术对板料托盘进行跟踪。板料进入车间,绑定托盘 RFID ID(身份标识号码)与板料批次信息、板料数量信息、板料属性和质量信息。板料货架库位进行定义,在系统中形成板料虚拟仓库信息,在板料入库时,系统自动指派板料存放位置。在板料投入生产时,线首拆垛台能读取板料托盘 RFID 信息,将板料信息与生产信息绑定。根据生产线抓取次数进行板料数量扣减,系统自动更新对应板料库存,成品零件盛具安装 RFID 芯片。通过对盛具的 RFID 物流跟踪,自动将下线零件的生产零件号和生产信息与 RFID 编号绑定。零件库房通道配置 RFID 读写天线,自动记录零件出入库信息,系统自动更新零件库存。板料的库存信息情况要发布至企业的 ERP(企业资源计划)和物流系统,支持与企业外部原材料供应商通信,自动发起原材料采购需求。

2)拉式智能生产排程和原材料需求拉动

根据 RFID 物流监控管理获取的零件库存和板料库存、上游 MES 系统提供的零件拉动需求、生产监控系统计算的平均生产能力、设备管理系统提供的工装可用资源,通过系统服务器综合计算当前应该进行的生产任务和原材料采购需求。该生产任务的计算可实时进行,且每次计算的依据都是生产现场的实时真实数据,极大地提高了冲压生产任务的灵活性、准确性。

3)现场业务协同指挥和生产防错

系统根据自动排程的生产任务，通过现场 LED（发光二极管）屏幕、客户端或广播，指导生产线工艺设备、叉车、操作员等进行相应的作业。板料接收任务指示，在板料入库工位显示应接收板料。板料接收成功，反馈入库信息；板料入库指示，通过现场看板和材料接收区广播指导叉车将板料投送到系统指派的库位；生产板料准备任务指示，在现场 LED 大屏显示预备板料库位信息，指导叉车前往取料。生产板料安置到拆垛台时，LED 大屏显示板料到位；生产板料预备防错指示，当安置到拆垛台的预备板料与生产计划不符时，LED 大屏、现场客户端、线首广播报警板料准备错误；当零件入库时，读取盛具 RFID 信息，若发现零件被定义为返修件，则通过三色灯柱亮和库房广播报警；通过冲压设备读取模具安装信号，与当前生产计划模具编号对比。若发现安装模具与生产计划模具不符，则通过车间广播、亮灯、车间 LED 大屏等方式报警。

4）设备和工装监控管理

利用 SCADA 数据采集集成平台，系统自动从压机、机械手、试模压机、立体库房、废料输送线等自动化设备控制系统中实时采集设备状态信息、生产信息和异常报警信息，包括每条生产线的启停状况、生产零件类型及数量、报警信息代码等。在此基础上采集设备运行参数信息，随时间轴绘制设备运行参数统计图，设备运行参数出现较大偏离，系统提示报警，记录异常供工程师分析。

5. 冲压数字化工艺设计、虚拟、仿真

通过数字化设计软件，贯穿工艺全过程的 3D 数字化设计模式，形成长安汽车特有的数字化工艺设计体系，对汽车生产制造过程和生产布局方案进行仿真与优化，确保生产工艺最优，设备利用率最高，工厂运行状态最稳定，产品质量最可靠，实现 3D 工厂的建设目标。对比行业应用情况，大众、通用等汽车企业已应用该技术，长安汽车可借助规划软件的技术资源，通过业务流程的融合和优化，实现该规划系统的建设目标。数字化工厂体系和平台规划如图 7 所示。

6. 冲压模具生产智能检测系统

围绕冲压模具上关键检测项的检测需求开发相应的一套智能检测系统，包括硬件系统和软件系统两大部分，其中硬件系统主要是对冲压模具上的各种传感器数据进行采集，而软件系统的主要功能是对冲压模具上各种压力数据及温度数据进行实时的采集、监控和分析，保障生产过程的正常进行并及时发现问题。

（1）研究多传感器数据融合技术，在系统中将综合运用光电、压力、温度、影像成型等多元传感器，实时地对模具工装的运行状态进行监控。

（2）研究监测数据的采集和统计分析技术，及时提供模具工装的运行状态，结合历史数据预估模具工装的寿命，等等。

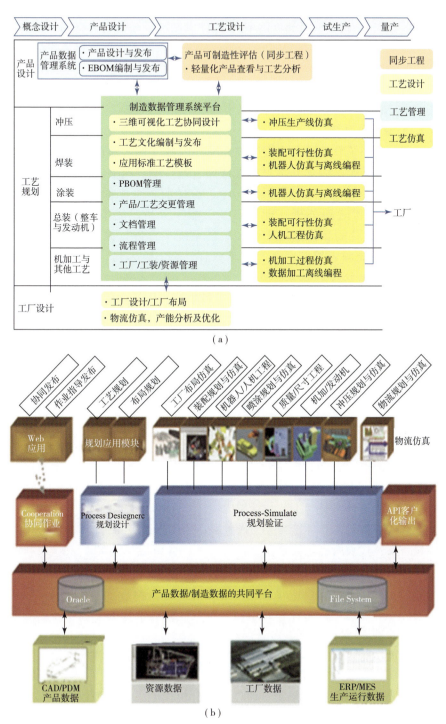

图 7 数字化工厂体系和平台规划

（a）数字化工厂体系；（b）数字化平台规划

(3) 研究产品或控制系统的故障诊断和容错防错技术,在监测过程中,及时发现产品生产设备行业模具工装的故障及质量问题,并提供报警信号。

(4) 提供历史数据查询及输出报表信息。

(5) 预留接口,为实现厂内的模具状态、各厂模具工装生产状态、各地各厂的生产状态等的集中监控打下坚实的基础。

7. 能源管理系统

能源管理系统软件平台,通过对工厂各区域(四大车间、公用站房、食堂、资料间、试制车间等)大量能源数据(水、电、压缩空气、天然气)的采集,实现对能源波动、能源质量等全方位的监视(画面展示、历史记录、事故报警等)和能耗分析(能源实绩、能流分析、成本计划、平衡优化等),并依靠成熟的软件监控平台和软件系统平台进行数据的展示与分析,最终达到节省能源、控制消耗、成本核算、KPI 指标制定的信息化管理的目的。

(1) 能源数据采集:自动采集工厂各生产,生活区域的能源数据(水、电、天然气、压缩空气等能源介质)。

(2) 能源数据存储:规范各区域、各能源介质的存储形式及解析规则,按照工厂的具体业务需求,对数据的存储时间做统一规范。

(3) 能源状态监控:实时监视各能源介质的运行参数、质量状态。

公共设施设备监控:实时监控公共设施设备(主要包含低压电站监控及电能管理系统、空压机及其管道系统、制冷机及其管道系统、天然气系统、自来水系统、消防水系统、设备冷却水系统、废水处理站)的运行状况。

(4) 能耗数据分析:制定合理的能源绩效指标(KPI),实现能源对标管理、目标管理、优化评价;成本分析、损失分析、区域能耗分析;识别不合理耗能,以便进行设备、工艺及管理优化。

能源管理系统的总体结构分为设备层、数据采集层和管理展示层。

设备层:代表所有仪器仪表、公用设备、区域数采集 PLC 及仪表联网布线等,代表最底层的基础数据。

数据采集层:通过各种通信协议与底层数采集 PLC、公用设备控制器等通信、采集、集成、转制各类数据,按照系统需求进行统一的存储,是衔接设备层和管理展示层的桥梁。

管理展示层:分为两部分,一部分是能源及设备监控展示系统,对能源数据进行实时监控,并发出报警信息,支持能耗数据记录、报警记录查询;另一部分是能耗数据分析系统,通过修改分析模型、关系参数等,生成各类能源管理分析报表。

图 8 所示为能源管理系统层级。

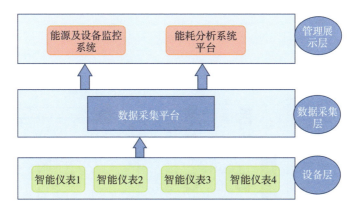

图 8　能源管理系统层级

能源管理系统网络架构如图 9 所示：公用设备、能源仪表分布在工厂各区域，由区域 PLC 采集数据并归类；工厂控制网按区域网络需求进行布线，采集各区域 PLC 及其他信息化系统的数据并传输到工厂办公网；服务器上的能源管理系统平台通过工厂办公网对采集的数据进行存储和加工，根据用户需求生成各类展示画面、报警记录及提示、历史记录、能源实绩、能流分析、成本计划、平衡优化、管理建议等。

（三）项目的技术难点和主要创新点

技术先进性：实现虚拟制造和实物制造协同；采用焊接需求拉式智能生产、柔性化钢铝混线、3 min ADC 快速换模系统、智能立体仓库等先进技术。同时实现虚拟制造和实物制造相协同，基于 Tecnomatix 数字化仿真平台，将 PLC、机器人等实物信号接入数字化平台，通过虚拟线体和实物信号、数据无缝连接、等效验证，对生产模式、精益制造进行迭代优化。

1. 项目主要技术难点

（1）大规模运用多种自动化设备分布在生产线上执行不同工艺，对后期生产线设备故障率的风险评估带来前所未有的挑战。

（2）生产线控制系统：在搭建制造平台过程中，需要对国内合资、自主品牌主机厂柔性智能线进行详细的工艺资源分析，但是通过调研方式了解的信息有限，在支持工作开展时，局限性很强。另外，工艺段多、数据量大，相互通信和集中数据采集工作烦琐，通信种类多。

（3）开展数字化工艺设计，在进行各项仿真工作时，数据大部分为经验值，准确仿真的可靠性不高；需要有大量的基础数据作为支撑，找寻长安汽车生产现场的实际运行参数，并通过多次仿真对比，建立长安汽车的资源库。

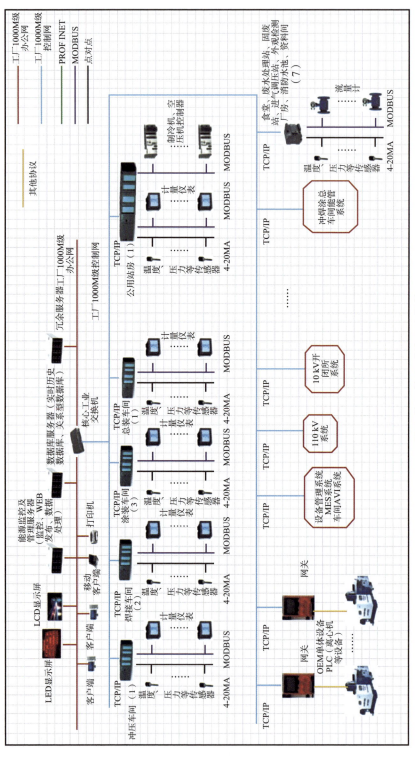

图9 能源管理系统网络架构

（4）搭建车间"物联网"数据集成平台。规范生产设备接口、规范数据采集规则、统一数据通信协议，建成兼容性好、可扩展的数据集成平台。其主要技术难点在于冲压车间内生产数据种类繁多，更在于车间内各种单体设备的数据封闭性，这对实现全数据采集将是极大的挑战；而打破不同设备与控制系统间的数据隔离，通过远程终端控制系统全面采集数据，取代人工录入的方式在数据采集方面可有效地减少70%的人力资源，保证95%以上的数据覆盖率及数据准确性，并将系统响应时间控制在2 s以内。

（5）安全可控的超高频RFID在复杂金属环境下远距离读写的应用。在车间开放式生产环境和物流中，采用RFID技术实现盛具、托盘的物流跟踪，在移动状态下保证98%以上的正确读写率。稳定且高水平的RFID读写正确率，是冲压车间实现"物联网"信息全采集的基本保证。

（6）生产业务对象的抽象化，包括现场生产因素的基本元素的数字化、设备功能的模块化、生产管理逻辑数字化和用于管理分析与决策的数学算法。

（7）冲压智能检测系统在提升冲压产品质量、降低产品返修率及提升模具寿命等方面，需要大量的时间验证，尤其是在确定稳定生产过程中如顶杆、平衡块的受力、模具温度等的阈值方面，需要大量的冲压实践数据，且需要与现场冲压产品质量相匹配。

（8）工厂能源管理系统是全新的能源管理系统，暂无数据积累，而能耗分析模型的建立，尤其是四大工艺车间能耗分析模型的建立，需要大量的数据积累作为模型建立的依据；能源管理系统需要对整个工厂的能源数据进行分级采集，需要与车间级制造执行系统、工厂级MES系统、设备管理系统等信息化系统建立接口进行数据交互，采集相关的数据完成能耗分析和管理，由于各系统的集成商不同，导致数据存储格式不同，并且前期的招标协议中没有对接口要求进行统一规定，后期协调难度大。

2. 项目的主要创新点

（1）建立生产线控制系统，将通信、程序、HMI相关的软件编制成通用模块、标准化硬件和通信接口，不同工艺段调用已编制好的模块或者硬件搭建使用自有的标准，提高研发效率、降低误差。

（2）开启工艺设计3D模式，实现工艺与产品、供应商3D在线协同设计。利用3D工艺规划系统，打通产品-工艺数据平台，在相同的工艺平台上进行生产线数据发包与信息交付，能高效、准确地进行在线协同设计。同时，为长安汽车智能工厂管理平台的建立奠定基础。

（3）3D运动干涉仿真分析：采用PLS（Plant Logistic Simulation）仿真软件建立生产线，提前匹配冲压线与模具，拟合干涉曲线，数字仿真冲压自动化，减少模具调试时间、消除产能瓶颈。

(4) 托盘通用化、标准化研究：标准化、通用化托盘可提升板材更换效率、减少投资成本，以保证托盘重复定位精度。

(5) 端拾器、模具自动更换方式研究：采用自动更换方式，减轻工人的劳动强度，提升生产效率。

(6) 整线封闭技术：整线采用全封闭隔离，减少噪声污染，提高工人生产效率，减少粉尘污染，保证产品质量。

(7) 双臂自动化传输系统：采用该自动化系统，可以提升零件生产效率，达到 10~15 冲次/分的高速节拍。

(8) 开放大型压机设备内部控制数据，冲压生产线融入车间"物联网"，打破传统生产线信息孤岛必须人工职守的状况。采用基于计算机、总线通信、信息采集、分析、反馈等技术对冲压生产线进行实时监控、数据采集、冲压零件缺陷、冲压模具的参数存储及查询、图形界面显示、报警信息、管理及在线分析、历史数据存储及查询。

(9) 首次将冲压生产的管理系统集成到汽车整车工厂智能制造管理系统结构下，改变了冲压生产在汽车工厂内部形同供应商的管理模式。实现冲压由库房积压推式生产转变为整车生产计划拉动排产，进而实现对企业外围钢板原材料需求的信息化拉动，打通了冲压生产与后续焊涂总工艺的信息流链路，使产品信息逆向可追溯性延伸到白车身零件。

(10) 首次采用模具冲压智能检测系统实现模具在冲压过程中的实时监控，实现了冲压过程的可视化，可以针对冲压生产过程中模具的损坏风险进行提前预警及规避，且通过设置阈值的方式来设定模具维修的时间，将生产经验理论化。

(11) 能源管理系统除对整个工厂的能源消耗进行统计外，对于车间级的能源布点，根据工艺特点和设备特性，冲压和涂装车间的能源布点细化到单台设备的电与压缩空气；焊接和总装车间布点细化到线体与区域；同时系统在能耗分析管理方面，首次引入多种分析模型，如单车能耗报表、能源消耗预测报表、能流分析等。

（四）项目实施对行业的影响和带动作用

1. 带动安全可控智能装备的创新应用

本项目紧密跟随国际智能装备产业发展的新趋势，在实施过程中使用工业机器人、激光装备、精密智能冲压装备、视觉系统装备、智能识别等智能装备，其中国产智能装备占有率超过 80%。通过项目建设将带动长安汽车智能柔性高速冲压新模式应用在智能识别、智能检测、智能连接、智能输送、机器人应用集成等智能装备及产业的发展，形成众多具有自主知识产权的研发/产业化成果。促进机器人及其他智能装备研发制造上规模、上水平，并在其他工业制造行业推广应用，对安全可控智能装备的创新应用具有极大的促进作用。

2. 对行业内企业的示范和带动作用

长安汽车是中国第一家、也是唯一一家自主品牌产销突破千万企业，已连续8年保持自主品牌销售第一，近年来持续保持国内行业第一阵营第一增速，其中2015年自主品牌乘用车突破100万辆销量，产品品质快速提升，品牌认可度逐年增加。近年来长安汽车积极实施新能源、发动机节能技术升级，产品平均油耗从2010年到2013年降低了约16%，优于行业8个百分点；90%以上主力车型提前达到三阶段油耗标准，有力促进国家节能减排战略实施和行业技术进步；通过供应商先期介入研发流程，使产品研发经验迅速在行业内得到推广与应用，实现了整车与零部件企业的共赢和发展，带动了产业链的各级零部件配套企业1000余家，为中国自主品牌汽车发展培育出自己的供应商体系。本项目涉及平台化的产品研发、智能柔性制造及智能化管理创新，对汽车行业，特别是自主品牌企业具有明显的示范和带动作用，具体体现在如下几个方面：

1）平台化制造

平台化开发：本项目所开发的产品采用平台化开发新模式，在同一平台上可以快速推出多款新产品，产品研发效率、可靠性大大提升，降低了研发成本。采用平台化开发理念，需要对企业的研发流程进行再造，对国内汽车研发具有重要借鉴意义。

平台化和柔性化制造：为适应平台化、产品化开发，本项目采用平台化兼顾柔性化的理念，基于生产制造大数据，结合自动化、信息化和智能化进行生产线设计，可以制造同一平台衍生的系列多类产品，对国内汽车企业实现从批量制造向大规模定制的转变具有示范和带动作用。

2）数字化仿真

数字化工厂及虚拟制造：三维工艺规划及仿真可实现设计制造一体化，将对制造企业推动数字化工艺提升具有示范作用。数字化工艺是智能制造全价值链上不可或缺的一环，对企业实施全价值链的数字化管理具有示范意义。基于虚拟制造技术的数字化工厂在国外一流企业已经得到成熟的应用，国内很多合资企业均已开始实施数字化工厂项目建设。数字化工厂可复制性很强，如上海大众于2007年开始实施，到2011年在仪征工厂全面应用，此后依次推广应用到了以下工厂：宁波工厂（2012）、长沙工厂（2013）、安亭工厂（2014）、南京工厂（2014）。因此，长安在鱼嘴工厂实施的数字化工厂项目是可复制的，此后可以快速推广至长安其他工厂。

数字化工艺是智能制造全价值链上不可或缺的一环，对企业实施全价值链的数字化管理具有示范意义。基于虚拟制造技术的数字化工厂在国外一流企业已经得到成熟的应用，国内很多合资企业均已开始实施数字化工厂项目建设。

3）智能制造管理新模式

车间制造执行系统（MES）：MES 系统是生产计划和实际生产之间的控制枢纽。采用 MES 系统管理的生产执行，从人工协调执行转变为计算机信息化管理，消除了人工管理的信息滞后性，解决了上层生产计划和现场工作不能同步的问题，适应了生产设备自动化的产业升级要求。MES 系统的实施将会变革汽车企业的生产管理模式，从层层分解任务的分级管理模式变革为协同中心同步控制的协同管理模式。在 MES 系统高效敏捷的协同管理模式下，生产制造不再因成本问题局限于大规模单一产品的生产，更能以规模化生产相同的成本实现大规模、定制化、个性化生产，满足了当今市场越来越高的差异化需求。另外，MES 系统和高端制造设备相互促进影响，在满足自动化设备高速管控的需求同时，对自动化设备信息化、智能化提出了进一步要求，对制造设备自身信息采集、输出，智能传感器，微型嵌入式控制系统以及智能芯片的应用起到了推动作用。

数据采集及监控集成平台（SCADA）：推广 SCADA 在冲压车间的应用，全面采集产品制造过程工艺、设备、质量等信息并进行可视化监控，连接现场设备控制层（PLC）与车间上层系统（MES、ERP 等），满足多层次的数据应用需求，为企业日后建立工业大数据分析平台提供数据基础；并建立多个系统的数据采集、交互、集成规则，对数据的分析、集成运用、数字化管理起到示范性作用。

4）产品数据管理（PDM）

基于 PDM 产品的全球协同研发平台，不但在长安汽车内部得到了广泛应用，助推了数字化长安的建设，并被广泛应用于青山变速器、东安三菱、长安铃木等中国长安下属企业。2013 年 8 月中国长安下属的 26 家企业的分管研发信息化工作的相关领导来长安汽车参加了在线研发现场交流会，从而有力地推动了中国长安研发工作的信息化建设。

5）BI（数据分析与优化）

BI 系统将冲压车间中现有的数据整合、分析、挖掘转化为知识，将大大提高长安汽车的经营决策、生产管理水平。重庆作为中国目前最大的汽车产业基地，拥有包括长安、长安福特、东风小康、力帆等十几家汽车生产企业，规模以上汽车零部件企业近千家，BI 项目的成功实施将在行业内形成标杆，起到应用示范借鉴作用，通过在行业内推广，将带动重庆以及全国汽车行业智能制造的发展。

6）信息模型

信息模型的建立将形成一套支撑智能制造的信息化建设标准和规范，指导信息化建设项目的实施。信息模型建立后将在行业内形成典型，起到示范带动作用，通过在长安汽车以及其他企业的推广，将促进重庆以及全国汽车行业智能制造的发展。

7）冲压模具生产智能检测系统

冲压模具生产智能检测系统的建立将形成一套完整的模具监控体系，对汽车智能化制造提供强有力的支撑。该体系的建立将在业内形成典型，为模具实时状态的监控、模具损坏风险的预测及预防、产品质量的提升，提供一种新的解决方法，通过该系统在长安汽车上的推广应用，将强有力地促进重庆以及全国汽车行业智能制造的发展。

8）能源管理系统

为了能够实时掌握工厂的能源消耗状况、了解能耗结构、计算和分析各种设备的能耗水准、监控各个运营环节的能耗异常情况。需要建设能源管理系统，以期达到降本增效、实现精益生产、管理提升的目的。根据国家能源计量及节能减排相关规定《重庆市碳排放权交易管理暂行办法》《重庆市碳排放配额管理细则（试行）》，重点能耗、排放企业需建立能源环境管理信息系统。通过能源环境管理系统，可以有效地管理能源使用情况，分析异常消耗情况，可以科学、有效地指导生产，以达到节能减排、精益生产的目标。

（五）综合指标

综合指标为冲压车间生产效率提升 20% 以上，运营成本降低 20.2% 以上，产品不良率降低 24% 以上，产品研制周期缩短 31% 以上，能源利用率提升 10% 以上，具体见表 1。

表 1　长安汽车股份有限公司各项综合指标

指标	指标达成路径	权重	提升前	提升后	提升率	可达指标	计算方式
生产效率提升 20% 以上	北京长安工厂 2015 年冲压生产线平均 SPM 为 8 冲次/min，智能柔性高速冲压生产线平均 SPM 为 10 冲次/min	60%	8 冲次/min	10 冲次/min	25%	20%	60%×25%+40%×12.5%=20%　计算模型：按照单条线生产 20 个冲次、库存周期 2 天、每天 2 班、每班 8 h 工作制计算
	北京长安工厂 2015 年单次 ADC 为 15 min，智能柔性高速冲压生产线单次 ADC 为 3 min	40%	15 min	3 min	12.5%		

续表

指标	指标达成路径	权重	提升前	提升后	提升率	可达指标	计算方式
运营成本降低20.2%以上	运用高速智能柔性冲压技术和快速换模技术,提高生产节拍,减少换模时间,提升综合生产效率20%	60%	8冲次/min	10冲次/min	25%	20.2%	60%×25%+40%×13%=20.2% 计算模型:(原单件运营成本-新模式运营成本)/原单件运营成本,其中新模式运营成本=原运营成本-节约的人力资源
	运用自动化换模,自动化立体仓库技术,智能制造执行系统技术,实现车间直接生产人员减少2人	40%	15人	13人	13%		
能源利用率提升10%以上	北京长安工厂2015年冲压生产线单个冲次的能耗为1 kW·h,智能柔性高速冲压生产线单个冲次的能耗为0.9 kW·h	—	1 kW·h/冲次	0.9 kW·h/冲次	10%	10%	(1-0.9)/1×100%=10%
产品研制周期缩短31%以上	高速冲压生产线制造周期、生产线仿真周期、模具开发周期为36个月,智能柔性高速冲压生产线制造周期、生产线仿真周期、模具开发周期为25个月	—	36个月	25个月	31%	31%	(36-25)/36≈31%
产品不良率降低24%以上	目前冲压产品不良率0.5%,智能柔性高速冲压生产线产品不良率0.38%	—	0.5%	0.38%	24%	24%	(0.5%-0.38%)/0.5%×100%=24%

(六)技术指标

技术指标为生产线工序间实现高速自动传输,传输时间4~6 s,生产节拍提高25%以上。实现生产期间3 min内快速换模、1.5 d低库存运营、实时动态库存管理、实时动态盘存、生产计划实时智能化排程。

（七）其他预期成果

1. 冲压高速智能柔性生产线的市场分析和技术成果应用分析

（1）建立智能柔性生产线，可实现 V301、S201、C301 等产品柔性生产，大幅提升生产效率，保证生产的稳定性，智能设备可靠性，后期设备开工率高，维护成本低。

（2）通过建立设备监控及预测保养、工艺参数、设备参数、制造过程、质量控制、生产计划管理、工厂级管控指标标准，将诸多信息系统有效地联系起来形成协同平台来支持工艺、质量、管理的持续优化及汽车制造标准的建立，可向国内汽车制造企业推广和应用。

2. 冲压车间智能制造执行系统的市场分析和技术成果应用分析

冲压车间制造执行系统在国内仅少数合资汽车企业完成部署。长安汽车通过建设数据采集集成平台，打破不同设备与控制系统间的数据隔离，全面采集产品制造过程工艺、设备、质量等信息，并建立数据采集与监视控制系统研究能力，指导新基地、新项目数据采集及管理，推广智能制造综合标准化与新模式的应用；建立现场设备控制层与监控系统间网络通信、数据传输能力，指导汽车制造其他专业（如总装、焊装等）的生产线建设。

3. 其他先进技术的市场分析和技术成果应用分析

1）冲压生产线数字化仿真

三维工艺规划及仿真可实现设计制造一体化，将对制造企业推动数字化工艺提升具有示范作用。数字化工艺是智能制造全价值链上不可或缺的一环，对企业实施全价值链的数字化管理具有示范意义。基于虚拟制造技术的数字化工厂在国外一流企业已经得到成熟的应用，国内很多合资企业均已开始实施数字化工厂项目建设。

2）产品数字化三维设计与工艺仿真

将三维数字化设计与仿真技术引入到冲压工艺开发的全过程，通过虚拟环境代替实际的试模过程，系统地归纳总结冲压工艺参数与实际试冲结果的关系，准确反映相关参数的波动对冲压结果的影响，使虚拟制造成为可能。

同时，三维设计与工艺仿真为冲压工艺开发提供理论依据，提升了覆盖件工艺设计的整体技术水平，提高车身覆盖件的精度，避免了重复性质问题的出现，且能够使试模周期缩短，从而缩短产品研发周期，减少模具整改轮次，降低产品研发成本，为企业创造了巨大的经济效益。

3）PDM 系统

基于 PDM 全球协同研发平台的在线研发模式的成功推行，在长安全球协同研发上具有里程碑式的意义，被业界普遍认为具有广泛的应用和推广价值。

前任董事长徐留平批示："长安在线研发经过一年的努力，取得重大进展，可组织中国长安学习、借鉴。"长安汽车在线研发的成功推行，对于兵装集团所属企业及中国长安下属企业研发信息化的进步和发展起到了很好的示范作用。如青山公司主动要求联通长安的 PDM 系统，实现数据实时协同和共享。

4）企业资源计划系统高效协同集成

长安汽车于 2002 年开始实施 ERP 系统，2010 年建立标准工厂 ERP 应用系统建设标准，标准建立后，无论公司在国内，还是国外，无论以何种方式建立基地，只要进行产品制造，ERP 系统均具有很好的推广应用价值，但复杂性极强。经过哈飞、北京、合肥等基地 ERP 系统建设的实践证明，长安汽车 ERP 系统已经比较成熟，系统实施后，对基地运营管理的支撑起到了关键性的作用。

长城汽车智能工厂与高端智能装备

长城汽车股份有限公司　臧传福　王　周　张光辉

前言

与发达国家相比，我国制造业创新能力、整体素质和竞争力仍有明显差距，大而不强，新一轮产业变革蓄势待发。智能制造、网络制造、绿色制造、服务型制造日益成为生产方式变革的重要方向，跨领域、协同化、网络化的创新平台正在重组制造业创新体系。而我国将以智能制造为突破口和主攻方向，实现从制造大国向制造强国的转变，这也是制造业的重大战略目标。

目前，我国制造业发展趋势与潮流趋向智能化，而我国各大整车厂及零部件普遍应用的智能化生产线、物流系统、机器人、机械手仍然依托国外，核心技术更是集中在西门子、ABB 等外资企业，因此，长城汽车敢于打破这种"受制于人"的感觉，成立高端智能化装备研发团队，真正将自主智能装备的研发道路走好、走稳、走强。

长城汽车的高端智能化工厂是以科技为基础，打造以"智慧、智能"为主的新模式创新工厂。通过实施智能装备自主研发与互联网的有机结合，实现高端智能装备、柔性化工艺技术、无人化智慧物流管理等核心技术的攻关与突破，该项目为我国汽车行业建立智能工厂奠定了坚实的基础，项目智能化水平达到国内领先，对加速我国汽车产业实行智能制造战略具有积极作用。

该智能化工厂年产能为 25 万辆，占地总面积 37.15 公顷[①]（约 557.25 亩[②]），总建筑面积为 268 316 m^2，项目总投资为 378 483.27 万元，达产时年销售收入约为 50 亿元。该项目隶属长城汽车股份有限公司徐水分公司（基地位于保定市徐水县大王店产业园）。

---

① 1 公顷 = 10 000 m^2；
② 1 亩 = 666.666 667 m^2。

一、项目实施重要意义

我国国民经济一直保持快速、稳定、健康的发展态势，汽车行业在此期间取得了较大发展，管理体制不断完善和加强，逐步向科学化管理迈进，产品结构、产品技术、工艺装备、产品产销量、新产品开发与新技术应用等均取得了很大成就。同时，由于国家财政和经济政策的拉动以及近几年国家实行扩大内需，加快基础建设和西部大开发、新农村建设战略等一系列方针政策，对汽车发展起到了很大的推动作用。国际经验表明，以建筑业和汽车工业支持的工业化中期进程，一般在几十年，至少二十年。另外，我国正在加大城镇化建设，城市人口占总人口的比重以每年提高 1 个百分点，2020 年达到 60% 左右。汽车将给城镇居民带来效率的提升和生活方式的转变。

与此同时，随着我国劳动力成本快速上涨，人口红利逐渐消失，生产方式向柔性、智能、精细转变，构建以智能制造为根本特征的新型制造体系迫在眉睫，对智能装备的需求将呈现大幅增长。虽然我国智能装备产业已经取得了长足进步，但与工业发达国家相比，还存在较大差距。核心技术创新能力薄弱，高端产品质量可靠性低；企业"小、散、弱"问题突出，产业竞争力缺乏，而长城汽车完全具备独立研发智能装备的实力，把握智能装备产业发展趋势，整合资源，实现工业智能化装备的自主研发、应用、再创新的良性发展，"十三五"时期是我国智能装备产业发展的关键时期，具有十分重要的意义。

因此，传统的生产制造模式已不能适应高端智能化发展趋势，加之国家积极推行各项节能减排政策，急需通过自主创新寻求一种全新的生产模式，这对汽车制造企业而言，既是巨大的挑战又是前所未有的机遇。在此背景下，长城汽车顺应于市场趋势，以"智能制造"为目标，充分对标国内外一流的规划模式和理念，考虑自动化、防错等技术，利用物联完成整个工厂的信息流、物流的协调统一；瞄准高端智能装备、智能化数据平台、柔性化生产等核心技术推进落实智能化、信息化、模块化的智能工厂。

二、5A 级智能工厂 + 智能装备的有机融合

（1）追求完美，培养匠心精神特有的设计理念。

智能制造的核心技术是信息技术、工业网络、智能装备和自动化技术，以智能工厂为载体，通过在工厂和企业内部以及产品全生命周期形成以数据互联互通为特征的制造网络，通过应用智能化生产装备融合互联网技术实现

智能制造生产。

智能装备及其控制系统：主要在传感器、PLC、机器人、机床、检测设备、物流设备等自主研发、集成。如通过自主研发智能装备，实现喷漆室循环风回用、车型自动识别技术、旋杯自动清洗技术、T形滑台技术、胶条自动黏接技术、风挡玻璃自动黏接的应用；突破柔性工艺装备技术难关，实现机器人在线检测，底盘与车身自动合装，车辆信息跟踪等技术，进而促进整车精度实现生产过程高度柔性化，可实现多车型、多品类车型柔性生产。

智慧服务网络控制系统：主要是为企业实现智能制造提供计算资源、应用网络、数据中心设备、数据存储和管理系统、应用软件，能够提供可视化的应用界面。如为识别用户需求建设的面向用户的电子商务平台、为建立产品研发的设计平台、制造执行系统的运行平台、服务平台等都需要以企业计算与数据中心为基础，可以推动各类型的应用软件实现交互和有序工作，各子系统实现全系统信息共享。

结合"工业4.0"和"互联网+"的理念，实现制造工厂与科技的融合创新，打造适合本领域的智能化高端制造工厂，建设跨部门、跨地域、全产业链的协同工作研发平台。以MES（制造执行系统）、LES（物流执行系统）、WMS（供应商门户）、SRM（供应商关系管理）为四大支柱，实现整车与零部件的研发数据交互，增强研发过程管理和协同；通过产品数据管理系统的建设，提升设计过程数据的管理能力，缩短产品开发周期20%，实现设计的标准化与规范化；通过实现产品数据管理系统与BOM管理系统、设计工具之间的集成，打通研发类系统的信息孤岛；高度融合的信息系统和IT基础架构，实现以生产管理中心为枢纽。以智能供应链、智能监控、智能一卡通、智能装备为依托，打造"一个中心、四根支柱"的创新模式，实现"5A级"智能工厂架构；构建整车与零部件工厂的计划协同平台，实现运营成本降低20%，生产效率提高20%以上指标达成。完成对高端智能装备大于30项核心技术进行重点攻关，独创性开创空中输送及地面物流地紧密结合，达到输送系统精准化，国内首屈一指的开创零部件与整车同厂的生产新模式。

（2）扩大通用性的高效率、智能的生产方式实施方案。

产品全生命周期管理系统主要分为研发设计、生产和服务三个环节。产品在生产环节完成生产进入到服务环节。服务环节通过网络实现的功能主要有实时监测、远程诊断和远程维护，应用大数据对监测数据进行分析，形成和服务有关的决策，指导诊断和维护工作，新的服务记录将被采集到数据系统。

通过智能装备与信息化相结合，缩短产品研发周期，同时，利用信息化技术，对公司整体的设计、制造链条进行智能化、可视化、精细化管理，从而将设计与制造体系有机贯通起来，解决人员、工时、环保、材料的大量浪费问题。智能化工厂项目成功实施后，打造绿色高效的精益智能化工厂在国内处于领先地位，具备国际一流水平，不仅能够大幅提升生产效率，还能够解决现代社会的各种问题，如能源消耗问题。通常，工厂在生产间歇期间，为了确保生产设备处于随时可以运转状态，消耗着大量的能源，未来，可以根据工厂的实际作业情况，实时对能源供给进行调整，就能够总体上减少大量的能源消耗。

通过信息技术的应用，能够远程监控机械设备，甚至远程对其进行控制操作，可以实现员工分阶段上班，减少上下班拥堵和尾气排放问题，员工也能在安全场所舒适地工作。

实现产品设计智能化：打造一致性的系统生命周期管理，现如今汽车产品越来越智能，汽车领域已经属于高科技产品，而高科技产品都具备一定的系统特性，系统一般会显示出跨学科的技术设计，复杂多样的表现和内外部紧密的依赖关系。也就是说，必须从传统产品研发中成熟的模块设计原理中进一步开发出一种方法，通过这种方法不仅能够控制纯粹的模块元件组装，而且还能够灵活掌握集成子系统的技术。

借助于功能强大的开发工具支持数字工程研发，确定如何将产品和系统的开发流程在未来20年里适用于产品与工艺设计，确定适用于此的项目结构以及开发全面的、可持续的做法，实现生产与产品研发的数字可视化；当代信息技术系统在工业中支持并控制着许多流程，从产品开发、生产规划、工程与生产直至维护保养，涵盖了整个价值链和整个产品周期。通过建立一个数字信息无缝互联的技术平台，借助该平台可实现工具或应用程序的研发，不同的参与者还可以利用这个平台，提供具有专业性和差异性的应用程序。产品生产规模越大，产品差异性越明显，其市场反应就越不确定，而通过实施ERP及协作数据平台，就可以实现接收以上所有信息，并将其考虑在程序和流程中，数据生成一次，不仅可以满足单一的目的，而且还可以在已定义的数据格式下满足所有可能的目的，除此之外，也可以将现在的"数据山"或"数据岛"转化为一个结构严谨的数据来源。

去除数据孤岛：虽然已投入使用包括PDM、CAPP（计算机辅助工艺规划或设计）、ERP、MES等信息系统，但彼此是数据孤岛，无法实现信息的互联互通，即便是通用数据库在一定条件下可以实现互相对接，但接口的维护是非常昂贵的，且容易导致整个系统的错误，产品研发和产品维护是一个大规模重复的过程，并经常进行更改，为利用现在使用的各相关系统接口，且为实现数据在任何形式下都自动保持一致性，其数据导入、导出过程变得相当费时,因此通过实施 G-BOM 系统,将各个信息系统进行数据的集成,未来实现整个价值链的完整性和无缝集成,不但可以提高企业的经济效益,而且还可以提高生产力,进而提高企业的国际竞争力。

三、5A 级智能工厂助推高效生产方式的实现

高效、灵活的产业带动经济繁荣,安全可靠的工厂促进和谐社会,高效便捷的办公助力企业发展;在实现智能化同时,以节能环保为标准,网络采用工厂宽带、无线网络等方式,生产网络和办公网路分离等技术,使数据通信保密性好、速度快、移动性强。统一的通信平台和统一的应用服务平台,提供统一的通信服务,节省企业在 IT 方面的重复建设与投入,实现资源共享,消除了数据孤岛。突破性地将 ERP、MES、LES、WMS、SRM 多系统进行统一集成,实现基于实时制造数据的统计,同时开发完成产品质量追溯系统,构建整车与零部件工厂的计划协同平台,实现多种车间智能装备之间的协同工作,提高生产效率、降低运营成本。通过高度融合信息系统和 IT 基础架构,打造出"一个中心、四根支柱"的生产工艺创新模式,其示意图如图 1 所示。

智能化工厂,充分考虑智能化的技术手段,规划高度融合的信息系统和 IT 基础架构,实现以生产管理中心为枢纽,以智能供应链、智能监控、智能一卡通、智能装备为依托,打造"一个中心、四根支柱"的模式,对工厂进行精细化、科学化管理,打造国内智能化工厂标杆工程。

1. 一个中心规划

一个中心规划是指以生产控制为中心,包括网络系统平台和信息系统平台、自动化装备平台;网络系统平台包括网络系统、监控系统、一卡通系统;信息系统平台包括 ERP 系统、MES 系统、WMS 系统、OA(办公自动化)系统、PDM 系统等;自动化装备平台包括焊接机器人、ANDON 系统、智能料架系统、AVI 系统、PMC 系统、AGV 系统,它是智能化工厂的中枢神经,通过收集关联系统信息,进行分析,为快速处理现场问题提供依据。机房是整个数据中心的重要基础设施,可以比喻为数据中心的摇篮。它在一个物理空间内实现信息的集中处理、存储、传输、交换与管理。计算机设备、服务器设备、网络设备、存储设备等是数据中心机房的核心设备。这些设备运行所需要的环境因素,如供电系统、空调系统、消防系统、机房与监控系统,是数据中心机房重要的物理基础设施。实现以生产控制中心为枢纽,以智能供应链、智能监控、智能一卡通、智能装备为依托,工厂进行精细化、科学化管理。

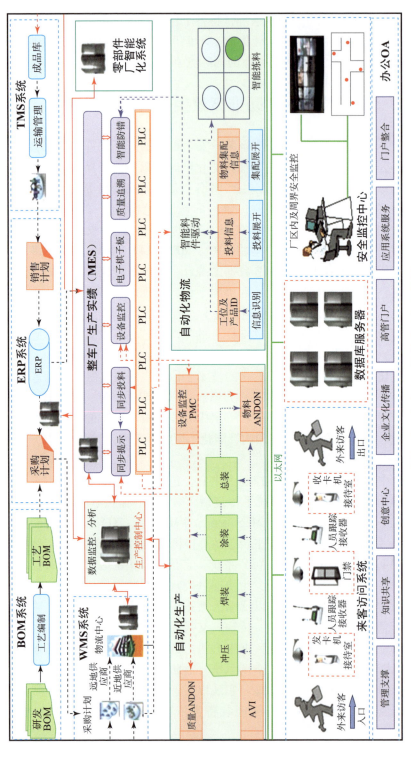

图1 "一个中心,四根支柱"示意图

2. 四根支柱规划

（1）智能装备规划：具有感知、分析、推理、决策、控制功能的制造装备，它是先进制造技术、信息技术和智能技术的集成和深度融合。实现生产过程自动化、智能化、精密化、绿色化，带动工业整体技术水平的提升。

（2）智能供应链规划：供应链是企业的"价值链"，是企业运营的核心，通过对信息流、物流、资金流的控制，从采购原材料开始，制成中间产品及最终产品，最后由销售网络把产品送到消费者手中。它是将供应商、制造商、分销商、零售商、直到最终用户连成一个整体的功能网链模式。所以，一条完整的供应链应包括供应商、制造商、分销商、零售商以及消费者。

供应链管理就是指对整个供应链系统进行计划、协调、操作、控制和优化的各种活动和过程，其目标是要将顾客所需的正确的产品（right product）能够在正确的时间（right time）、按照正确的数量（right number）、正确的质量（right quality）和正确的状态（right status）送到正确的地点（right place），并使总成本达到最佳化。

（3）智能监控规划：采用图像处理、模式识别和计算机视觉技术，通过在监控系统中增加智能视频分析模块，借助计算机强大的数据处理能力过滤掉视频画面无用或干扰信息，自动识别不同物体，分析抽取视频源中关键有用信息，快速准确地定位事故现场，判断监控画面中的异常情况，并以最快和最佳的方式发出警报或触发其他动作，从而有效地进行事前预警、事中处理、事后及时取证的全自动、全天候、实时监控的智能系统。

（4）智能一卡通规划：一卡通系统是以智能卡为信息载体，集自动控制技术、计算机网络技术和数据库技术于一体的综合性信息网络平台。通过系统可以实现员工门禁、考勤、控水、控电、控气、控暖、停车场管理、保安巡视和内部消费结算等综合应用，加强对人、财、物的有序管理，提高资源的共享利用率。

四、智能：自主高端智能装备突破瓶颈

以精益生产为主导，以创新工艺设计为中心，以智能装备为依托，以"智能制造"为目标，利用互联网完成整个工厂的信息流、物流的协调统一；瞄准高端智能装备、自动输送技术、智能化数据平台、柔性化生产等核心技术推进落实自动化、信息化、少人化、模块化的智能工厂。

之所以称为智能化工厂，在于智能装备与信息化的有机结合，其必须解

决智能化基础管理、柔性化生产切换、高效自动化生产、信息共享、信息集成、自主控制、节能环保等多项主要技术难点。

智能化工厂整体完成从冲压自动化生产效率提升，多车型共用生产线技术的研发与应用，全景天窗顶盖焊装工艺研究与应用，CMT（冷金属过渡焊接技术）焊接，同步生产上位系统研发与应用，全自动喷涂，TNV 设备的应用，喷漆室循环风回用，车门胶条自动黏接，底盘模块整体举升自动合装，扭矩管理系统，整车转接吊装方式创新，风挡玻璃自动底涂\涂胶技术，玻璃自动安装技术，柔性化生产线（C 形旋转吊具、L 形吊具、升降滑板）技术，天窗自动上线机械手，车门线 EMS 小车 + 横向存储技术，PBS（中性磷酸盐缓冲溶液）区摩擦辊床输送及空中拆车门方式研究应用，自动化物流，模块化装配等 30 项重大难题解决与再造创新。

1. 冲压工艺

采用先进节能的连续生产模式，相比传统的断续生产模式，避免了因压力机的频繁启停造成的时间及能源浪费，综合节能达 20%，年节约用电 152 万 kW·h。同时连续生产模式在不降低生产节拍的前提下，降低了压机滑块速度约 30%，更好地保证了冲压件质量。所有线体均采用先进的数控液压拉伸垫，相比传统的气动拉伸垫，生产过程中压力波动可控制在 10% 以内，提高了冲压件的成型质量。

为了消除废料分拣过程中废料二次转运，提高废料分拣的经济效率，节省厂房面积，降低前期建设成本，开发了由上废料分拣线、下废料输送线、废料滑料斗组成的废料双层分拣技术。

双层废料分拣系统主要由上废料分拣线、下废料输送线、废料滑料斗、废料分拣小车、废料分拣工位等组成，与一般废料分拣线相比较，双层废料分拣线在下方增加了一条废料输送系统及废料滑料斗，分拣工位人员可以在分拣过程中，将分拣出来的废料放入废料滑料斗中，废料通过废料滑料斗滑落到下废料输送线上，通过下废料输送线将废料输送至指定地点。

2. 焊装工艺

自动化率最高的车间，机器人多达 525 台，焊接自动化率达 98.7%。门盖外板料筐输送、门盖总成输送及分总成输送采用 EMS，防飞溅液采用机器人喷涂技术，VIN（车辆识别码）打刻采用机器人在线打刻技术，最大化地减少了车间人员数量。

1）T + n 型滑台自主研发辅助装备

该 T + n 型滑台（图 2）解决了 1 个滑台上可以安装 2 + n 套不同车型的夹具，实现 2 + n 套车型共用一个生产线，即使不是同一平台车型也完全能够实现共线，可以先开发一款车，预留一款车，当预留车需要生产时，直接在此机构上增加即可,同时单套夹具也完全兼顾了现有技术夹具的功能,实现了多款平台车共线生产。

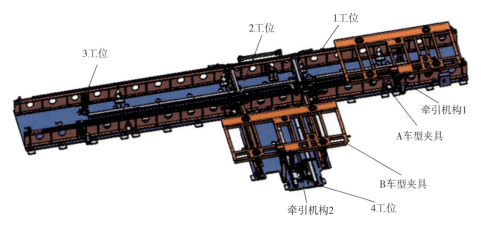

图 2 "T + n 型滑台装备"示意图

2)夹具切换推进式智能装备

骨架总成合拼工位采用机器人抓手切换和平移推进结合的总拼形式,底部定位升起将车身下部总成托起定位,侧围总成滑台推进进行定位夹紧,由机器人抓取侧围夹具放置到滑台上完成车型切换,顶盖前、后横梁采用抓手定位,机器人切换抓手完成车型切换。两套独立的夹具系统分别对应两种车型,增加车型对应增加夹具系统,完全实现柔性化生产,根据现场空间大小确定车型数量。

3)在线检测系统开发应用

激光在线检测系统是由系统硬件与计算机、测量仪和传感器等用于质量检测的配套部件组合,构成一个完整的在线检测系统。软件系统由数据采集、数据编辑、数据文件管理、统计分析以及系统管理五个功能子系统组成,具有非接触、快速、直观和精度高的优点。

在线检测系统的应用主要是对影响车身骨架精度的安装点、车身的关键尺寸、前风挡玻璃窗尺寸、车门安装处棱边位置、定位孔位置以及各分总成的位置等进行测量。根据预先设定好的测量点测量特性,测量传感器的数量是由测量点数决定的,在白车身焊接完成后进入检测通道精确定位,机器人控制激光测量传感器按照调试好的轨迹对相应的棱边、孔和表面的空间位置尺寸等进行逐点测量,测量完成的数据通过网络传递到测量控制器系统中。数据处理系统对实测数据按照工艺控制进行分析、判断,根据判断结果对生产线发出继续生产、报警或停机指令。

3. 涂装工艺

涂装工艺被定义为绿色、环保、高效的喷涂。在节能减排方面，应用先进的 TNV（回收式热力焚烧系统）及循环风回用技术及中水回用技术，单车消耗标煤 74.86 kg，单车 VOC（挥发性有机化合物）排放 20.97 g/m²，达到清洁生产先进水平。应用 124 台喷涂机器人，节省操作人员 98 人，自动化程度在国内涂装行业首屈一指；内腔喷蜡采用的半自动喷蜡设备，内腔防腐能力进一步提升；喷漆设备使用最新一代的 EcoBell 3 喷雾器，油漆利用率达到 80%；采用热量回收系统，对烘干释放的热量进一步回收，用于前处理槽液加热。

1）旋杯自动清洗装备

在内板机器人喷涂过程中，旋杯会产生雾漆，有可能甩到车身上造成漆膜缺陷，大约 20 辆车喷涂完就需要停线对旋杯进行擦拭，旋杯自动清洗技术的应用实现了旋杯的在线自动清洗，不仅节省了节拍，而且规避了人工擦拭旋杯时残留喷漆废气对人体健康的伤害和自动设备误动作对人体的潜在安全隐患。

2）喷漆室循环风回用技术

喷漆室集中排风系统使用大型离心风机集中通过喷漆设备地下排风道将喷漆废气抽入烟囱高空排放。其中，色漆人工段大部分排风通过人工段回用风排风道（并行于自动段排风道）导入循环风空调机组进风口。色漆自动段排风则通过排风道直接排放。擦净段直接回用至混风室内，混风室即涂装车间喷漆空调平台，该平台为独立空间，可将涂装车间内其他工位可回收的空气，直接回收至此空间，与新鲜空气混合后作为空调新风使用。

3）自动涂胶智能装备

自主设计集成的自动涂胶系统包括机器人和供胶泵系统，自动涂胶的高柔性化六关节轴工业机器人，具有高定位精度，高行走轨迹精度。供胶泵系统将玻璃胶输送至胶管中经定量齿轮泵稳压后，输出稳定胶压的胶料。机器人持自动旋转胶枪根据涂胶轨迹信息进行多种轨迹自动涂胶。

4）车型自动识别智能装备

车间喷气室入口设置车型超声波自动识别系统和人工输入台，车身通过后将识别参数与数据库定义参数进行比较，验证并显示，也可以切换到手动模式输入车型。当验证不一致时，发出报警，提示操作员手动更正车型。当车身继续运行至一定点而未更正车型时强制停链，重新输入车型后输送链才可继续运行。数据库中可设定不喷涂车型或空雪橇，全线各站将不对该车身进行喷涂。车辆识别系统示意图如图 3 所示。

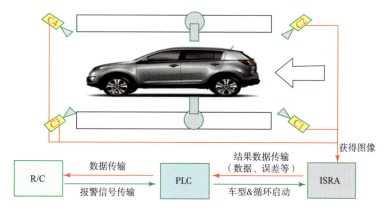

图 3　车辆识别系统示意图

4. 总装车间

总装车间具有高度灵活性、高效性、环保和人性化设计。底盘高工位采用升降旋转吊具，组装线采用升降滑板代替传动底盘线半高和低工位作业内容：减少底盘线和组装线 160 人走动用时，每人每年减少走动路程为 1 250 km。车间大量采用电动和电池工具、在保障产品质量前提下并降低车间噪声，减少车间尾气排放，以更好保障人员在健康的环境下轻松工作。车间整体噪声平均控制在 74 dB 以下，每年减少尾气排放量 345 625 m^3。

关键部位采用自动化装配，对于部件进行模块化装配并进行空中输送，内饰线、车门线及组装线采用自动化物流配送，空中输送线大幅降低车间内物流配送，缓解地面物流压力；密封条自动黏接及前后风窗自动黏接所用设备均属自主研发、应用，自动化物流实施，重点可减少人员错漏装且可减少人员拆包装所用时间，以提高生产效率。

1）底盘自动合装装备

采用高精度静音齿形链配合高精托盘及定位机构，实现底盘模块高精定位及整体全自动合装；取消人员干预，提升底盘合装节拍及质量。此合装系统兼容了两个不同平台底盘车型，攻克了世界级螺旋簧压缩难题，依据产品特性，A 车型采用了工装集成后螺旋簧压缩工装，B 车型因产品结构限制螺旋簧无法压缩，为保障自动合装，首创"二次顶升技术"，即合装完毕后采用顶升装置对后悬架进行"二次顶升"以完成悬架各安装点紧固。底盘自动合装装备示意图如图 4 所示。

2）全自动车门密封胶条黏接装备

智能装备研发工程师经过 600 个日夜的潜心研究，实现密封胶条自动黏接装备的投入使用。通过机器人实现在线自动抓取车门、胶条自动供料、胶条高精度自动黏接，黏接压力显示系统，保证料卷切换时间 ≤ 5 min，且 1 mm

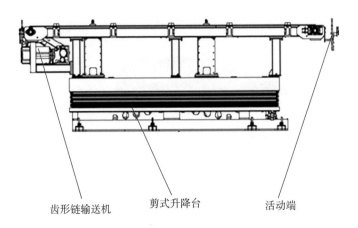

齿形链输送机　　剪式升降台　　活动端

图4　底盘自动合装装备示意图

范围内的黏接压力均匀一致，在 X 轴和 Z 轴实现 ±10 mm 浮动结合快速切换技术，可实现3种不同车门的自动黏接。累计节省近6 000万元，可节省6名操作人员/套设备，5项核心技术获得国家专利。全自动车门密封胶条黏接装备示意图如图5所示。

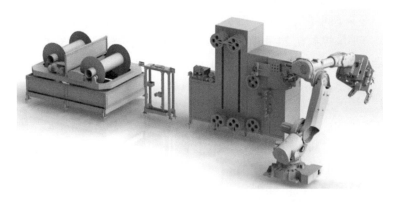

图5　全自动车门密封胶条黏接装备示意图

3）自主研发上中下物流成套装备

物流工艺设计以创新为主旨，大胆创新的以信息化为基础，整合全厂生产、装配的工艺物流设计，形成以整车、零部件为核心的大物流运行框架。

整车厂与零部件区域通过空中输送（上）、车间缓存输送（中）及地面物流输送（下）紧密结合，最大限度地消除地面物流量，减少搬运、库存等物流环节浪费；如内外饰与总装在同一厂区，大件通过空中输送，减少整车厂主要地面物流；各车间均设立物流缓存区，以配合整车、零部件的运行基准；物流（中心）库与总装线体同一厂房，消除物流中心到PC区的中转环节

(AGV),减少物流人员和输送车辆。

(1) 空中物流模块化输送装备研发:模块化装配是汽车零部件供应商按照功能系统将零部件组装以模块形式供货,主机厂以模块化部件为基本件装配,减少主机厂的装配工位,加快了工作效率,车间仪表板总成、前端模块总成、前后悬总成、前后保险杠、发动机总成、座椅总成采用模块化供货,模块化率23.4%,处于国内自主品牌领先水平。同时仪表板模块、前端模块、前后悬总成、前后保险杠及座椅采用空中输送,有效地节省地面空间。

(2) EMS 小车 + 横向存储装备研发:车门线采用高柔性输送定位的 EMS 小车形式;存储方式设计为横向存储方式;EMS 小车输送稳定,二维码高精度定位,能够实现车门自动打开的精度要求;横向存储采用简单的反向滑橇"弹匣式"横向存储方式,规整了空中线体占用空间,减短了线体存储长度及面积;PBS 输送采用摩擦滚床输送、配合旋转滚床及移行机;实现 90°、180°旋转及横移的要求;减小 PBS 区规划面积;并且创新性地提出在 PBS 进行拆车门操作;利用了空中空间,增加了工艺操作工位,节省了地面拆车门升降机,为地面 SPS(卫星动力系统)物流输送提供了有利条件。

(3) AGV 自主研发及运输装备:消除员工的选择性作业,减少了人员 + 电瓶小车 + 物料货架的物料运送频次,提升了生产便捷性,最大限度地实现准时化。现总装车间内饰、组装线采用 AGV + 动力链条 + 物料小车的自动化物流形式,车门线采用 AGV + 辊床 + 料箱自动化物流形式,有效地减少线边物流货架存放释放存储空间,并起到防错的作用。自动化物流运输零件比例为67%,处于国内自主品牌领先水平。

4) 风挡玻璃自动底涂、涂胶技术

风挡玻璃装配采用全自动底涂工艺,将底涂轨迹重复性在 1 mm 范围内,配置垂直式玻璃底涂存储站,提高底涂晾干效果,节省空间;玻璃自动对中识别,机器人抓取玻璃涂胶,监测系统随时监测胶形,保证涂胶精度及质量;节省底涂及涂胶操作人员,消除底涂液挥发对人员身体的影响,该技术已经获得国家专利。自动底涂、涂胶装备示意图如图 6 所示。

5) 玻璃自动安装技术

玻璃自动安装技术由机器人系统和智能三维识别系统组成,我公司首次应用并自主开发制作风挡玻璃自动安装系统;该技术将机器人系统、三维视觉识别系统完美结合;充分利用了机器人高精度定位能力及智能三维视觉识别系统,机器人抓取风挡玻璃后,视觉系统准确识别风挡玻璃在车身中的关键定位特征点,实现风挡玻璃自动识别及全自动高精度安装;真正意义上实现了无人化的风挡玻璃全自动高精度安装。自动安装装备示意图如图 7 所示。

(a) (b)

图 6 自动底涂、涂胶装备示意图

(a) (b)

图 7 自动安装装备示意图

五、主要技术成果及效益分析

项目顺利实施后，彻底消除了现存的生产工艺浪费，实现高效率、灵活的生产，实现生产节拍52 s，日产1 000辆以上，白车身骨架精度95%以上，车身防腐年限提升至5年无锈蚀、12年无穿孔，焊接自动化率达98.7%，建设完成了跨部门、跨地域、全产业链的协同研发平台，实现缩短产品开发周期20%，生产效率提高30%以上。

通过在焊装、涂装、总装车间输送线体，布置车辆自动识别系统，从焊装 EMS/滚床输送/工艺线体、涂装全车间到总装 PBS 区/底盘线/组装线，布置读写站80余个、载码体500余个，仅在涂装车间就分布车辆跟踪站点47个，含路由站点12个、计划比对站点10个，车辆信息跟踪和路由控制精准率达到100%。

打造完成"5A"级智能工厂（5A：控制自动化CA、能源自动化EA、过程自动化PA、安全自动化SA、信息自动化IA），使产品不良品率降低20%，实现运营成本降低20%，能源利用率提高10%以上。

一卡通系统的应用是"一卡一库一网络"，即一个整体的网络系统连接统一的数据库，实现智能卡设置、管理、查询等功能，实现整个系统的"一卡通"管理模式。

废料双层分拣技术、全自动辊边技术、夹具切换推进式合拼、自主研发AGV运输车、升降旋转吊具、旋杯自动清洗技术、胶条自动黏接技术等30项核心技术的掌握和应用推广。

该项目的实施及技术的推广，符合国家智能化工厂发展政策，项目产品的质量相对稳定，起到本领域的广泛引导作用，具有良好的市场效益；项目完成投产后，智能化工厂生产能力为年产25万辆轿车，用地总面积37.15公顷（折合557.25亩），总建筑面积为268 316 m^2。项目总投资为378 483.27万元，达产时年销售收入约50亿元。年可生产25万辆，不仅利于企业自身发展，同时为我国汽车产业做出贡献，项目未来发展规划可提供约2万个就业岗位，带动周边30万人员的经济发展。

六、项目总结

该项目实施过程中，获得国家发明专利10项，实用新型专利15项；同时，河北省2016年智能工厂和数字化车间项目认证过程中对"长城汽车哈弗高端智能工厂"专家组给予高度认可，并获得补贴资金90万元，其标志着长城汽车在智能化领域达到了国内绝对领先地位，具备国际一流的制造水平。项目结束后沉淀总结技术经验，形成了关键设备相关设计规范17项；形成了从产品方案规划、图纸设计、现场调试的核心研发团队。

该项目的实施拉动了影响区域消费需求，完善汽车供应市场品种结构，促进社会经济持续发展，促进社会需求建设，加快汽车工业结构调整、节能环保，贯彻国家汽车工业结构调整政策，推动我国汽车产业健康发展。提高国家税收，促进自主汽车品牌的研发水平迈上一个新台阶，为中国民族自主汽车品牌的持续发展提供支持，实施并响应"中国智造"。同时为长城汽车搭建跨单位、跨地域、全产业链的协调研发设计平台，缩短设计周期，减少设计成本，提高设计质量，利用信息化技术，对公司的整体设计、制造链条进行智能化、可视化、精细化管理，从而将设计与制造体系有机贯通起来，大大提升了公司在行业中的竞争力，为国家实现从制造大国向制造强国转变的重大战略目标做出了突出贡献。

华晨宝马智能制造技术与集成应用

华晨宝马汽车有限公司　供稿
中国汽车工程学会　刘来超　组编

一、项目概述

华晨宝马汽车有限公司是宝马集团和华晨汽车集团各出资50%共同建立的合资企业，总部位于辽宁省沈阳市。自公司2003年成立以来，股东双方一直保持着共赢的合作模式，并以此为基础取得了一系列成就。2006年公司针对中国市场推出宝马5系轿车长轴距版本，该车型成为宝马在中国市场上最成功的车型，在同级车型中的销量一直保持领先地位。2009年股东双方再次深化合作，签约建设合资公司第二个整车厂——铁西工厂，该工厂为汽车行业智能生产树立了标杆。2012年股东双方再次开启通力合作的新篇章，正式签约建设发动机工厂，将宝马集团最新的发动机生产技术与本地优秀的资源相结合，将汽车智能制造推向新高度。同年11月，合资公司研发中心一期项目也正是落户于铁西工厂。2014年，股东双方一致同意，将合资公司经营期限延长10年至2028年，为合资公司进一步发展奠定坚实的基础。2017年，中德股东双方继续

图1　华晨宝马新大东工厂

保持了成功的合作模式，取得一系列新成就：铁西工厂成为全国唯一的汽车智能制造4A级景区；新大东工厂（图1）于5月正式投入使用，将公司智能制造技术的实践水平提升到全新高度，该工厂项目被评为2017年度中国智能制造十大科技进展。面向未来，华晨宝马及双方母公司还将不断对现有工厂进行技术升级改造，持续提升整个汽车行业智能制造的技术水平。

华晨宝马智能化工厂项目的载体主要体现在铁西工厂、发动机工厂和新大东工厂的建设和运营过程当中。2013年德国在汉诺威工业博览会上首次发布《实施"工业4.0"战略建议书》，正式提出了"工业4.0"的概念，"工业4.0"成为引领新一轮工业革命的核心技术，此时正值华晨宝马铁西工厂建成投产，铁西工厂可以说是"工业4.0"在国内先行先试者，也成为中国汽车行业在智能制造和可持续发展方面的新标杆。中国经济已进入"新常态"，产业迫切需要转型升级，经济迫切需要新动能，智能制造恰好是我国推动产业转型升级重要力量和实施创新驱动战略的重要抓手。2015年国务院正式发布《中国制造2025》，提出以智能制造为主攻方向，智能制造的热浪就此在全国全面铺展开来。

在这样的大背景下，华晨宝马在智能制造领域继续发力，起动了中德智能制造合作试点示范项目，发展面向汽车行业的智能制造技术与集成应用。2016年1月，华晨宝马发动机工厂建成和投产，作为宝马全球欧洲地区以外的唯一一发动机工厂，为华晨宝马在中国的整车厂提供了发动机配套。2017年5月，华晨宝马新大东工厂正式投产，产品为全新一代宝马5系轿车，作为宝马全球体系中现代化、数字化和智能化程度最高的工厂，新大东工厂继续秉承"工业4.0"的理念，采用更加先进、更加智能化的技术和装备以及更加高度数字化的生产方式，继续示范和引领"中国制造2025"战略的实施。

二、项目实施的先进性

华晨宝马智能化工厂项目实施的先进性主要体现在智能化、数字化、人性化、可持续和大数据应用五大方面。

1. 智能化

1）智能生产与检测一体化机器人

自适应焊接机器人：新大东工厂的车身车间拥有超过800台机器人，自动化率达到95%以上，可实现自生产和自检测。车身车间的焊接机器人实现了每个焊点的实时监控和动态调整，通过每个工位焊接信息系统会生成一条曲线，并将这条曲线与标准的焊接曲线对比确认是否合格，以此来保证焊接的品质。同时，根据现场的实际情况和大数据的分析，还能动态地调整标准曲线的形状，不断优化焊接质量。

新一代集成喷涂机器人：新大东工厂的涂装车间采用了 35 个新一代集成喷涂机器人。机器人内部装载了大量传感器，能够实时检测机器人喷涂时颜料的流量、喷射的压力等参数，这些数据通过系统实时传输到 PLC 并能够实现在线监测，确保喷涂的精准度，不需要后续再补喷，优化了喷涂质量，提高了喷涂的效率。图 2 所示为涂装车间——集成喷涂系统。

图 2　涂装车间——集成喷涂系统

6 序伺服冲压机：新宝马 5 系为全铝车身设计，且铝材冲压比钢材更加复杂，故冲压车间采用了高精度、高智能化的 6 序伺服驱动高速冲压机进行冲压，控制冲压机的计算机有 22 台，可对冲压的力度和精度进行非常精确地控制，如图 3 所示。通过计算机 3D 软件对冲压件进行建模，预先利用大数据记录、分析、精准计算出铝板冲压回弹度等参数，然后在冲压生产线上为铝板预留冲压回弹量，冲压件的尺寸公差被控制在 0.02 mm 以内。相比传统压机

图 3　新大东工厂 6 序伺服冲压机

可节能 44%，降噪 12 dB。冲压线线首能够实现智能化的抓取识别和位置识别。智能抓取依靠激光传感器能够智能识别抓取钢板的数量，确保了冲压数量的准确性和冲压质量的精度；智能位置识别指的是线首能够依靠图像识别器，将钢板摆放到正确位置，并自动调整到最佳，保证了冲压质量。

2）智能质量检测装备

ADD 自动检测系统：新大东工厂的涂装车间采用了 100% 的自动检测系统，对喷涂结束后的白车身表面进行检测，检查是否有因为外部环境影响造成的车身表面缺陷。ADD 自动检测系统能够将各类白车身表面的缺陷进行智能化分类，方便未来利用大数据进行不同类型的缺陷处理。通过 ADD 自动检测系统，车身表面的缺陷识别率从原来的人工识别率 65% 上升到 98%，确保了缺陷的高识别度和检测的精准度。

动力总成照相检测系统：通过检测动力总成各部件与 MAT（物料）的相对位置保证合装的准确性。每辆车的动力总成进入照相机站，系统会读取 MAT 的信息从而判定需要检测的车型信息，调取该车型的标准图片；同时采用 42 个高清摄像头，对动力总成部件进行精准检测，对于每辆车的动力总成生成一组图片并与标准图片进行对比，并将结果通过工作站屏幕进行展示。全部图片对比合格后，MAT 将自动运行至下一工位；如有不合格图片，工作站将报警通知操作者进行故障的分析和解决。通过应用动力总成照相机站系统，缩短了检测的时间并保证了生产节拍，确保了产品的高标准和一致性。

GAM（图形存取方法）检测系统：新大东工厂的质检部门采用了 GAM 检测方法检测冲压件的尺寸精度。通过先进的照相设备，对整个冲压件进行全面拍照，然后与系统的标准数据进行比对，自动标记缺陷位置。

3）智能生产控制系统（International Production System – Technology，IPS – T）

IPS 是宝马集团 MES 系统的一个统称，IPS 包含了多个系统，其中 IPS – T 主要面向生产和设备控制，也是 IPS 中最为核心的部分。

强大的集成功能：智能生产控制系统面向生产过程的管控，由 IT 部门负责日常的维护。这个强大的生产控制系统主要包含质量信息的监测和生产过程的管控、生产设备的远程控制、设备故障的预警和自修复以及生产节拍与设备状况的实时显示。

质量信息的监测和生产过程的管控：IPS – T 系统连接了所有的 PLC 终端，能够实时显示 PLC 的动态状况并向 PLC 发送指令数据，实时动态地对生产过程进行管控；另外，监控的对象并不局限于数量庞大的 PLC，也包含多种工业自动化设备，这些设备基于宝马集团的设备通信协议，建立了与 IPS – T 系统的连接，完全实时地将各个自动化设备的运行状态信息同步到中心管理平台。

生产设备的远程控制：对于一些有提前起动预热需求的设备，IPS-T系统能够实现远程的启停，有利于提高设备运行的效率；当车间工作结束时，IPS-T系统能够实现对车间设备的远程定时关闭，避免能源的浪费和机器的消耗。

设备故障的自动报告和自修复：IPS-T系统提供了多种方式，如邮件、短信等，可以按照事先定义好的缺陷类型和级别，将故障信息实时共享给需要及时进行维护的工段组；同时，设备如果遇见一些常见的问题，系统能够实现自动应答和修复，不用操作人员重复参与，提高了效率的同时还节省了人力。

生产节拍和设备状况的实时显示：IPS-T系统能够实现对每天的计划生产量、实际生产量、超速或滞后完成的工作量等生产节拍信息的实时显示，还能通过对PLC的监测实现对车间每台设备状况的显示，有助于直观地显示每天的计划是否完成。

支持全球各地的在线监测：IPS-T系统的另一大特点就是支持全球各地的在线监测，不管身处何地，只要有相应的权限，管理人员就可以通过网络登录系统，打开整个监控页面，查看各个工厂、各个车间的实时情况。

4）智能物流管理系统

适应柔性生产的IPS-Logistic（IPS-L）系统：IPS-L能更好地适应顾客订单的定制化以及差异化的整车交付日期需求，满足在实际生产中柔性混线生产方式，其主要功能包括车间级的排产和车辆状态实时跟踪。

车间级的排产：从销售系统接受订单，生成生产订单，并拆分成车间级的订单，分别进行排产，同时进行优化：一方面在车间级考虑工艺流程的差异和特性，优化生产顺序；另一方面在车间之间，进行优化调整，尽可能降低车间前序与后序之间的约束性。排产的信息，会进一步与各个车间不同工艺序列的PLC进行实时同步，把最优化排产的结果与生产设备的实际生产作业进行无缝连接。

车辆状态跟踪：通过与车间PLC系统的整合来进行车间的位置状态跟踪。包含整车（涂装车间/总装车间）的状态追踪，也包含白车身分总成件的跟踪，如前车身、后车身。除了在MES系统内部对状态信息跟踪，提供整体信息透明化之外，IPS-L还将车辆的跟踪信息与ERP（SAP）系统进行集成，为SAP的智能物流系统提供最主要的信息支撑，从而完成了从ERP到MES，最后到车间PLC控制级的纵向体系达成。

智能取件装备：在铁西工厂车身车间焊接机器人的外部还可以看到很多带自动升降功能的货架，货架的底端安装有若干个传感器，自动识别货架上剩余的加工件数,旁边的控制器会显示加工件当前的数量和是否需要补料,每个货架前面会有一辆铲车,物流工人就是从货架上铲走加工件。智能取件装备使车间内的物流运送更加高效和智能,省去了人工查看物料的时间和通知准备运送物料的时间,大大提高了车间物流的效率。

AGV 运输车辆:零部件从配送区运往生产线由 AGV 自动运输小车完成,当生产线上常备零件用完时,生产线会发出请求运送配件的信号,然后由后台计算机来调动 AGV 小车来运输相关零件,从而实现生产线上零件的连续供应。

2. 数字化

1)虚拟仿真系统

新工厂的生产系统通过计算机 3D 模拟技术建立数字模型,称为"数字双胞胎",这不仅使生产线调试更加高效,而且有助于实现更精密的生产作业。目前华晨宝马在工艺仿真、装备仿真和工厂规划设计仿真上都有应用,大大缩短了制造周期。例如,车身车间采用数字虚拟调试,让焊接机器人的生产效率和生产质量得到进一步优化;新大东工厂在生产线规划布局之前,将工厂厂房和制造设备进行数字化建模,大幅降低了在实际的生产过程中出问题的概率,使得新宝马 5 系从产品导入到首批下线仅花费 4 个月时间。

2)激光扫描 3D 检测系统

车身车间采用了全新的离线激光扫描检测设备,激光扫描设备将车身上的所有焊点还原成 3D 数模形式,通过与标准数模的对比监测每一个点是否在设计的公差范围内,节省了大量的时间,保证实时的测量结果,方便进行大数据处理,同时可以提供准确的数据分析,具体如图 4 所示。

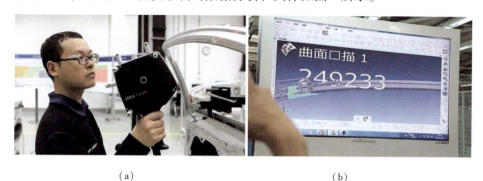

(a)　　　　　　　　　　　　　　(b)

图 4　车身激光检测

3)实时定位识别系统(LIS)

华晨宝马铁西工厂的 LIS 系统是目前全国唯一的整车厂定位系统。在使用该系统之前,工人只能依靠手工扫描和发动机盖上的纸质条形码识别车辆,这样的操作相当耗费时间，也容易出错。LIS 系统将该过程数字化和自动化，RTLS（实时定位系统）标签取代了纸质条形码，流水线上的传感器自动收发 LIS 系统发出的信号，不仅节省了工人扫描时间，也大幅减少了零件安装的错误率，从而提高了产品品质。铁西工厂同时共线生产宝马 1 系、2 系、3 系、X1 及之诺五种不同车型，柔性化程度高。每辆进入总装线的车辆前部都会装有一个带 LIS 系统的装置，工人们形象地称之为"信息盒子"，里面储存了每辆车的所有信息，当车辆经过每一工位时，通过传感器，信息盒子都会自动将车辆信息输出给工位的 PLC，工人能够迅速了解车辆目前的状态以及所需安装零件的种类，当这一工位安装结束时，PLC 又会通过传感器将该工位的信息输入到信息盒子，供下一个工位读取信息。

4）零件多样化扫描系统（IPS‑Q 和 BVIS）

零件扫描系统是使用扫描枪收集零件上的条形码信息，摘取其中的零件号或订单号与后台系统里的零件号或订单号对比，判断零件是否安装正确，以保证正确的零件安装到对应的车辆上。目前一辆车上有将近 100 个零件采用扫描的方式控制安装质量，通过零件扫描可以提高 10% 的工作效率，还可以减少错误安装、漏装等生产问题，节约了检验成本和返修成本。

总装车间零件扫描主要有两大系统：IPS‑Q 扫描和 BVIS 扫描。IPS‑Q 系统是生产控制系统中的质量监控模块，其中的一项功能就是零件扫描。当车辆到达生产工位后，工人扫描随车纸质装车单上的订单号，系统将该车需要安装的零件号显示到屏幕上，工人根据零件号挑选零件，再扫描零件上的条形码，系统判定扫描结果，零件正确屏幕显示绿色，不正确屏幕则显示红色，红色的不合格结果会记录到 Q 系统里直到有专人解决。Q 系统有保存数据的功能，可以将扫描结果存档，对重要的零件如安全气囊、电池等，会把扫描后得到的零件序列号记录到宝马存档系统中，数据能够保存 50 年，方便后期质量追溯。BVIS 扫描采用的工作站是 BVIS 显示屏和主机。工人不需要扫描随车纸质装车单来获取订单号，当车辆到达生产工位后，无论产品零件号在条形码中的哪个位置，系统都会自动把需要安装的零件号显示在屏幕上，减少了人工扫描动作。

5）维修管理软件系统（Maintenance Management System，MMS）

华晨宝马工程师自主开发的维修管理软件系统（MMS）将所有设备的参数、图纸及使用说明等信息集成到软件中，实现了统一管理设备文件的电子化、无纸化，系统还能自动生成每台设备运行状态曲线，实现每台设备运行状态可视化。过去一旦设备出现故障，维修工程师就需要现场记下设备的型号、问题类型，然后回到办公室查找相应的资料，再返回现场解决问题。在使用 MMS 系统之后，维修工程师只需要携带一个移动终端设备（如 iPad、 iPhone）（图5），到达故障现场，随时查阅设备信息和历史维修信息，及时排除故障，大大提高了维修效率。

图5　车间智能终端

3. 人性化

1）C形钳工位

铁西工厂和新大东工厂的总装车间操作工位大多采用了高度符合人机工程学的先进设备，员工能够以舒适的姿势进行装配工作。C形钳工位充分考虑了人体工程学原理，车辆的翻转角度和高度都可以根据工人的实际情况自由调节，如在安装底盘时工人不需要再躺在地上，而是以正常舒服的站姿或坐姿进行安装（图6），大大提升了工人作业时的舒适程度和愉悦感，从而实现了更高的生产效率和产品质量。

2）3D打印装配工具

新大东工厂已经使用3D打印天窗调整卡具（图7），缩短了小批量、定制化工装卡具的开发周期及订货周期，满足特殊工具需要负载曲面的需求，实现了复杂设计以及多种材料进行选择、实现不同机制的性能。

3）机械外骨骼

华晨宝马与Noonee公司已经建立合作意向，新大东工厂正在测试一种叫作"机械外骨骼"的无座座椅（图8），用于解决生产线人机工程问题，工人在必须弯腰或采用其他不健康姿势执行装配任务时，可帮助减轻工人的身体负担，有效地保护了操作者腰部健康。通过使用机械外骨骼，不仅解决了人

图 6　总装车间翻转装配工位

图 7　3D 打印卡具

机工程问题,同时提升了操作者工作效率及节约了人员的需求,增大了操作的柔性化。

图 8　机械外骨骼——无座座椅

4. 可持续

1）装备级节能技术

涂装车间是整个工厂最耗费能源的车间，能源和水占了整个工厂的很大比例，挥发性有机化合物和废水的排放几乎占了整个工厂的100%。新大东工厂涂装车间主要从四个方面力争达到可持续性工厂的标准：运用能源节约设备、使用节约用水工艺、减少挥发性有机化合物排放、减少工业垃圾排放。

干式文丘里技术：对于喷涂产生的漆雾问题，以往采用湿式文丘里的方式进行处理，通过沉降风将喷涂过程中产生的漆雾下压至喷房底部带有药剂的水槽中进行吸附混合，从而将漆液从空气中清除。这种处理过程需要很大的供风量，而且循环风经过湿式文丘里，温湿度变化很大，对循环风空调的能力要求较高，能耗消耗比较大。为了进一步降低能耗以及减少对环境的污染，可以降低循环风空调能耗的干式文丘里漆雾捕集技术得到了应用。干式文丘里采用石灰石粉末作为吸附材料进行漆雾处理，干式文丘里取代传统的湿式文丘里技术，循环风经过干式文丘里后，温度变化较小，可以有效地降低循环风能耗，同时循环风量得到提高，新风需求量和废气排放量大幅削减，减少了对大气的危害。干式文丘里处理漆雾后的废石灰经环保部门批复后可以按非危废进行处理，甚至可以作为建筑原材料使用，而用于湿式处理后的废漆渣漆液需按照危废标准进行处理，处理成本较废石灰处理高得多。

旋转式预处理和电泳技术：传统式预处理和电泳系统为摆杆式结构，需要较长的槽体，导致产生大量的能源和工业水的消耗。与此同时，车身在槽体中很难保证被百分之百地清洗和泳透。全新的旋转式预处理和电泳系统，可以让车身在槽体中360°自由反转，从产品设计上，车身可以得到完全的清洗和泳透完全没有死角，如图9所示。从生产工艺上，这种设计更加的节能环保，也减少了能源和水的消耗。

(a)

(b)

图9　车身旋转式预处理及电泳

通过一系列节能减排技术，新大东工厂涂装车间的能源消耗和水消耗占全工厂的40%，低于业内平均水平13个百分点；挥发性有机化合物排放占全工厂的17.7%，远低于业内平均水平（83.9%）；废水排放量占全工厂的50%，比业内平均水平低将近20个百分点。

2）工厂级节能系统

智能高效的楼宇自动化系统（BAS）：该系统作为厂区供电、供水、供风、供热和照明等基础设施的控制平台，通过数以十万计的传感器和控制元件用于监测和控制能源动力设备的运行状态与消耗情况。BAS作为能源动力系统的中枢平台，起到了承上启下的作用，大大地提升了工厂能源基础设施的效率和安全性，有效地降低了单位产品的能耗。系统能够及时响应终端用户需求，对于终端用户的需求，可通过计算机远程操作，实现温度、风量、照明时间和亮度的调节，也可根据设定的界限值实现自动调节。系统能够锁定并处理异常事宜及时响应，并采取必要措施来确保生产安全和能耗目标的实现。系统将更加高效地利用能源，通过对设备启停、运行负荷等系统参数的调节，实现设备节能运行，提高能源效率。

能源信息管理系统（B.data）：该系统可将能耗数据通过楼宇自动化系统采集到中心数据库，进行编译后推送至能源绩效指标持有者，更好地将能源数据透明、实时、准确地发送至相关人员，支持其进行分析和采取必要的措施。通过能源数据管理平台，不但能够及时满足最终用对能源数据的需求，而且提高了透明度，更重要的是能够从数据中找到节能点，为节能措施的实施提供数据支持。

智能照明系统（ILS）：将厂区按功能分为生产、非生产等不同区域，结合生产时间设置灯具的开启和关闭时段，同时按需求设定相应的照度，实现照明系统的智能管理。

建筑的自然通风和采光系统：设计方面充分利用自然通风和采光，优化窗墙比例，在满足生产需要的前提下优化围护结构热工性能、外窗气密性等参数，降低厂房内部能耗，建筑结构采用轻钢结构，适宜区域设置多层厂房，天窗同时受传感器控制，可根据气象条件的变化进行自动或强制关闭，实现自然通风、机械通风及混合通风等多种模式；建有可通过人员的地下能源管廊，同时将电力、热水、压缩空气等能源介质输送到生产车间。其次，从节能环保的角度对建筑材料进行选择，使用金属建材、生物质建材、节能门窗、新型墙体和节能保温材料等绿色建材，建材都通过严格的报审和检测程序。

净水冷却系统：该系统将地下井水送至机械间换热装置与工艺二次侧冷却水进行换热，然后100%回灌至地下，整个过程为闭式循环，保证对地下水资源的"零"污染，充分利用地下水冷源，实现了经济和环境的双重收益。

在屋顶通风系统、墙体保温材料、生产系统的水循环利用、管道废气热量回收、智能照明系统等节能环保措施的作用下，新大东工厂相较原大东工厂整体能耗降低32%，每年共可节约6 000万 kW·h 电量，仅自然采光一项每年就可节电22 万 kW·h。

5. 大数据应用

华晨宝马智能工厂每天将产生海量的大数据，通过对大数据的分析和挖掘，不仅可以实现对生产过程、设备状态的监测预警，还可以进一步优化生产和工艺。

1）新能源汽车数据分析

RTM（发布给生产厂商）远程监控平台未来还将利用所采集到的车辆的驾驶数据为充电桩等新能源汽车基础设施的布局提供支持。目前利用在上海所采集到的数据，为在上海布局充电桩的位置提供了具体的辅助信息，未来城市的范围会进一步拓展，为全国各个城市充电桩的布局提供支持。

2）能源数据实时分析

能源管理系统采集各车间的能源实时消耗数据之后，将自动绘制能源消耗曲线，并与历史和预期的能源消耗曲线进行比对，给能源管理部门提示风险，发现新的节能改善点。以铁西工厂为例，如果实时数据显示在夜间工厂停产状态下，总装车间的能源消耗虽然处于波谷，但仍高于同期水平，工程师发现原因在于顶部传输带仍在空转，部分机器设备仍处于充电待命状态。通过能源大数据的实时分析，减少了能源浪费和消耗。

三、项目实施的可推广性

1. 为我国智能制造提供经典范例

在智能化生产领域,作为宝马集团全球生产体系的最重要成员,华晨宝马工厂在设计之初就前瞻性地应用"工业4.0"设计理念,采用先进的生产设备和高度数字化的生产方式,为创新与可持续生产树立了新的典范,诠释了业界领先的生产技术和极具前瞻性的"工业4.0"应用,新大东工厂项目作为2017年度中国智能制造十大科技进展之一,为我国汽车智能制造及相关行业起到了示范引领的作用。

2. 推动东北老工业基地转型升级

新一轮的科技革命给东北老工业基地转型升级创造了新的机遇,也带来了挑战。东北是老工业基地,传统装备制造企业较多,在新的环境下,传统装备制造企业必须与新技术、新趋势结合才能重新焕发生机,数字化和智能化改造是东北制造业未来转型升级的方向。华晨宝马凭借其在国内甚至全球领先的智能制造应用,能够成为东北其他装备制造业企业学习的典范,进而带动东北老工业基地转型升级。

3. 为汽车智能制造树立行业标杆

华晨宝马生产工厂的智能化水平一直处于汽车行业的前列,先进的智能机器人实现生产自动化和在线实时检测,保证更高精度、更高品质;3D数字化仿真设计实现优化生产规划和工艺;领先的智能生产管理实现设备之间、设备与系统之间实时交互,生产过程更有效率、更加智能;智能物流管理系统满足客户个性化需求以及多产品混线生产;智能能源系统在设备中植入了智能传感器,确保能源的高效利用和环保,实现了可持续发展;数字化工厂持续收集数据,机器完成不断地学习,进一步优化生产过程。华晨宝马智能制造的应用对整个汽车制造行业的发展具有很强的推广价值,对其他流程制造业也具有很好的借鉴意义。

四、项目成长性分析

华晨宝马智能化工厂项目的成长性主要体现在项目的经济效益和社会效益两方面。

经济效益体现在对华晨宝马的产能、利润、工业总产值和对沈阳经济发展的贡献。新大东工厂和铁西工厂总投资将近200亿元人民币,打造了极具先进性和代表性的"工业4.0"工厂,预计未来铁西和大东工厂的总产量将达到 37 万辆，总产能达 40 万辆，工业总产值超过 1 000 亿元人民币，为沈阳市政府贡献超过 215 亿元人民币的纳税金额，将进一步促进沈阳市工业的发展，带动沈阳市 GDP（国内生产总值）增长和就业岗位。随着工厂的不断建设和发展，未来产能和产值还将不断提升，继续拉动华晨宝马本身的品牌知名度和社会影响力的提升。

社会效益主要体现在节能减排、绿色生产以及提升员工的满意度和幸福感等方面。正如前文所谈及的一系列节能减排项目和引入促进绿色生产与循环再利用的生产设备和工艺方法，大大降低工厂的耗能，减少污染物的排放，促进能源的再利用；通过积极引入符合人机工程的装备，降低员工在生产过程中的身体负担，提高生产效率的同时也提升了员工工作的热情和满意度，促进了工厂的长期可持续健康发展。

五、合作经验

（1）成立智能制造专项小组，保证智能制造项目顺利实施。

为促进智能制造概念在工厂快速落地，宝马集团副总裁牵头成立了智能制造专项小组，帮助各级研发人员、技术人员和管理人员理解智能制造在中国的概念，从蓝图规划、研究方向定义、具体项目实施等方面共同寻找答案，并针对每个问题的实际情况制订不同的解决方案，有序推进智能制造的顺利实施。

（2）提升全员数字化理念，推动数字化工厂建设。

数字化的转变首先在 IT 部门得到推广，体现在 IT 部门的服务方式转变和创新模式的转变。IT 部门在公司定点设立了 IT Genius Bar，员工遇到任何问题都可以随时直接到这个服务站来获取 IT 支持，改变了以往 IT 部门只能被动接收到书面的问题报告的形式，促进 IT 部门的服务方式从以前的被动服务转变为主动服务。另外，IT 部门还设立了 IMC（整合营销传播）创新管理部门，在华晨宝马公司内部建立创新孵化基地，将员工的智慧集中，在这些实验室里建成初步的模型，再通过一系列的经验数据验证这些模型的可行性，将可行性高的变成可以落地的项目，目前已经落地的项目有 12 个，大大促进了员工的创新能力。

（3）中德双方紧密合作，实现互补共赢。

在整个项目的实施过程中，中德双方共同投入人力、物力，共同寻找符合智能制造概念和市场需求的解决方案，在合作的过程中，各类创新形成的知识产权由双方共享，培养了员工不断创新的能力和意识习惯。华晨在合作过程中，吸收了德国多年来的技术经验，同时又结合了中国市场的实际需求，提升了产品特色，宝马在项目的进展过程中，不断深化对中国汽车智能制造理念的理解，促进宝马在华品牌力和品牌形象的进一步提升。随着项目的不断深化，双方需要合作的层面不仅限于一个个具体方案，还将涉及团队合作与团队建设层面，逐渐摸索出一条适合中德双方在智能制造上的合作模式。

六、结语

多年来我国汽车市场爆发式的增长过程也是华晨宝马在我国不断投资建厂、导入新车型、提高产能的过程，近年来华晨宝马工厂智能化水平已在业内取得共识。随着工厂的运转和智能化水平的进一步提升，预计还将在冲压工艺中引入IQ（智力商数）智能监测系统，在焊装工艺中引入机器人在线激光检测系统，改进生产过程中的实时通信功能，优化生产控制系统，打造完整的点到点供应链物流系统，等等。

华晨宝马还围绕"产学研用"模式积极与当地高校合作，培养、吸引优秀科技人才实现技术攻坚，使智能制造技术在汽车生产领域得到技术支持和应用。未来华晨宝马将以试点项目的形式，选拔优秀人才成为公司智囊团、精选研究课题进行投资，最终将试点过渡到标准化继而投入到实际生产系统，真正实现高校科研理论与企业实际需求的对接合作。相信未来华晨宝马将以更为前沿的智能装备制造出更为先进的汽车产品满足我国汽车消费市场。

吉利汽车智能制造战略的创新实施

宁波吉利汽车研究开发有限公司　李瑞方　张　喆　石文玲

一、引言

"工业4.0"概念的提出引发了第四次工业革命，此次革命的核心是"数字化"和"智能化"。中国制造业面临着严峻挑战和重大机遇，加快我国制造业数字化的发展进程，孕育和发展新优势，在新一轮国际产业竞争中赢取主动，成为促进我国制造业转型的重大战略决策。汽车产业作为制造业的重要组成部分，也面临着数字化转型。在转型过程中，迫切需要新技术、新工艺来提升企业的技术水平和能级，新的竞争将以"数字化"为核心驱动。数字化制造战略的实施就是要结合众多的核心技术，以其前瞻性、低成本和提升企业整体效率的优点实现制造数字化、智能化和定制化。汽车行业在进行数字化转型过程中，面临着许多挑战，升级企业制造能力对提高企业核心竞争力意义重大。主要涉及以下几个方面：

1. 产品和生产系统设计问题

1）人员问题

多年来，汽车制造业多注重加工制造本身，对设计投入和积累相对较少，面对突然增强的产品研发和工艺设计，人员的数量、经验知识突然变得紧张。尤其是有经验的老设计师数量极少，这就造成了主力设计人员绘图能力强、设计能力低。

2）缺少新技术

以绘图和校验功能为主的CAD软件，缺少与汽车制造直接相关的功能性设计软件，新技术与设计系统的融合比较弱，企业现有系统与设计系统的集成度较低，造成设计能力也较低。

3）设计规范少及产品管理流程水平低

多年来对制造系统的偏重，致使许多企业的产品图纸格式多样、系列混乱，缺少统一可靠的设计和管理规范，致使产品设计周期长、返工率高。

4）缺少设计质量的预知性验证

沿用过去 CAD 软件中的装配验证性虚拟样机，只满足了设计绘图的正确性，而产品进入生产和市场应用环节所存在的问题一般不去事先验证；生产系统的设计以借用参考性为主，没有按照生产和应用实际条件进行模拟试运行，造成多次修改和返工，增加了成本，降低了产品竞争力。

2. 生产问题

1）经验传承

虽然企业有多年的生产经验，生产过程较大程度依靠自动化生产设备，但与人有关的关键生产技术的经验传承面临着问题，尤其是技术含量高的大型装备。

2）生产的高效管理和工艺优化问题

面对产品的小批量、多品种，工艺安排和设备人员利用效率与质量平衡就需要新的管理和优化方式，来替代过去少品种大批量的加工模式。

3）生产人员培训问题

先进企业的生产变化很快，人员流动性更快，建立新形势下生产人员的技能培训和生产过程指导的新模式，确保生产量和质量的稳定可靠，是制造企业新模式下的需求。

4）大型制造系统的实时调度指挥问题

大型制造系统连接着客户、供应商和生产线内部的工艺、设备、人员、物流的各个节点，需要结合先进的数字化制造技术的实时调度指挥才能满足现代化的高效能制造要求。

3. 销售和服务问题

1）销售展示手段问题

产品的销售展示内容已经超越了产品技术性能指标本身，用户可以体验产品在实际应用环境中运行时的各种表现，这就需要使用预知性模拟展示技术。利用数字化手段增强与客户的互动，进而为产品更新换代及产品维护提供充分的准备工作。通过数字化手段拉近汽车制造商、汽车零售商和客户之间的距离，能够更好地响应客户需求。除此之外，服务的数字化还能给客户带来更好的用户体验。

2）售后服务的成本和效能问题

售后服务是以前注重度比较欠缺的方面，要提高售后服务的质量，要求服务人员具有较高的故障诊断能力和维修技能，其运行的人力和资源成本很高，这就需要解决服务人员、质量、效率和成本的协调问题。

3）服务人员的培训问题

随着产品销售和应用区域的扩展，人员需求增加的同时，流动性也在增加，提高故障的诊断能力和维修技能，是确保售后服务质量和维护品牌效应的必要手段。

为了解决以上这些难题，全面实施数字化制造战略对汽车产业来说迫在眉睫。通过追溯汽车的整个生命周期，汽车产业可从汽车设计数字化、汽车制造数字化、汽车服务数字化这三个方面着手完成数字化建设，通过三个方面的建设，带动产品设计方法和工艺的创新及企业管理模式的创新。

二、方案创新点

建立信息化管理系统，通过系统的手段，把汽车企业上下游业务过程、技术沟通过程及汽车企业内部业务管理过程以信息化的形式固定下来，从而充分挖掘企业潜力，提高企业资源的利用效率以及企业的快速响应能力，最终把企业的管理人员从烦琐的事务中解放出来。与国内外同类技术相比，其创新性体现在以下两个方面：

（1）建立企业信息化体系，通过信息化体系的架构优化工艺设计开发模式与流程，实现资源数据的统一管理与共享、工艺设计知识的积累和重用，便于资源的利用和项目经验的传递与沉淀。我们构建数据库云平台，利用资源数据库和工艺数据库结构资源完成生产线的工艺规划与设备验证，根据仿真模拟结果对工艺过程进行优化并对设计人员提出合理化建议，同时搭建生成数字化工厂；在工艺设备进场前完成整体车间控制网的布测，实现网格化管理，保证设备离线程序的有效性与准确性，将虚拟调试技术真正应用于汽车行业，减少现场调试时间；后期利用数字化技术调整数字化工厂与现实工厂的差异，保证数据的一致性，真正实现数字化设计与开发。构建企业级设备、能源、物流监控平台（图1），实现数据采集的多元化和管理的精细化，通过数据整合和深加工，提高数据有效利用的潜在价值，多方位挖掘企业节能潜力，推动企业向智能制造转型升级。

（2）在企业实际质量管理体系运作中，为保证"预防措施"的有效实施，建立一个从识别问题到控制潜在影响的管理系统——FMEA（潜在的失效模式及后果分析）系统，能够识别设计上可靠性的弱点，并从中找到能够避免或减少这些潜在失效发生的措施；利用实验设计或模拟分析，对不适当的设计，实现实时、低成本的修改，减轻事后修改危机。FMEA系统是一个动态的管理系统，需要实时更新，对设计或生产中存在的问题要及时录入到系统中，为后期项目的开展提供更多可借鉴的意见或建议，进一步改进或完善产品的质量、可靠性与安全性，具体的操作界面如图2所示。

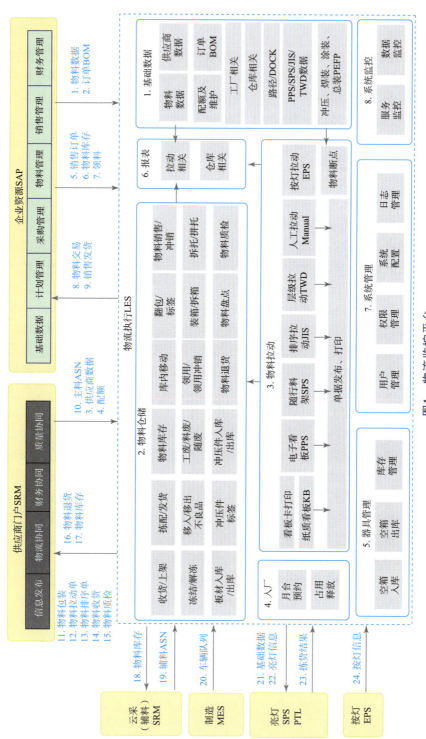

图1 物流监控平台

图 2　FMEA 系统操作界面

三、方案概述

该平台是基于 Tecnomatix 制造大数据环境（图 3），引入虚拟制造新技术，根据工作需求完成软件的二次开发的基础上实施的。构建虚拟生产系统，利用资源数据库和工艺数据库结构资源完成生产线的工艺规划和设备验证，根据仿真模拟结果对工艺过程进行优化并对设计人员提出合理化建议。通过点云扫描技术，保证数字工厂与现实工厂数据的一致性，最终实现虚拟制造的实施。

图 3　制造大数据管理平台

（1）制造系统信息输入/输出的对象，贯穿产品设计、工艺规划、生产制造、售后服务各个阶段，涉及产品数据、生产工艺、生产设备、订单管理等多种类型的庞大制造资源数据；由于使用 CAD/CAE 软件、Teamcenter、ERP、MES 等不同数据系统，日常维护管理复杂、高效再利用难度大。本项目通过虚拟生产系统的构建，主动对制造资源数据进行转化、分类、拆解，并通过二次开发创建各种数据关联、系统分析，将制造资源应用于产品设计评估和工艺开发，充分发挥制造资源数据的作用。这种制作、存储、利用数字化制造资源，使之适应制造资源集成化的要求，为产品设计评估和工艺开发提供参考，提升企业系统管理能力，有利于企业管理模式创新。

（2）借助于物流仿真软件对工装（吊具、滑板、滑橇等）数量，缓冲区合理性，瓶颈工位，线体产能进行分析（图 4），提前发现问题并进行高效、准确的解决，优化设备投入，节省项目资金。能更加充分地验证方案，减少甚至避免设计缺陷，尽量避免项目实施过程中给生产车间和公司带来的经济与时间损失。相对于停留在 CAD 平面设计及经验积累的物流规划和设计，缩短从概念到安装的工厂设计时间，内部和外部供应链、生产资源和业务流程合理化，按材料要求、集装箱大小、集装箱堆放条件以及进/出指导原则，充分利用工厂和运输车辆的空间，减少浪费。在原有自带库中增加新的标准化模块，建立属于吉利汽车专用数据库，快速搭建物流仿真模型，缩短方案验证周期，使验证更具时效性。

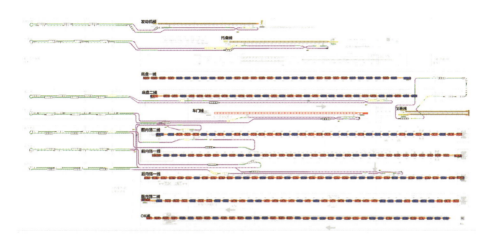

图4　线体物流规划验证

（3）近年来，国内的汽车零部件机加工水平迅速提高，但装配水平相对滞后。组装后的产品是否满足设计要求，与制造过程有关，更重要的是装配的水平和质量。零件质量的合格率需要严格的装配工艺来保证。本项目采用虚拟装配技术，在虚拟的环境中，将设计产品的三维模型进行预装配，保证满足产品预设功能的前提下，通过分析、评价、规划、仿真等手段来改进产品的设计和装配的结构，最终得到最优的装配工艺，提高装配水平和产品合格率，如在虚拟环境中对座椅的安装进行验证，如图5所示。虚拟装配技术的应用，减少产品研发中的实物样机试制次数，防止其对试制物理样机及装配物理样机的过度依赖，有效提高装配建模的质量和速度，降低开发成本，缩短产品的研发周期，最终提高产品的市场竞争力。

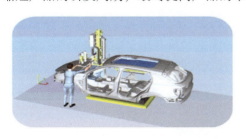

（a）　　　　　　　　　　（b）

图5　座椅安装验证

（4）虚拟调试技术的引入，使得机器人编程和示教环节、PLC 的编程和调试环节都可以在办公室进行。对于虚拟调试技术，控制机器人、伺服电动机、电控阀等设备可以无须依赖对应人员，生产线的所有设备都在计算机中呈现，设备的安装程度也无要求，只需要在软件内实现快速控制。通过将生产线所有设备的数模导入到虚拟调试软件，机器人设备可以在软件中实现编程和示教，生产线的控制系统则可以通过连接真实的 PLC，控制生产线中所有设备的数模，按照程序的既定轨迹来实现动作，让工艺的每一个运行动作一目了然。因此对于控制程序的验证，在同样的时间内，虚拟调试中可以测试更加全面，充分识别风险，保证系统的可靠性和稳定性。虚拟调试技术打通现场电气控制系统的调试与机械工艺设计系统的信息隔离，尽最大可能性减少现场无效劳动。

（5）点云扫描是获得现场数据的有效手段，它通过对复杂、已构成环境的快速扫描，获取三维场景的可靠信息，并经拟合、调整及时修正虚拟工厂与实际工厂的差异之处，避免因安装误差、避让干涉、生产线优改等因素造成生产实际环境与原设计不一致的情况发生，保证生产线二次规划仿真分析的准确性和有效性。为降低乃至消除因多站扫描而产生的拼接累积误差，采用基于“高精度控制低精度”原则的结合控制网测量的方法，这种方法可以保证各测站的扫描是相互独立的，并且误差来源只限于控制测量的误差，后处理时标靶拟合误差以及坐标转换误差。这些误差都很小，一般可以控制在毫米级，这样就能有效地消除累积误差带来的影响，极大地提高了点云数据精度。经验证，拼接精度可以控制在 1 mm 以内，如图 6 所示。真正实现数字

Constrai...	ScanWorld	ScanWorld	Type	St...	Weight	Error	Error Vector	Group ...	Group Error V...	Group
UT5	Station-00...	Station-01...	Coincident: Vertex -...	On	1.0000	0.892 mm	(-0.402, 0.153, ...	n/a	n/a	Ungrouped
UT3	Station-00...	Station-01...	Coincident: Vertex -...	On	1.0000	0.880 mm	(0.675, -0.559, ...	n/a	n/a	Ungrouped
UT5	Station-00...	Station-00...	Coincident: Vertex -...	On	1.0000	0.862 mm	(-0.594, -0.610, ...	n/a	n/a	Ungrouped
UT4	Station-00...	Station-01...	Coincident: Vertex -...	On	1.0000	0.841 mm	(-0.513, 0.178, ...	n/a	n/a	Ungrouped
021	Station-01...	Station-01...	Coincident: Vertex -...	On	1.0000	0.838 mm	(-0.210, -0.090, ...	n/a	n/a	Ungrouped
UT3	Station-00...	Station-00...	Coincident: Vertex -...	On	1.0000	0.837 mm	(0.480, -0.183, ...	n/a	n/a	Ungrouped
UT4	Station-00...	Station-01...	Coincident: Vertex -...	On	1.0000	0.836 mm	(-0.052, -0.007, ...	n/a	n/a	Ungrouped
UT5	Station-00...	Station-00...	Coincident: Vertex -...	On	1.0000	0.833 mm	(-0.787, -0.134, ...	n/a	n/a	Ungrouped
UT4	Station-00...	Station-00...	Coincident: Vertex -...	On	1.0000	0.818 mm	(0.206, -0.790, ...	n/a	n/a	Ungrouped
UT4	Station-00...	Station-01...	Coincident: Vertex -...	On	1.0000	0.806 mm	(0.229, -0.438, ...	n/a	n/a	Ungrouped
UT2	Station-00...	Station-00...	Coincident: Vertex -...	On	1.0000	0.794 mm	(-0.424, 0.100, ...	n/a	n/a	Ungrouped
UT3	Station-00...	Station-01...	Coincident: Vertex -...	On	1.0000	0.790 mm	(0.149, -0.338, ...	n/a	n/a	Ungrouped
UT5	Station-00...	Station-01...	Coincident: Vertex -...	On	1.0000	0.782 mm	(-0.209, -0.324, ...	n/a	n/a	Ungrouped
UT4	Station-01...	Station-01...	Coincident: Vertex -...	On	1.0000	0.778 mm	(-0.409, -0.083, ...	n/a	n/a	Ungrouped
UT3	Station-00...	Station-01...	Coincident: Vertex -...	On	1.0000	0.768 mm	(0.333, -0.258, ...	n/a	n/a	Ungrouped
UT2	Station-00...	Station-00...	Coincident: Vertex -...	On	1.0000	0.765 mm	(-0.351, 0.132, ...	n/a	n/a	Ungrouped
UT4	Station-00...	Station-01...	Coincident: Vertex -...	On	1.0000	0.764 mm	(-0.353, 0.548, ...	n/a	n/a	Ungrouped
UT5	Station-00...	Station-01...	Coincident: Vertex -...	On	1.0000	0.742 mm	(-0.628, 0.385, ...	n/a	n/a	Ungrouped
UT3	Station-00...	Station-00...	Coincident: Vertex -...	On	1.0000	0.736 mm	(0.607, -0.350, ...	n/a	n/a	Ungrouped
UT5	Station-00...	Station-01...	Coincident: Vertex -...	On	1.0000	0.736 mm	(-0.075, 0.278, ...	n/a	n/a	Ungrouped
UT5	Station-00...	Station-01...	Coincident: Vertex -...	On	1.0000	0.727 mm	(0.385, 0.286, -...	n/a	n/a	Ungrouped
021	Station-00...	Station-01...	Coincident: Vertex -...	On	1.0000	0.711 mm	(0.175, 0.476, -...	n/a	n/a	Ungrouped
UT3	Station-00...	Station-01...	Coincident: Vertex -...	On	1.0000	0.704 mm	(0.393, -0.574, ...	n/a	n/a	Ungrouped
UT3	Station-00...	Station-00...	Coincident: Vertex -...	On	1.0000	0.693 mm	(0.597, -0.325, ...	n/a	n/a	Ungrouped
UT3	Station-00...	Station-00...	Coincident: Vertex -...	On	1.0000	0.690 mm	(0.586, -0.325, ...	n/a	n/a	Ungrouped
UT4	Station-00...	Station-01...	Coincident: Vertex -...	On	1.0000	0.681 mm	(0.143, 0.212, 0...	n/a	n/a	Ungrouped
UT3	Station-00...	Station-01...	Coincident: Vertex -...	On	1.0000	0.673 mm	(0.460, -0.425, ...	n/a	n/a	Ungrouped
UT1	Station-00...	Station-00...	Coincident: Vertex -...	On	1.0000	0.661 mm	(0.352, -0.078, ...	n/a	n/a	Ungrouped
UT4	Station-00...	Station-01...	Coincident: Vertex -...	On	1.0000	0.659 mm	(0.018, 0.154, 0...	n/a	n/a	Ungrouped
UT5	Station-00...	Station-01...	Coincident: Vertex -...	On	1.0000	0.631 mm	(0.159, 0.518, 0...	n/a	n/a	Ungrouped

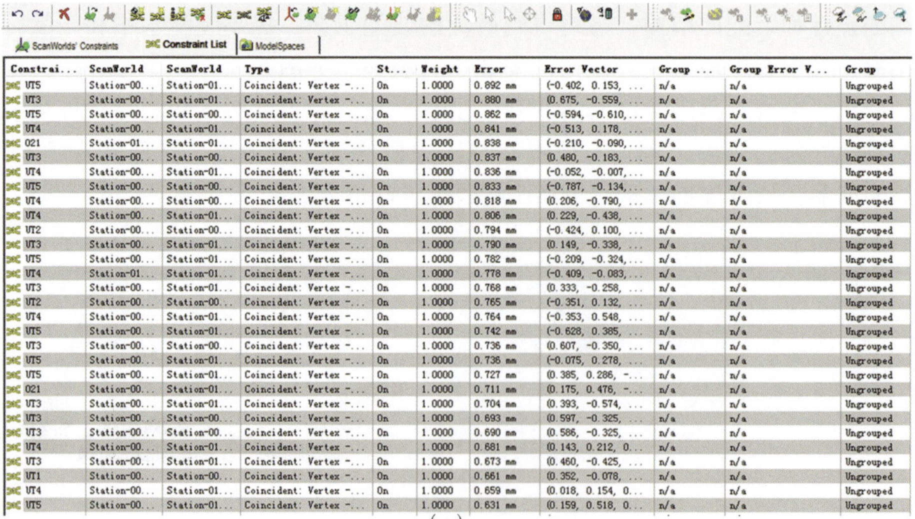

（a）

图 6　拼接精度、整体点云效果和对象细节点云效果

(b)   (c)

图6　拼接精度、整体点云效果和对象细节点云效果（续）

工厂3D layout与现实工厂数据的一致，提升虚拟制造分析和工程规划质量，为新增共线车型在制造前端进行有效验证。

综上所述，该技术方案通过虚拟制造技术的应用，建立企业信息化体系，通过信息化体系的架构优化工艺设计开发模式与流程，实现资源数据的统一管理与共享、工艺设计知识的积累和重用，便于资源的利用和项目经验的传递与沉淀。建立属于吉利汽车专用数据库和标准体系，实现模型的快速搭建，提升工作效率，缩短开发周期。

四、案例解析

完整的汽车数字化方案应该具有数字化预装配，即在三维虚拟环境下进行数字仿真以验证产品设计；数字化工艺规划对产品、工位操作、装配线上所有的夹具等进行定义；数字化工艺规划验证是验证整个工作区域的工位优化布局，对生产能力进行评估并提供相应的工艺计划，并接收反馈建议进行进一步的修改和完善；完成生产管理和供应商的协同，充分利用MES、实时流程和控制以及流程规划的功能，确保零配件的质量，实现准时生产。在构建完成虚拟工艺流程和虚拟生产车间的基础上，应用数字化技术按生产工艺节拍和操作流程实现关键工位或区域的交互控制功能，进行生产预演并进行评估，在实物生产车间建造前，及时发现问题并予以修正。数字化制造的本质是将实际制造过程在计算机上得以真实体现。

（一）生产系统规划布局的确认

在构建数字化工厂前，需确认该生产系统的规划布局、生产线的布局形式和该生产线的评价指标。一般情况下，生产系统规划布局遵循四个原则：根据车间的生产纲领分析产品－产量关系，确定生产的类型，进而确定设备布局方式，确保设备布局形式合理；在保证主要生产设备合理性的同时，也要给其他组成部分的合理安排预留空间，如通道、辅助设施；确保工艺流程满足要求，即保证工艺流程顺畅、物料搬运方便，避免或减少物流往返交叉现象；根据工艺流程的要求和产品特点，选择恰当的生产加工设备，进一步确定工厂的尺寸要求。生产线的布局形式是根据设计的零件尺寸、生产节拍和生产纲领来确认的。生产线的评价指标是生产系统合理性评价的量化，主要从经济指标、技术指标和环境指标三个方面进行评价。

（二）虚拟系统的构建

1. 参考原型与资料准备

在构建虚拟系统之前需找到与目标类似的生产系统，并收集该生产系统原型资料、设备和工艺的借鉴与选型决策、人员配套和资金投入信息。所谓类似，是基于生产对象、生产工艺布局和产能来考虑的。产能直接影响到生产设备和工艺流程设计方案，参考成熟合理的工艺方法，分析在用设备和市场上可供选择的新型设备的性能参数，初步决定工艺设备的选型，充分了解设备的性能、价格、采购和维护周期等。

2. 模型和技术准备

静态模型的构建：主要是指构建生产系统所需要的设施、设备、人员的三维模型，包括厂房、立柱、平台、钢结构等，如图7（a）所示，为生产线的布局评估提供基础。在布局过程中，还应考虑到地面和空间的布局状况。

动态模型的构建：主要是对静态模型（如机器人、夹具、焊钳等）的作业动作和运行空间路线进行建模，如图7（b）所示。完成设备的局部定义后，还需对工艺节拍进行定义，实现工件按工艺流程的工艺运动定义。

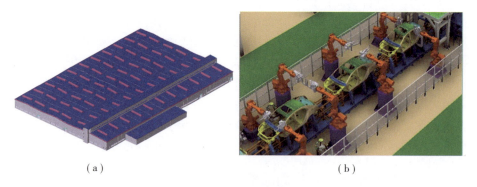

(a)   (b)

图7 静态模型和动态模型

支持数据库的构建及支持功能模块开发的数据准备：对数据进行识别、分类、转化，并进行系统分析，将其应用于产品设计评估和工艺开发，充分发挥制造资源数据的作用。

（三）应用方式

虚拟生产系统是现实制造系统在虚拟环境下的映射，是集模型、仿真、数据管理于一体的综合性平台。在虚拟环境中，对整个生产过程进行有效的仿真、评估和优化，实现产品生命周期中的设计、制造、装配、物流等各方面的功能，降低产品设计到生产制造之间的不确定性，将试制过程压缩，提前进行评估和验证，大大缩短新品投放时间、提高产品质量和盈利能力。

1. 数字化预装配

装配不是简单地将零件组合在一起，而是优化组合、控制、检查三方面的完美组合。目前，国内的汽车零部件机加工水平迅速提高，而装配水平相对滞后。组装后的产品是否满足设计要求，与制造过程有关，更重要的是装配水平和质量。只有经过严格的装配工艺装出的产品，才能保证零件质量的合格率，减少不合格品的浪费，在大批量生产过程中显得尤为重要。为了减少产品研发中的实物样机试制次数，降低开发成本，缩短产品的研发周期，抢先占领市场，虚拟装配应运而生。数字化预装配就是在虚拟的环境中，将设计产品的三维模型进行预装配，以保证满足产品预设功能的前提下，通过分析、评价、规划、仿真等手段来改进产品的设计和装配的结构，最终实现产品的可装配性、经济性。零部件装配性分析是数字化预装配的一个重要组成部分，其目的是实现面向装配的设计，在初步的装配流程编制完成之后开展，分析装配过程中存在的问题并对装配后的效果进行评价，通过错误和缺陷进行产品性能与工艺的优化，从而保证产品质量。

2. 数字化工艺规划及验证

随着精益制造理念在中国传统制造型企业中的进一步推广，越来越多的精益制造方案在企业中被制订和执行，但随之也带来了一系列分析和决策方面的问题，尤其在涉及投资以及重大生产方案变革项目时，对于生产方案的可行性、经济性以及相关的管理手段和方法都需要进行一系列的规划与验证。更具体一点来说，生产线规划和客户量纲需求是否匹配，在产成品库存规划是否合理，人员和设备利用率是否足够经济，生产过程是否能连贯进行，生产计划是否能满足实际需求，等等。对于这些实际案例，如果只是凭借以往经验或是感觉来判断，显然会有顾此失彼的疏忽。一旦出现规划上的失误，后续调整将极为复杂，而且会带来一系列的经济损失。为了避免上述情况，一种较为有效的办法就是采用数字化技术提前验证工艺的可行性。

1）物流仿真技术

采用先进的物流仿真软件，基于项目需求进行自主独立二次开发，该软件面向对象的离散事件动态系统，是工厂生产线及物流规划过程仿真和优化的最佳解决手段。通过对生产线的实时建模，可以分析企业生产中的生产瓶颈，并为生产线的改进和效率的提高提供可观的可供选择的图示分析与数据。具体的应用流程如下：

（1）预设仿真的条件。每个工厂采用的制造策略不同就会使得线体的设计不同，在用软件仿真实际建模的过程中，只需按照工厂的实际结构形式进行搭建即可。在仿真工作开始前需要确定参数JPH、Availability和MTTR。其中，JPH项代表生产线的生产能力，指每小时产出的合格的车身数量，其决定着生产线的生产规模、生产方式及生产节拍等；Availability项指可用性比率，指物流对象的正常工作时间占总时间的百分比，即设备不发生故障的比率；MTTR项指平均修复时间，表示设备故障发生后平均需要多长时间能够修复工作。

（2）建立仿真模型。利用吉利自主开发的模型库或根据工作内容需要开发设计新的模块，采用分层建模思想建立系统的仿真模型（图8），在保证仿真界面整洁性的同时实现区域JPH值和开动率分析。通过实验设计模块，自动改变对象使用的随机物流序号，从而获得更加准确的具有统计学意义的仿真结果；同时可以设计因子实验，研究模型中多个参数的具体关系。对于需要精细控制、具备高度灵活性的部分，可以通过Method来实现。Method是一段能够被调用的SimTalk语言程序，其语法与VC++一致，对物流对象实行控制功能。

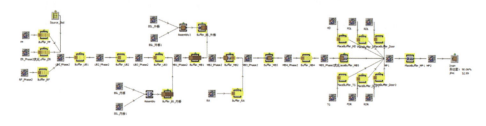

图8　仿真模型搭建

（3）仿真结果分析及优化。根据项目要求，生产线和工作站都会有正常的上下班时间与休息日，使用Shift Calendar对象能够自动控制物流对象和资源对象在工作时间生产，在非工作时间暂停生产，从而使仿真结果更加符合实际生产。

2）虚拟调试技术

汽车生产线集成是一场与时间的赛跑，如何实现在最短时间内以最高的效率将生产线投入生产，是各主机厂面临的挑战。传统的模拟仿真实现的生产线联动，只是视觉上的设备同时动作，无法准确评估工位运行状况，很难达到精益制造的目标。虚拟调试（VC）是一种可以基于控制信号对系统进行模拟仿真的技术，在真实工厂调试之前，能够在软件环境中实现工艺、机器人、控制程序的集成调试，模拟和分析控制线体自动化设备及安全联锁功能的 PLC 程序、人机控制、I/O 信号，并使用各种"假设分析"方案执行系统诊断，打破现场电气控制系统的调试与机械工艺设计系统的信息隔离，确保正确的机械操作顺序及联动控制逻辑，为后期生产线在线调试提供较为准确的基础数据，提高在线调试通过率，降低风险。电气控制系统的调试一方面的工作是实现现场设备自动化；另一方面是检验机械设计和工艺设计的合理性，实现虚拟世界到真实世界的无缝转化，如图 9（a）所示。实现虚拟调试的关键是建立逻辑块，实现虚拟与现实工厂的互通，使虚拟资源成为智能元件，具备与真实资源相同的功能和信号识别能力。将调试工作从项目现场解放出来，有效应对白车身生产线面临的开发周期不断缩短、新车型不断增加、成本不断降低、调试周期不断缩短等挑战，如图 9（b）所示。

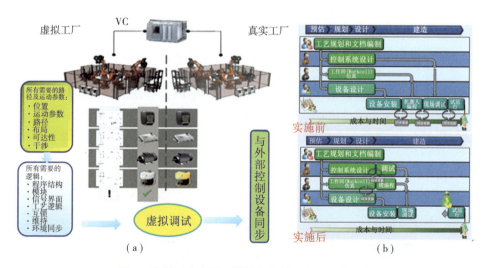

图 9 虚拟到真实的无缝转化和缩短产品开发周期
（a）虚拟工厂；（b）真实工厂

为保证虚拟调试的有效性，需要在设备进场之前完成生产车间坐标系的创建和控制网的布测。控制网布测的具体操作主要分两部分：

（1）控制坐标系的选取。控制坐标系一般会选取车间已有坐标系，也可根据需要自定义坐标系。控制点的布设应覆盖生产线体的周边，尽量高低错落，严禁布置在同一条直线上，如图 10 所示。

（2）控制点坐标测量。控制点测量使用精度不低于 2 mm 的全站仪，采

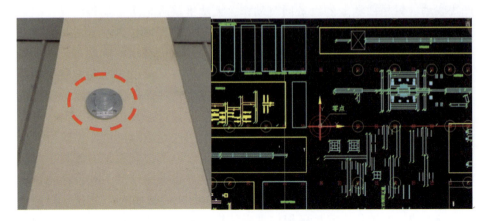

图 10 控制坐标系的选取

用闭合导线或附合导线进行导线和水准平差，得到各控制点的精确三维坐标，形成局部坐标系下的控制网。测量完成后，将测得的坐标导入数据平台中，通过自主开发插件，使生产车间网格化。

3）点云扫描技术

虚拟生产系统与现实工厂的构建均基于规划设计的 2D layout，但真实工厂在实际建设中影响因素较多，生产实际环境并非与原设计完全一致。将点云扫描技术和虚拟生产系统相结合，可以准确获得差异信息，及时对虚拟生产系统进行修正，保证生产线二次规划仿真分析的准确性和有效性，具体实施过程如图 11 所示。为保证点云数据的精度，采用基于"高精度控制低精度"原则的结合控制网测量的方法，有效地消除累积误差带来的影响。经验证，拼接精度可以控制在 1 mm 以内。

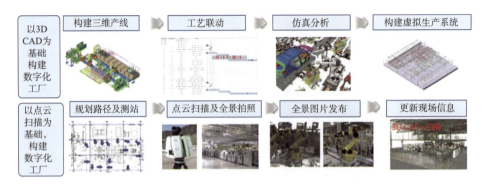

图 11 点云扫描技术和虚拟生产系统结合应用实施过程

利用数据库平台发布数字化工厂，并实现对整个工厂做测量和现场验证分析，如图 12 所示。

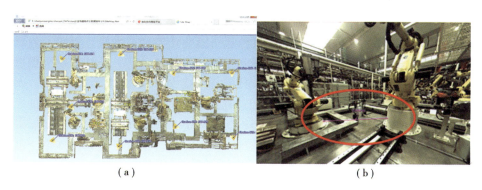

(a) (b)

图 12　点云网络发布平台和点云数据测量功能
(a) 点云网络发布平台；(b) 点云数据测量

虚拟生产系统将汽车的生产流程、生产线上的不同工具以及工人的操作动作都模拟出来，实现在新车型投入生产前，不必造出实物样车。通过该系统的建立实现新工厂建设规划、已有生产线改造和智能制造虚拟现实交互，实现生产制造过程数据在计算机虚拟环境中进行仿真、评估、优化。基于数字化模拟和三维设计对工厂设备、工艺流程等进行规划，利用三维设计软件进行厂区布置、厂房设计、物流规划，依靠高柔性运输和自动化装备，实现多品种的混线生产的工厂建设。利用该工厂模型可以方便地对生产线或者设备位置进行调整，与传统平面图纸相比，三维模型仿真可以更直观地对生产环节进行模拟，更快地发现问题并进行优化，还可以为快速、灵活地调整生产提供精准、全面的实时数据。

五、效益与总结

1. 经济效益

吉利汽车智能制造战略的创新实施，其经济效益主要集中在以下两方面：项目前期——新项目设计评审中，早期发现产品设计问题，能够节约产品更改的费用；项目后期——新项目工艺开发中，优化工艺方案，能够节约项目实施费用。

1）项目前期

采用虚拟制造技术，保证满足产品预设功能的前提下，对设计产品的三维模型进行预装配，通过分析、评价、规划、仿真等手段来改进产品的设计和装配的结构，最终实现产品的可装配性、经济性。为了减少产品研发中的实物样机试制次数，降低开发成本，缩短产品的研发周期，抢先占领市场，将虚拟制造技术应用到项目前期方案验证中，准确评估工艺方案，识别方案中存在的问题点，尽量在方案前期处理掉，减少后期工艺更改和产品设变，点清设备数量，量化项目投资，在项目前期仿真评估合理价格，生成工艺清单及设备清单，有效控制线体供应商报价和后期方案变更。通过工业工程技术（IE）的应用和实施，优化车间人员配备，减少75人，按照4万/年·人进行核算，汽车的生命周期为5年，节约成本1 500万元。同时，加快推进人员定编标准化建设进程，在制造开发阶段依据MTM（时间测量方法）标准工时预置标准工时，提升生产线布局规划的合理性和蓝领人员规划精准率，具体建设流程如图13所示。

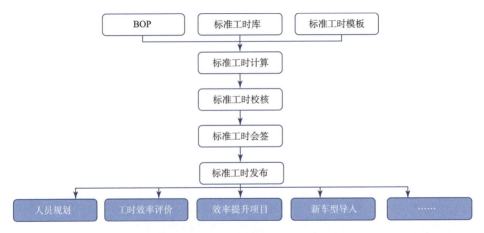

图13 推进人员定编标准化建设流程图

物流仿真技术的应用，实现对工装（吊具、滑板、滑橇等）数量，缓冲区合理性、瓶颈工位、线体产能进行分析，更加充分地验证方案，提前发现问题并进行高效、准确的解决，减少甚至避免设计缺陷，优化设备投入，尽量避免项目实施过程中给生产车间和公司带来经济与时间损失。通过该项技术的应用，设计规划阶段检查出瓶颈工位增加缓存，仿真模拟设备开动率提高到90%。

生产线设计阶段，在虚拟的环境中，可以通过模拟信号的输入、停顿，来测定信号在传输过程中所需要的真实时间，保证模拟生产与实际生产节拍的一致性；集成预制的线体控制程序和I/O（输入/输出）信号进行模拟仿真，对将要安装调试的生产线进行虚拟调试，过程中无须担心实际调试不合理导致的设备/产品件干涉、碰撞损坏和人员安全，降低在线调试风险；在优化工艺的同时，同步进行生产线集成程序和安全互锁功能验证、优化，提高产品试生产通过率、降低问题整改费用、缩短产品试生产时间、降低调试能耗。在该项目底板线的虚拟调试过程中,提前发现并解决机械仿真设计无法检查出的问题30处,成功避免了现场的各类设计变更,使得电气控制系统的调试能够顺利进行,实现在一周时间内完成从上电到自动空运行。采用虚拟调试后,使车型SOP时间提前了55 d,以一辆车收益0.5万元计算,产生的收益:$25 \times 8 \times 55 \times 0.5 = 5500$(万元)。

2)项目后期

传统的工业自动化设备(工业机器人、夹具、自动化输送装置等)的安装,依据厂房内各区域立柱为基准画点、拉线以确定设备位置,其位置准确度受立柱、量测人员等因素影响,误差通常可达几十厘米且设备间相对位置不可控,严重影响工业机器人离线程序的应用,甚至出现机器人安装后不能到达目标点的情况。采用点云技术,建立车间坐标系并采用激光画线,在实际工厂中创建与虚拟仿真环境一致的坐标系,以引导线体设备在车间中的绝对位置。同时,将虚拟仿真环境中各设备位置理论值导入高精度激光测量仪器并通过切换区域主坐标系,仪器自动在现实工厂中指引出其实际位置,误差可达0.1 mm,最终安装后设备间相对位置的综合误差可控在3 mm以内,基本保证现场的设备位置与设计理论位置一致,提高了机器人离线程序直接应用的准确率,降低约50%的现场调试量。设备落位具体的操作流程如图14所示。

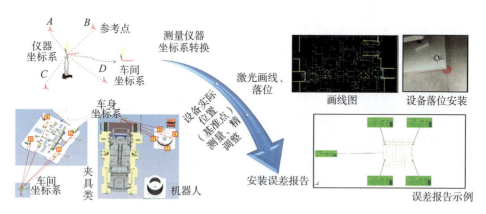

图14 设备落位具体的操作流程

量产后,点云技术的应用主要为快速、准确地获取自动化设备/工装/夹具等安装后的实际位置数据,并通过车间坐标系拟合至虚拟仿真平台中,通过比对、校正,将虚拟仿真中的3D布局调整至现场一致。而与现场一致的虚拟仿真平台为项目的再改造提供准确的虚拟制造分析和验证,寻找真因，有效性可提高至95%，减少过程中的资金投入，缩短现场解决问题的时间。同时，可将点云数据发布成网络数据并存放共享平台，提供各部门、各专业远程浏览，以快速了解工厂情况、量测尺寸、检查干涉等，在基于2D平面图做规划分析的时候，提供可视化的专业交流，提升改造规划效率。

2. 社会效益

1）企业内部推广

吉利汽车智能制造战略的创新实施，集成数字化设计和虚拟开发技术既可实现设计方案优化、性能仿真、验证和评价的全过程，省去实物样车制作和试验验证。同时，打破时间和空间的距离，使异地协同设计成为可能。与传统制造相比，节约人力成本的同时也降低了设计过程中对人工操作能力的依赖性，极大地减少了材料的浪费，真正实现了柔性化、个性化设计。吉利有很多新项目，在一个完整项目中对吉利汽车智能制造战略进行验证，然后推广至吉利所有的项目，使用统一数字化制造模式带来的制造成本下降是不容忽视的。

2）企业外部推广

吉利汽车智能制造战略的创新实施，提升国内外汽车行业供应商的制作工艺文件的质量、速度和水平。将数字化数据库与供应商共享，可以提高供应商的数据质量和标准化程度。汽车是一个产业链，将智能制造战略实施的成果共享，提高供应商的实力，共同推动行业的整体进步。

3. 总结

吉利汽车智能制造战略的创新实施，是将信息技术与管理现代化有机结合，深度融合自动化技术、信息通信技术和智能科学技术，将传统的设计—规划—制造—售后模式逐步转变为设计—规划—智能制造—售后模式，推广并落实产品设计、工艺开发、项目实施、生产制造过程的并行工程，将智能制造战略引入整个汽车项目生命周期，通过与信息化交互，大数据的采集、处理、管理和实时融合技术，将整个生产流通环节智能化可追溯，为企业处理日益增长的海量非结构化数据提供了高效、可扩展的低成本解决方案，弥补了传统关系型数据库或数据仓库处理非结构化数据方面的不足，形成了数据驱动的决策机制，提高了决策水平。

吉利汽车智能制造战略的创新实施最终目的是实现智慧制造，精益生产和提高产品品质质量。通过车间现场的实时数据和工艺规划设计过程中使用的3D模型互通，达到车间设备再利用，产品质量在线监控，控制设备能耗，优化生产。打造一体化信息平台，将产品设计、生产、管理、服务都放到一个平台上，进行产品全生命周期的管理。通过构建IT网络集群、工业控制、物联网集群，实现底层工艺设备到企业上层管理的集成贯通；将生产、质量、工艺、设备、能源等管理逻辑融入系统、自动运行，实现业务上的集成，实现从"人管理"到"系统管理"的转变；将车间底层的数据进行全面采集，完成数据的集成，实现大数据驱动生产管理，最终提高柔性制造和快速响应用户个性化需求的能力，即实现个性化定制。

宇通客车智能制造实践探索

郑州宇通客车股份有限公司　谢群鹏　李建凯

一、项目实施背景

2015年，国务院发布了《中国制造2025》，从国家层面确定了我国建设制造强国的总体战略，明确提出要以新一代信息技术与制造业深度融合为主线，以推进智能制造为主攻方向，实现制造业由大变强的历史跨越。2017年，在党的十九大报告中，习近平总书记号召加快建设制造强国，加快发展先进制造业。习近平总书记强调："要继续做好信息化和工业化深度融合这篇大文章，推进智能制造，推动制造业加速向数字化、网络化、智能化发展。"

与传统汽车行业相比，客车行业生产方式是多品种小批量订单式生产，依然属于劳动密集型产业，很大程度依靠人力劳动。目前我国客车制造依然处于智能制造的探索阶段，软件体系不够完整，整体方案不够系统化，自动化程度和设备智能化程度较低，设备与信息体系联系割裂，这些问题都制约了客车智能化制造的整体进程。

郑州宇通客车股份有限公司（以下简称"宇通客车"）是一家集客车产品研发、制造与销售为一体的大型现代化制造企业，日产整车达400辆以上，年生产能力达70 000辆以上。主厂区位于河南省郑州市宇通工业园。宇通客车基于面向订单运营模式的优势，积极推进智能制造，通过信息化、自动化、智能化的先进制造技术，打造高效、柔性的客车智能制造新模式，提升新形势下企业的核心竞争力。

二、智能制造实施思路

宇通客车智能制造的实施是以自上而下的整体规划为指导，以自下而上的瓶颈问题解决为核心，全面识别、有序推进。

在整体规划方面，宇通客车基于企业运营需求，从产品生命周期价值链、订单生命周期价值链及工厂生命周期价值链进行全流程的策划，其中涵盖市场销售、研发设计、工艺、订单计划、采购、生产制造、物流、设备、工厂设计等各个业务领域，围绕各个领域明确宇通智能制造实施的主要策略和方法，并推进实施。逐步形成企业内部灵活且可重新组合的网络化制造体系纵向集成、贯穿整个价值链的端到端工程数字化集成以及通过价值链和网络实现企业间横向集成，最终实现质量提升、周期缩短、成本降低以及资源的高效配置，更好地满足客户高端需求和体验。

基于整体规划内容，通过业务分析识别主要的业务痛点和短板，优先推进实施，并同步进行各项业务基础的建设，逐步扩大实施范围，最终达成整体目标。具体从以下三个方面展开建设：

（1）产品数字化体系建设，以 PLM（产品生命周期管理）、3D 设计、模块化开发平台建设为依托，在产品设计和关键装备方面实现三维设计与仿真。

（2）订单履行建设，通过信息化系统建设及集成打通，最终实现需求、订单、计划、生产、售后一体化高度协同。

（3）工厂智能化生产系统建设，通过建立工业通信网络，建设客车白车身分总成数字化加工装备群、白车身总成数字化制造体系、涂装智能化柔性制造体系以及总装数字化加工生产体系，不断夯实宇通的工业化基础。

三、智能制造建设情况

（一）产品数字化体系建设

通过建设基于 3D 的产品模块化设计、模块化工艺及生产，并透过产品数据打通设计、工艺、制造等环节，有效降低了产品的研发周期，提高了生产效率及质量。

1. 模块化产品架构搭建

组织销售、研发、采购、生产等相关部门，在产品的需求层和实现层进行规划。在需求层充分考虑客户需求及法规要求，进行产品阵容规划及全配置策划。在实现层组织总布置及工程设计人员进行产品阵容范围内的车长、车高、车宽等重要的整车参数规划及整车系统工程匹配，最终将以上规划结果固化到 3D 环境中，建立覆盖已规划产品阵容及配置的后置车模块化产品架构，实现架构内各车型及配置的快速演变，形成基于架构的产品开发模式，支撑开发周期缩短。

2. 模块化产品开发

模块化试点公路产品的整车采用空气动力学造型，匹配宇通新一代节能技术——发动机热管理二代,结合轻量化的设计,综合油耗降低约10%,在安全性、舒适性等方面相比老产品显著提升的同时,单车生产总工时减少16%。

模块化试点公交产品通过模块优化、集成设计、CAE分析仿真,纯电公交试点产品在相同配置、满足可靠性要求的情况下,比现有车型轻1 050 kg,支撑单车总工时降低40%,如图1所示。

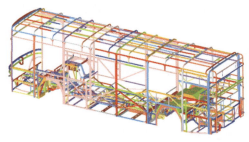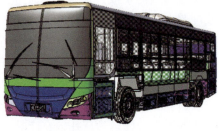

图1　纯电公交CAE分析模型及实车模型

以模块化策划和设计为基础,销售业务可结合销售配置器系统,在客户购车用途、等级、燃料种类、车辆使用工况/路况等方面设定客户选车需求,帮助客户快速了解并选定产品,进一步支持了销售业务的高效开展。

3. 模块化产品生产工艺

结合模块划分结果,进行生产工艺规划,以稳定的生产主线为宗旨,通过线下分装或模块采购及标准化的接口实现标准化的生产主线,缩短生产周期,如立体前围线下分装实现焊装生产线上周期降低95分/车。

4. 机器人焊接工艺性分析和模拟仿真

在零件焊接方面,通过对机器人离线仿真软件的研究试验,实现数字化离线仿真在机器人工作站集成中的应用。通过焊接轨迹的过程仿真和相关视频演示,为机器人工作站的安装提供仿真指导,有效保证机器人工作站焊接可达性模拟分析的准确率,降低产品不良率,提高生产效率。

(二) 订单履行建设

宇通客车借助于CRM(客户关系管理)、OC(配置器)、PDM(产品数据管理)、ERP(企业资源计划)、SCM(软件配置管理)、APS(进阶生产规划及排程系统)、车联网等信息系统的建设,快速响应和满足客户的订单及服务需求。通过CRM系统收集、分析客户各类需求,识别商机,通过OC系统实现客户需求到产品配置转化;通过车联网平台,实现新能源车辆的远程安全监控与远程智能维护。

对于在企业信息系统中起到"承上启下"作用的MES(制造执行系统),宇通客车基于企业实际情况,整体规划MES系统架构,计划、质量、物流等功能模块按照不同项目进行试点实施。通过 MES 与其他系统集成实现业务流程和数据打通，如图 2 所示。

图 2　MES 与其他系统集成实现业务流程和数据打通

1. 计划排产管理

通过生产计划能力提升项目实施，建立 IPS 系统。使用价值流分析方法，完成半成品、焊装、涂装、车架焊接、底盘装配、承装、分装、线下全工序作业计划覆盖、打通及编制，能够有效指导一线员工生产。

2. 质量管理

通过 QIS（Quality Information System，质量管理信息系统）项目实施，规范各环节失效模式语言和检验标准，搭建了质量数据收集、分析和改进的平台，实现质量管理业务 IT 化。通过平台提高数据质量、优化管理方式、提升质量管理能力，实现自主管理和闭环管理，支持公司质量管理业务指标的达成。

3. 物流管理

按照物料 PFEP（Plan For Every Part，零件规划），物流布局规划，新配送模式等思路实施 LES 项目，建立物流统一配送平台，实现了零件按时、按经济批量配送至线边，提升了物料配送及时率，降低了单车厂内物流配送成本。

4. 生产过程管理

通过 RFID 技术实现车辆生产进度的实时跟踪，提高进度信息的准确性。

根据车辆进度显示当前工位所需要的工艺卡、图纸、作业计划、历史质量问题等信息,规范员工现场操作,减少过程装配异常。现场质量问题通过移动终端实现及时、便捷录入,保证质量问题得到及时解决,提升生产过程顺畅程度。

5. 设备监控管理

建立设备数据采集平台,通过平台实现关键生产设备、车辆进度的数据采集,并分析设备使用情况、运行状态、工艺稳定性,使设备管理透明化、可视化。

(三)工厂智能化生产系统建设

在工厂智能化生产系统建设方面,宇通客车以白车身分总成数字化加工装备群、白车身总成数字化制造体系以及涂装智能化柔性制造体系建设为主线,以"分层分类、先试点后推广"为实施原则,逐步完成生产系统的智能化建设。

1. 白车身分总成数字化加工装备群建设

重点围绕钣金加工装备群建设、型材加工装备群建设以及机器人自动化焊接群建设,投入大量自动化、数字化加工设备,有效提高了材料利用率,降低了单车工时,同时保证了产品精细度及产品的一致性。

钣金加工装备群建设。开发和推广包括平面激光切割自动上下料系统、三维激光切割系统、冲剪复合机柔性加工生产线、冲床自动上下料系统、折弯机器人系统、检修口自动加工生产线、直角剪下料自动分选系统等装备,板材下料精度由 ±1 mm 提升到 ±0.3 mm,加工效率提升 20% 以上。

型材加工装备群建设。开发和引进包括型材三维激光切割机、数控直切锯床、型材弯弧成型设备、数控伺服双头钻床、数控双头切剪复合机、型材精度检测仪等设备,使型材下料精度由 ±1 mm 提升到 ±0.5 mm,加工效率提升 50% 以上。

自动化焊接群建设。通过机器人工作站的自主集成和柔性化夹具的研发,焊缝一次合格率达到 95%,在多品种、小批量产品柔性自动焊接加工模式上实现突破。

2. 白车身总成数字化制造体系建设

基于宇通分层分类焊装自动化、智能化的实施策略,以侧围机器人焊接工作站、前后围自动化焊接作业岛、数控化合装胎三个代表项目分层开展。

(1) 侧围机器人焊接工作站。集成弧焊机器人集群系统、柔性工装系统、移载变位机系统、工装切换系统、工装库系统、除尘系统六大系统,实现机器人集群同步焊接、激光视觉焊缝识别、焊接参数智能选择、工装自动切换、工装库自动存储、重型移载变位机精确位控，如图3所示。通过多种扫描及寻位技术综合运用，同时配合多焊种焊接参数专家库，保证了焊接合格率目标达成。

图3　侧围机器人焊接工作站系统构成
（a）移载变位机系统；（b）工装库系统；（c）除尘系统；（d）柔性工装系统；
（e）弧焊机器人集群系统；（f）工装切换系统

（2）前后围自动化焊接作业岛。按照低成本、通用化的规划策略，工作站系统自主集成，自制焊接工装，实现设备选型标准化、工装接口通用化、机器人编程模块化。

（3）数控化合装胎。通过数控化合装胎软硬件升级改造，试点应用了合装胎综合管理监控系统，实现合装胎设备联网和后台管理。

3. 涂装智能化柔性制造体系建设

通过建立基于RFID的产品识别系统以及走珠换色系统，解决多种车型混线生产和客户定制化图案的难题。同时，通过结合客车涂装生产管理的特点，对不同单元的自动化设备与系统进行整合，开发了适合客车涂装的生产管理系统，包含设备管理、质量管理、计划管理、能源管理和看板管理等功能模块，从而提升了涂装的智能化管理水平。

1）设备管理

设备管理系统突出对现场关键设备、重要设备目视化管理和预防性维护。通过目视化的人机界面，提升响应及时性，改善现场响应相对慢、设备问题点查找慢的问题；通过预防性维护系统的建立，解决预防性维护周期与实际设备运行周期脱节的问题，从而提升设备有效利用率。

2）质量管理

质量管理系统突出对关键过程工艺参数（如温湿度、烘烤参数等）的管理与监控。通过对过程参数的统计，可根据车工号进行过程质量参数追溯。

3）计划管理

以涂装预排计划作为输入，可以实时输出预排计划的实际执行状态，可对计划异常提前预警提醒，提升现场生产调度效率。

4）能源管理

通过建设能源管理系统，实现对能源介质使用参数的采集以及关键高耗能设备状态实时监控，透过系统关注能源使用趋势，统计设备利用率，呈现能源使用情况。通过能耗状态的透明化、信息化管理，达成节能降耗的目的。图4所示为能源管理分析。

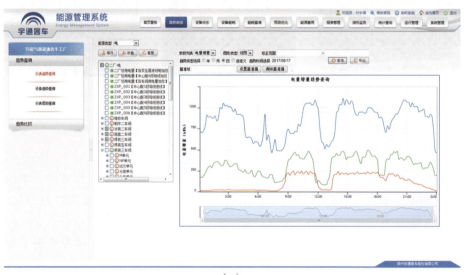

(a)

图4 能源管理分析

(a) 能源介质使用趋势

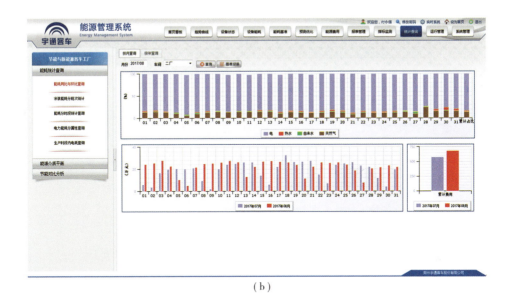

(b)

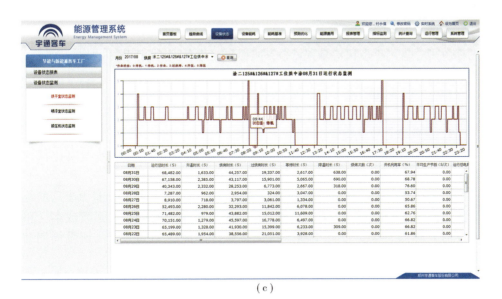

(c)

图 4　能源管理分析（续）

(b) 能源数据统计分析；(c) 设备运行状态监测

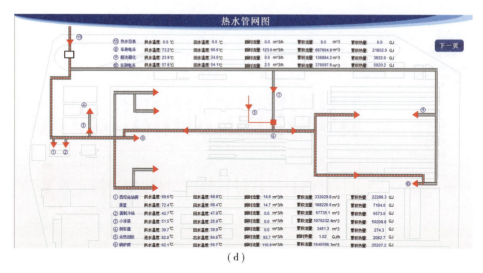

(d)

图 4　能源管理分析（续）
(d) 管网介质监测

5）看板管理

在关键区域通过看板管理，实现了生产管理信息化。看板对生产状态、产能节拍、工艺车占位信息等进行实时监控，提升现场的调度管理能力。

四、实施成效

1. 企业综合效益提升

通过智能制造推进实施，公司各项核心业务指标及经济效益对比情况如下：

核心业务指标：截至 2017 年底，相较 2013 年宇通客车新能源工厂的综合生产效率（8 h 产能）提升 55%，单车制造能耗降低 40%，运营成本（单车工时）降低 34%，产品下线一次交接通过率提升 41%，产品研发周期缩短 50%。

经济效益方面：2017 年，宇通客车销售 67 268 辆，其中销售新能源客车 24 865 辆。实现营收 332.22 亿元，销售业绩在行业继续位列第一。在客车行业整体销量同比大幅下滑的背景下，宇通客车产销量不仅优于行业平均水平，而且在关键细分市场不降反升，进一步彰显出宇通的硬实力。同时，基于产品整体竞争力的提升，海外市场覆盖范围也逐步扩大，批量远销至古巴、委内瑞拉、俄罗斯、以色列、沙特等 30 多个国家。

2. 行业影响及带动

宇通客车通过资源共享、联合开发及沟通交流，拉动相关装备行业技术水平提升。在高端管材锯切装备方面、钣金加工自动化成套设备、自动化焊接等方面,取得了创新突破,带动了相关行业的快速发展,举例如下:

1) 高端管材激光切割装备

传统的冲床加工或锯切、火焰、等离子等切割方式,因加工精度差,加工效率低,不能满足管材加工要求。随着工业的发展,对自动化要求的提高,全自动数控激光切管机应运而生。但2013年以前全自动数控激光切管机市场基本上被德国、意大利等发达国家占领,价格昂贵,本地化服务较差。以宇通客车需求及工艺特点为基础,通过项目合作与国内设备厂商联合开发应用了P10018D系列激光切管机,其高速大行程回转夹头组合匹配自动上下料装置、管材辅助支撑、切管软件等,解决了多种形状管材和复杂廓形切割难题,极大提高了管材切割柔性、质量和生产效率,同时设备供货周期短、性价比优、服务便捷。通过宇通客车的创新性应用和优化,目前该系列设备已形成产业化,打破国外产品垄断,解决了客车、农机等行业在管材加工工艺上的难题,有效提高生产效率,带动行业快速发展。

2) 平面钣金激光加工装备

激光切割在钣金加工方面,由于其加工速度快、变形小、柔性高以及节能环保等独特的优点,在机械、汽车、钢铁等工业部门获得了日益广泛的应用。国外主流厂家如德国TRUMPF公司、瑞士Bystronic公司、意大利PRIMA公司、日本AMADA等公司技术水平国际领先,占领高功率激光加工系统80%以上的全球市场份额。通过项目实施,宇通客车与国内设备厂商联合开发了平面钣金激光加工装备,打破国际垄断。该系列装备与国外进口产品相比,在同等质量情况下实现了明显的价格优势和服务优势。同时,在切割加工工艺数据库,套料排版软件等方面获取新的技术突破。目前该设备运行稳定、可靠,技术成熟度高,采购成本降低60%以上,并成功实现产业化。

3) 激光扫描智能传感技术

客车行业小批量、多品种生产模式,物料种类多、结构变化大。如何提高焊接过程中机器人对焊缝的自动识别、自动修正能力,已成为焊接质量提升的重要瓶颈。国外激光视觉应用起步早,但技术服务无法满足定制化需求且价格高。宇通客车以型材自动化焊接应用效果为基础,通过与国内厂商合作,将激光视觉传感器焊接跟踪速度由原来的2 m/min提升到8 m/min,精准程度由原来的0.5 mm提升到了0.2 mm,取得了技术突破,有效解决了自动化焊接过程中的瓶颈问题。目前该技术已成功应用在寻位、跟踪、识别等方面,在薄壁管焊接等领域形成了较好的示范带动作用,促进了行业的发展。

3. 关键技术装备应用突破

宇通客车通过联合开发或自开发,实现多项关键技术和装备应用突破,共申报专利 36 项，其中发明专利 16 项，实用新型专利 20 项，共申报软件著作权 16 项。取得了全自动数控型材直切锯系统、平板数控激光切割机自动上下料系统、大型柔性化工装、机器人集群管理系统、涂装走珠换色系统等多项关键技术装备突破创新。

1）全自动数控型材直切锯系统

全自动数控型材直切锯系统开发的套料软件和排版逻辑，可批量加工也可混合排产，实现柔性化加工。开发的动态进给锯切模式和零料头锯切功能，实现了型材自动上料、自动锯切、自动出料，生产过程无须人工干预，同时解决了进口设备不适合小批量、多批次加工的难题。该设备产品加工精度为 ±0.5 mm，材料利用率可达 95% 以上，均达到国内领先水平。

2）平板数控激光切割机自动上下料系统

平板数控激光切割机自动上下料系统由激光切割主机、全自动料库、自动上料和自动下料四部分组成，上下料系统与多台激光切割主机衔接，并由工控机对整套系统和激光切割机进行控制，实现全自动化运行，切割精度为 ±0.2 mm。平面激光切割自动上下料系统开发的智能料库和自动上下料输送系统实现了"一拖二""一拖三"的模式，实现了不同规格原材料的快速切换，解决了钣金行业多品种、小批量加工过程中原材料切换效率低的问题，目前该设备运行稳定、可靠，技术成熟度高。与国外同类设备相比，采购成本大幅降低，具有重要示范作用，该技术可在钣金行业快速推广。

3）大型柔性化工装

运用 CAE 模拟分析，大型柔性夹具应用弹性 BASE（基本可用）结构设计，优化主框架和辅助梁的力学结构，有效降低了大型工装的自重。通过多种快速切换装置的开发和应用，柔性工装具备站内"小切换"功能。工装定位精度为 ±0.2 mm，工装质量 4.5 t。

4）机器人集群管理系统

机器人集群管理系统由宇通自主开发，实现零散机器人工作站的集中信息管理监控，包括生产信息集中汇总、设备信息集中管理、工艺参数的自动上传服务器，故障解决专家库的建立。现场生产过程信息的实时性提高到 10 s 之内，设备故障实现自动短信通知，并在 10 s 内通知维护人员故障信息和解决方案，设备利用率的计算由计算机自动计算代替人工纸质信息统计计算，节省工作时间 1 h/（人·天）。

5）涂装走珠换色系统

通过液位控制与 pig（一种推动管道中油漆的珠子）联锁功能的改良，控制 pig 的作用方式，当罐体油漆处于一定液位时，第二颗 pig 主动发射推动管道的油漆，减少管道油漆的填充量，此种方式首次在客车行业中使用，解决了客车颜色定制化导致的油漆浪费问题。

6）新能源车辆远程升级系统

宇通客车利用车联网技术，采用先进的卫星定位技术（GPS）、无线通信技术（3G/4G）、地理信息技术（GIS）、云平台和数据挖掘等技术，建立了新能源客车远程智能监控平台。在远程升级系统建设方面，宇通从远程升级机制建立、软件系统开发、硬件系统开发、试验方法建立等方面开展相应的工作，实现了新能源客车的整车控制器、新能源监控主机的智能远程升级功能，并积极挖掘申请专利保护。同时，为进一步提升宇通客车的运维服务水平，围绕新能源客车智能化、网联化技术发展方向，成功研发并应用了基于线网负荷的智能充电控制技术、自动充电技术、空调远程控制技术等先进技术。

五、未来重点举措

未来，宇通将继续围绕资源的高效配置，从以下三个方向深化智能制造建设。

（1）产品数字化体系建设：开展产品需求大数据调研和分析，通过深入推进3D模块化设计、造型虚拟展示、工艺仿真及虚拟验证体系的建设，实现产品研发过程的数字化、智能化。

（2）订单履行建设：以MES系统为核心横向打通营销、订单评审、计划排产、采购物流、质量改进的信息流和业务流，统一数据定义、逐步完善建立决策模型和算法，提高订单线的决策效率和质量。

（3）工厂智能化生产系统建设：对生产线进行数字化的设计和规划，通过虚拟仿真调试，保证生产线布局规划的合理性；通过明确通信标准和数据定义，预留硬件接口和存储分析能力，实现工厂的设备、设施智能运维管理，最终实现数字化、智能化工厂全面建设与改造。

六、结语

智能制造的实施"因企而异"，企业自身情况不同，智能制造的实施路径也会不尽相同。宇通客车基于实践探索，总结出以下几点实施经验与建议：

（1）智能制造整体规划、分步实施。

在智能制造推进之初，宇通客车首先进行了智能制造整体规划，从销售、研发、工艺、生产、供应链到售后进行全流程的规划，从业务架构和信息架构上进行整体布局，保证规划完整。其次，从自身实际需求出发，从业务流程中最有价值、快速见效的维度入手，分步实施，快速建立信心，避免盲目求全求大，仓促上阵。

（2）以点带面，逐步实现生产智能化。

针对客车生产各工序环节自动化、智能化差距大、难易程度不一致的问题，宇通以精益化、标准化、自动化、信息化"四化"为核心进行生产作业改善。通过对每一个工艺环节进行分析，逐点、线、面进行深入，然后逐步推进关键工序的自动化建设，总体围绕"先试点后推广"的原则，同时结合信息化的推广应用，实现智能制造建设的逐步推进。

（3）打造智能制造人才队伍。

在智能制造推进的过程中，由于面临着全新的领域，企业内部原有人才队伍已经无法独立面对挑战，因此，就需要有针对性的引进与培养人才，例如业务模式创新复合型人才，既要具备信息化技术应用分析能力，又要对业务和信息化的高度融合负责，为技术应用和创新建立基础，从而实现业务流程的提升。

未来，在创新驱动发展战略和《中国制造2025》引领下，宇通客车将持续实践，全面深入推进智能制造，探索客车智能制造模式。在立足企业发展的同时，发挥行业龙头作用，带动行业及周边产业共同发展，建立生态圈，充分发挥企业价值和社会价值，为国家制造业水平提升贡献力量。

第二篇

汽车智能制造信息化案例

4 000 吨高效智能压铸岛及生产管理信息化系统

机科发展科技股份有限公司　康运江　高梅香

一、项目立项背景、总体思路及技术方案

1. 立项背景

中国汽车行业高速发展，产销量稳居世界第一，保有量快速增长。2016年，我国汽车产销突破 2 800 万辆，连续 8 年位居全球第一，其中中国品牌汽车销量占比 50% 左右，市场认可度大幅提高。在汽车产业高速发展的同时，巨大的汽车保有量带来的能源、环保、交通等问题也日益凸显，节能和轻量化已成为汽车工业的重要发展方向。

在汽车轻量化的进程中，以铝、镁为代表的轻质合金材料无疑将会扮演极为重要的角色。压力铸造是铝、镁合金最重要的成型方法，具有近净成型、节约能源、生产效率高、经济指标优良、尺寸精度高和互换性好等优点，在规模化的制造业产业中获得了广泛应用和迅速发展，如汽车、航空、航天、电子以及其他相关行业，其中，60% 以上的压铸件用于汽车领域。

随着国内汽车工业的发展，我国汽车零部件压铸行业技术水平也得到很大提升，但与国际先进企业相比，仍然存在诸如熔炼、压铸过程能耗高，产品报废率居高不下，产品表面质量不高，工艺集中度和智能化程度低，制造消耗品资源循环利用率低，生产效率低，等等，"低质、低价"的现象仍然严重，高端市场被发达国家所垄断，如美国、欧盟和日本占据了全球市场的 85% 左右，国内 70% 的市场份额被进口产品占据。为了更好适应市场竞争力的需要，对成本、效率以及安全的要求也不断提高，因此，企业就必须向智能化、节能型企业发展，以转变企业经济增长方式来增加企业利润空间，为自身持续的经济增长开辟全新的空间。

4 000 吨高效智能压铸岛是国家 04 重大专项和智能制造专项重点支持项目，可为我国自主品牌汽车的大型复杂关键零部件的自主化生产提供重大基

础装备，使汽车发动机缸体、变速箱壳体等压铸件国产化成为可能，改变国内大型复杂汽车压铸件完全依靠进口的局面，提升汽车更新换代速度，带动自主汽车工业的发展。同时将有力地推动航空、航天、军工领域大型压铸件的开发，促进航空、航天、军工等行业的发展。

1）满足压铸装备产业升级的需要

我国目前年产铸件高达 280 万吨，自 2000 年以来铸件产量一直位居世界首位。铸造是铝合金零件成型的最主要方法之一，特别是大型复杂零件，这些铸件在我国国民经济和国防军工中具有重要的战略意义，是我国汽车、航空、航天、装备等工业中实现零部件轻量化的重要途径。但由于受到铸造技术及铸造装备等方面技术落后的限制，严重阻碍了我国工业产品的升级换代，并且引起了材料和能源消耗大的问题。

2）满足大型复杂压铸件的需求

随着汽车等装备制造与应用领域向轻量化、节能减排、集成化设计制造和提高产品市场竞争力的方向发展，通过采用新工艺、新装备缩短生产流程、实现生产的自动化和节能低耗，才能使我国压铸装备和压铸件产品由大变强，并取得市场竞争优势。

3）促进行业技术进步

高效智能压铸单元的研发，可为我国自主品牌汽车的大型复杂关键零部件的自主化生产提供重大的基础装备，使汽车发动机缸体、变速箱壳体等压铸件国产化成为可能，改变国内大型复杂汽车压铸件完全依靠进口的局面，提升汽车更新换代速度，带动自主汽车工业的发展。同时将有力地推动航空、航天、军工领域大型压铸件的开发，促进航空、航天、军工等行业的发展。

4）实现节能环保和可持续发展

采用压铸工艺生产压铸件时可通过回收处理装置实现污染"零排放"，是其他铸造方法无法比拟的。可以加快淘汰铸造行业落后产能，通过国家铸造行业准入管理的产业政策引导，加强环保及淘汰落后产能政策的制定，推进地方相关产业发展配套政策实施，通过市场驱动，积极化解铸造行业产能过剩的矛盾，引导产能向优势产能集中。

本项目实施过程中所形成的集成创新，对推动压铸工业的大型化和自动化，提高压铸生产效率和产品的质量等都有积极的意义，如示范作用、推进设备的国产化、促进压铸行业的规范和标准的制定等。

2. 总体思路

本项目的目标是研究开发出用于加工重型卡车变速器壳体、自主 C 级轿车变速器壳体、发动机缸体的高效智能压铸单元。通过关键智能部件的开发应用，实现从原料到合格压铸件成品制造过程的程序化、数字化及远程控制，产品质量的在线检测和控制，生产管理的信息化；实现重型卡车 HW19710T 变速器壳体、JL6G35/JL6G30 自主 C 级轿车发动机缸体、DCT350R 变速器壳体等大型复杂压铸件的产业化生产。改变目前由于缺少核心技术，大型压铸装备基本依赖进口的局面，实现我国高效智能压铸装备自主化生产，达到国际先进水平。

项目的具体方案是：4 000 吨智能压铸机和智能周边设备（如铝合金一体化炉、喷涂机器人、取件机器人等）通过工艺优化和智能控制技术的应用，实现压铸过程的自动化生产，并在整个过程中通过对产品质量和设备状态的在线监测，实现从原料到加工出合格压铸件成品全过程的程序化、数字化和远程控制，产品质量的智能化控制和生产过程的信息化管理，实现汽车关键零部件节能环保和可持续发展。

3. 技术方案

本项目针对汽车发动机缸体、变速器壳体等大型复杂压铸件生产的要求，研制 4 000 吨高效智能压铸岛。研究内容涉及铝合金熔液的高效连续制备及铝合金液的定量浇注、模具温度的智能精确控制、模具抽真空系统、压铸件的机器人智能抓取和后处理、压铸岛的系统集成等。

图 1 所示为汽车发动机缸体压铸生产典型工艺流程。

根据本工艺流程，压铸生产所需要的铝合金锭经一体化炉熔化、精炼、保温处理，压铸机合模后一体化炉的定量浇注装置将铝合金液浇注到压室中，模具抽真空系统将模具型腔中的气体快速抽出，压铸机完成压射后保压，模具温度控制系统对模具温度进行实时控制，开模后取件机器人将铸件从模具中取出，并完成检验、冷却和后处理等，同时喷涂机器人在模具表面喷涂脱模剂，取件机器人将加热后的缸套放入模具中进行下一个压铸循环。

该项目研究的技术路线包括铝合金原料的制备和核心压铸工艺过程的参数控制，包括以下几个方面：

（1）铝合金一体化炉铝液的精炼技术和定量浇注技术。采用先进的燃气燃烧控制系统，实现空燃比的精确控制：一方面防止铝合金炉料的氧化烧损，另一方面实现炉内温度的精确调控。同时采用烟气余热利用模式，实现燃气热能的最大化利用。

在设计精炼池时，使精炼池与搅拌装置相匹配，实现搅拌精炼气泡流充满精炼熔池，并采用熔体流与精炼气泡流逆向流动的控流精炼方式，提高精炼效果。针对铝合金熔体对金属和陶瓷的侵蚀问题，研究开发复合结构的精炼搅拌器和定量浇注装置，避免或减少这些装置对精炼熔体造成二次污染，

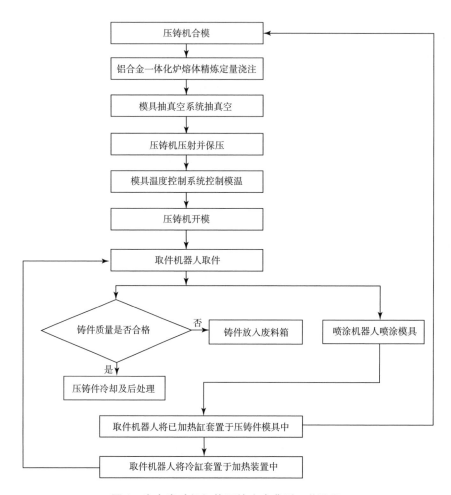

图1 汽车发动机缸体压铸生产典型工艺流程

并提高其使用寿命。

（2）模具高动态抽真空技术。根据压铸生产流程及高动态响应抽真空系统的工作特点，通过分析不同截面积排气通道的型腔气体残余压力随时间变化的关系，设计高速响应、工作可靠、维护方便的真空通道截断模块，并进行应用试验。

（3）模具温度智能控制技术。结合汽车发动机核心零部件的结构特点，利用模拟分析软件对产品压铸生产过程中流场和温度场的分析，并根据分析结果，对温度波动较大和温度较高的部位，采用在模具上设置温度传感器和开设高压冷却水道的方式，通过实时控制冷却水流量控制模具温度。

（4）大型压铸机压射系统实时控制技术。为了解决压铸机压射装置液压伺服控制系统的惯量问题，需要对压射工艺过程建立精确的数学模型，当实际压射位置及速度与设置值产生偏差时，综合压射参数的实测值和设置值对控制阀的开度调整量进行预估控制，然后根据系统参数的实际变化，对响应速度过快造成的超调和振荡进行负反馈补偿，以消除系统惯量的影响，提高系统的响应速度和稳态精度。

（5）压铸岛集成技术。压铸岛的集成就是将压铸机和相关的自动化生产设备通过工艺优化与智能化控制技术有机地联系在一起，如自动喷涂机器人、自动取件机器人、模具抽真空系统、模具温度控制系统等，通过集成控制技术，实现生产管理信息化、运行状况智能监控和远程诊断等。

二、本项目与国内外同类技术综合对比

本项目与国内外同类产品技术参数综合对比见表1。

表1 本项目与国内外同类产品技术参数综合对比

序号	比较项目		本项目研制产品	国内水平	国外水平
1	模温控制	模温控制方式	模温机+高压水冷+喷涂智能控制	模温机+水冷	模温机+高压水冷+喷涂智能控制
		模温控制精度	±6℃	±10℃	±5℃
2	铝合金熔液制备	熔炼方式	连续	分离	分离
		精炼方式	连续	分离	分离
		浇注方式	定量浇注	定量浇注	定量浇注
3	压铸岛	生产管理信息化	有	无	有
		缸体压铸循环周期	≤120 s	≤150 s	≤100 s
		缸体压铸合格率	95%	75%	99%

三、主要技术指标

4 000 吨高效智能压铸岛的主要技术指标见表2。

表2 4 000吨高效智能压铸岛的主要技术指标

序号	技术指标	单位	技术参数
1	锁模力	kN	40 000
2	最大空压射速度	m/s	8
3	实时控制周期	ms	0.5
4	压射慢速至快速转换时间	ms	15
5	压射慢速至快速位置重复精度	mm	±1
6	铸造压力控制精度	bar	±5
7	模具温度控制精度	℃	±6
8	模具真空度	%	≥95
9	铝合金锭熔化效率	kg/h	1 500
10	定量浇注精度	%	±1.5
11	产品合格率	%	≥95
12	系统响应时间	ms	50
13	系统空循环时间	s	60
14	缸体生产循环周期	s	≤120

四、案例详述及应用推广情况

1. 案例详述

4 000吨高效智能压铸岛及生产管理信息化系统由铝合金熔化精炼定量浇注一体化炉、4 000吨压铸机、模具抽真空系统、模具温度控制系统、压铸模具、智能喷涂机器人和涂料配送系统、缸套预热及输送系统、智能装件取件机器人系统、飞边及料柄自动化切割系统、在线智能检测及传输分选系统、安全防护系统及信息化系统等组成,其现场图如图2和图3所示。

铝合金熔化精炼浇注炉主要由自动加料系统、加热熔炼系统、在线精炼系统、智能熔体含氢量检测系统、自动定量浇注系统等组成,如图4所示。其中,自动加料系统包括料斗、升降机构、预热装置、气动给料机构等,用于将压铸机边回收的工艺废料或铝锭加热并自动加入熔池进行熔化。加热熔炼系统由炉体、燃气系统、温控系统、液位检测系统等组成,用于对材料进

图2　4 000 吨高效智能压铸岛现场图（1）

图3　4 000 吨高效智能压铸岛现场图（2）

行加热熔化保温。在线精炼系统主要由搅拌系统、吹气系统、自动沉积过滤系统等组成，用于对熔体进行连续除杂与精炼。自动定量浇注系统由电动机、螺杆泵、保温流道等组成，用于熔体的自动定量浇注。

4 000 吨压铸机主要由合模机构、压射机构、液压系统、电气控制系统等组成，如图5所示。压铸机采用超大流量闭环控制系统，计算机集中控制技术，实现压射实时控制；通过压铸机操作站，组成现场总线网络，完成所有机器操作任务，并与生产监控站组成局域网，监控设备的运行状况，实现异

图 4 铝合金一体化炉

图 5 4 000 吨大型压铸机

地数据实时监控以及远程诊断。因为金属液凝固时间限制,大型压铸机的充填行程更长、面积更大,故所需的压射速度更高,建压时间更短。为实现高的压射速度、短的建压时间、高的加速度及减速度(刹车),同时在不减少压射部件刚度的前提下减少运动部件的质量,降低压射末段的压力冲击,需要对压射部件的结构进行优化设计,既能满足大通流直径要求又能在毫秒级的时间内实现可靠的闭合密封,使压铸机的压射性能得以在较大的范围内满足压铸工艺要求。

高动态响应真空系统主要由程控活塞、真空通道、真空阀、负压罐、真空泵、真空通道截断模块构成,由与主机集成的控制系统对程控活塞行程、真空阀的开合、真空泵的起动和停止等动作进行控制,如图 6 所示。抽真空系统的工作原理是:合模之前处于开模后的初始状态,程控活塞处于封闭排气口的位置,真空阀关闭,两个阀口处于关闭管路的状态;合模到位,模具密封完成后,开始往浇口浇注金属液,同时外部真空阀打开,模具内的排气道与外部负压罐连通,模具排气道首先预抽真空;压头推着金属液前进封闭压室的浇口,程控活塞受补压阀感应后的作用而后退打开真空通道,此时型腔、排气通道与负压罐连通,型腔开始抽真空;压头继续前进遇到快压射感应开关,补压阀再次感应使得程控活塞前进到中位,封闭住真空通道口,型腔抽真空停止;真空通道口封闭完成后进行快压射,快压射完成后,铸件冷却凝固开模,程控活塞后退回到封闭真空通道口的中段位置上,再对模具进行清理、喷模具涂料,然后进入下一个周期。

图 6 模具抽真空装置

模具温度智能控制装置:根据对铸件缺陷及模具温度场的分析,压铸生产过程中,由于缺乏智能温度调节,模具温度容易出现局部过高,导致部分铸件出现缺陷。本项目拟通过安装在压铸模具关键部位的高精度温度传感器来获得关键部位的温度，通过控制水冷系统的流量对模具温度进行控制，提高压铸件的质量和稳定性。

喷涂机器人系统：喷涂机器人由机器人和喷涂雾化设备、脱模剂压送装置等组成。采用六轴串联式机器人喷涂使喷涂雾化更加灵活，结合双面罩式喷头，采用外混式喷涂，使喷涂压力均匀，细化液滴，可对模具的深腔和凸台处侧壁达到很好的喷涂效果，可以节约大量的涂料和较少的喷嘴投入费用，缩短喷涂时间。

取件机器人系统：取件机器人系统（图7）完成压铸件的取出，并对铸件进行完整性检查、去除渣包、冷却等后处理工作。机器人抓手都具备自锁功能，当系统突然停气或气压不够时都能保证工件不会掉下，同时抓手上集成了工件检测功能，防止工件漏取/漏放及抓取过程中工件丢失。

图7　取件机器人系统

2. 应用推广情况

4 000吨高效智能压铸岛在江苏徐航科技有限公司进行实际生产应用，可提高生产效率40%，产品质量由原来的85%提升到98%，用工减少40%，能耗降低20%。

五、项目经济、社会效益及归纳总结

1. 项目经济、社会效益

4 000吨高效智能压铸岛实现了汽车铝合金发动机缸体、变速器壳体等大型复杂压铸件生产的原料上料、熔化、精炼、浇注、压铸、喷涂、取件、切割、检查、打标及输送等自动化。减少了诸多中间环节，优化了整个工艺流程，大大提高了生产效率。模具温度控制系统和模具抽真空装置的使用，提高了产品合格率，大幅提升了产品质量。智能罩式喷涂机器人系统和取件机器人系统及后处理机器人系统提升了生产效率，大大降低了工人的劳动强度，缓解了生产用工难题。4 000 吨大型智能压铸机可以实现大型精密复杂铸件的生产，总之，该系统面向企业生产制造转型升级需求设计开发，结构合理、功能齐全、运行顺畅、质量稳定，自动化智能化水平高。

1）提升了企业的制造能力

汽车等装备制造与应用领域向轻量化、节能减排、集成化设计制造和提高产品市场竞争力的方向发展，该课题的实施使铝合金一体化炉、模具抽真空装置、大型压铸机研制等方面都有了明显的提升，生产的缸体、壳体等大型复杂压铸件能满足现代汽车制造业对轻合金成型技术与装备的要求。

2）提升了企业的市场竞争力

4 000 吨高效智能压铸岛的研发，为我国自主品牌汽车的大型复杂关键零部件的生产提供重大基础装备，提升了汽车更新换代速度，带动自主汽车工业的发展，可提升企业的市场竞争力和自主创新能力。

3）提高了企业的管理水平

4 000 吨高效智能压铸岛可实现生产过程的可视化和实时监控，改善和提高了企业的生产管理水平，提高了生产的效率、产品合格率和生产调度的灵活性。企业在原有的生产模式下，车间生产管理难度大，该系统的应用缩短了物料流程，方便生产管理，减少了原材料消耗，同时生产管理信息化系统可以实现信息跟踪记录，减少了人为因素导致的产品缺陷。

2. 归纳总结

4 000 吨高效智能压铸岛，首次提出铝合金熔体一体化制备工艺方案，并完成铝合金一体化炉的工程应用，缩短了生产工艺流程，提高了材料的利用率和能源利用率。通过模具智能温控装置和模具抽真空装置的集成应用，改善了模具的工作条件，提升了模具的使用寿命和产品合格率。本项目是国内首次将铝合金一体化炉、4 000 吨智能压铸机、模具温控装置、模具抽真空装置、机器人喷涂系统、取件机器人系统及铸件检查处理系统集成在一起，形成了 4 000 吨智能压铸岛，实现了发动机缸体、变速器壳体等大型复杂压铸件的信息化生产，提升了国内装备制造水平和产品竞争力。

智能制造在车身装焊工艺开发和生产中的应用

华晨汽车集团控股有限公司　信振宇　高琳琳

一、引言

在"互联网+""工业4.0"和"中国制造2025"成为国家战略的背景下，中国汽车企业通过智能技术的创新，推动产业链的变革，已成为转型升级发展的必经之路。

自20世纪80年代末智能制造提出以来，世界各国都对智能制造系统进行了各种研究，首先是对智能制造技术的研究，然后为了满足经济全球化和社会产品需求的变化，智能制造技术集成应用的环境——智能制造系统被提出。

近年来，各国除了对智能制造基础技术进行研究外，更多的是进行国际的合作研究。世界主要工业化发达国家都将智能制造作为重振制造业战略的重要抓手。全球金融危机以来，在寻求危机解决方案的过程中，美、德、日等国政府和相关专业人士纷纷提出通过发展智能制造来重振制造业。

当前，新一轮科技革命和产业变革与我国加快转变经济发展方式形成历史性交汇，国际产业分工格局正在重塑。然而，我国与世界先进水平相比，中国制造业仍然大而不强，在自主创新能力、资源利用效率、产业结构水平、信息化程度、质量效益等方面差距明显，转型升级和跨越发展的任务仍紧迫而艰巨。

智能制造成为世界制造业发展的客观趋势，世界上主要工业发达国家正在大力推广和应用，发展智能制造既符合我国制造业发展的内在要求，也是重塑我国制造业新优势，实现转型升级的必然选择。随着德国"工业4.0"的不断推进，中国国家层面也提出了"中国制造2025"的概念，旨在把以物联网、人工智能、云计算、大数据为代表的不断成熟的信息技术应用到制造业，尤其是高端制造业，进而带动制造业的再升级。

当下我国汽车产量和销量再创新高，而如何从汽车大国走向汽车强国更是业内人士越来越关注的重点和难点。在技术问题中，最关键的环节就是汽车制造过程的升级。从云端落到地面，从国家的宏大战略落到汽车制造本身，利用新兴的信息技术实现制造环节的信息化，细化和再升级是关键点。

二、企业智能制造规划

2015年5月国家提出"中国制造2025"发展战略。同期，华晨汽车集团将"智能制造"列为企业"十三五"期间转型发展的重点突破工作。通过对国家政策的解读，以及对行业发展趋势的研究，并结合华晨企业发展现状，企业决策以"中国制造2025"战略为指导，按照产品全生命周期管理理念，以"智能产品、智能制造、智能服务、回收再制造"为工作开展框架。明确"打造企业智能产品，实施企业智能制造，提升企业智能服务，建设企业一体化信息平台"，实现企业智能制造工作核心："降成本、提质量、增效率、创品牌。"

未来华晨汽车将以中国制造2025为契机，加快实施长远的"技术引领未来"战略举措，以市场调研为起始；以智能设计及产品、智能制造及生产、智能销售及服务为主攻方向；以回收再制造为智能产业链延伸；以数字化和信息化管理为手段，实现从市场调研、产品设计、工艺开发、生产制造、物流管理、销售及售后服务到回收再制造全产业链的模块化、系统化转型，实现产品全生命周期的管理升级。

三、智能制造试点——装焊工艺开发与应用

1. 项目概况

按照企业智能制造整体发展规划，于2016年筹建了华晨中华M8X项目，具体项目规划及实施案例如下。

项目名称：中华M8X项目。

产品规划：四车型平台化设计产品（含智能、网联、新能源等产品属性）。

建设规模：冲压利用现有生产线，模具全新开发；装焊新建厂房、新建生产线（列为企业智能制造试点车间）；涂装利用现有生产线，改造；总装利用现有生产线，改造。

智能装焊线建设生产纲领见表1。

表1 智能装焊线建设生产纲领

序号	项目	内容	备注
1	最大产能	19.8 万辆/年	标准产能 12 万辆/年
2	生产节拍	105 s	
3	小时产能	30 JPH①	
4	设备运转率	90%	
5	共线车型	四车型	柔性化
6	生产形式	批量混流	

智能制造在华晨汽车装焊工艺规划方面，以全面自动化、智能化制造体系为开发目标，整体规划建设智能化工厂，建设高柔性、高自动化、高智能生产线。从数字化工厂应用、智能柔性化生产线建设、质量管理、能源管理、智能物流及物料管理等方面开展工作，提高质量、降低投资、缩短建设周期，进而适应市场多样化、个性化的需求。

在企业推进智能制造工作过程中，试点先行，在新车型装焊开发项目中，尝试推进智能制造"一虚、一实、一系统"的技术应用，试点实施智能制造技术，为后续智能制造工作的全面开展积累经验，奠定基础。

装焊工艺流程：按车身总成分块结构组织生产区和焊接生产线。

按结构划分，车身主要由线下焊接区，发动机舱总成线，前地板总成线，后地板总成线，下车身总成线，左、右侧围总成线，顶盖线，主车身总成线，门盖线以及调整线组成。

2. 智能制造在汽车装焊方面的具体应用

1）数字化工厂技术应用

在当今激烈的市场竞争中，制造企业已经意识到它们正面临着巨大的时间、成本、质量等压力。在设计部门，CAD 和 PDM 系统的应用获得了成功。同样，在生产部门，ERP 等相关信息系统也获得了巨大的成功，但在解决"如何制造—工艺设计"这一关键环节上，大部分国内企业还没有实现有效的计算机辅助工艺开发的管理机制，"数字化工厂"技术则是企业迎接"中国制造 2025"，实现智能制造的基础及有效手段。

数字化工厂工作流程大体如下：

（1）通过系统集成，从设计部门的 TC 系统中获取产品相关数据，并在"数字化工厂"环境中进行工艺评审、公差分析等。

---

① Jobs Per Hour 的缩写，小时工作量或单位时间工作量。

（2）通过系统集成，从企业的资源库中自动运用相关资源数据；在"数字化工厂"环境中建立相关项目的资源库及数字化工厂结构树，实现结构化工艺。

（3）在"数字化工厂"规划模块中进行协同规划及导入工艺部门已有工艺信息。

（4）在"数字化工厂"工程模块中验证规划结果。工艺验证包括动态装配、工位布局验证、线平衡、工时分析、人机工程仿真、工厂布局、物流仿真、机器人仿真、PLC仿真等。

（5）通过系统集成和客户化开发，输出工艺执行文件；输出生产、采购、招投标、维护、培训等信息资料。

数字化工厂集成系统架构示意图如图1所示。

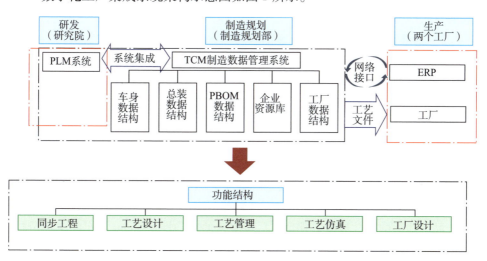

图1　数字化工厂集成系统架构示意图

在车身工艺规划及装焊开发前期，搭建企业数字化工厂管理平台（TCM），实现虚拟仿真与制造数据的整合协同管理。对装焊工艺虚拟仿真功能和数据（工艺仿真、机器人仿真、人机仿真、工厂仿真等），以及包含工艺数据管理、数字化工艺规划、工艺流程及文档管理等在内的制造数据，通过数字化工厂管理平台对全部工艺资源进行统一整合及系统化管理，实现全部工艺资源的数字信息化管理。

通过虚拟化模拟仿真手段，建立完整的装焊数字化工厂模型。装焊的虚拟规划、虚拟仿真为未来生产线的柔性化生产，实现智能制造，建立良好的数字信息基础。

2）生产线规划及物流仿真

为了更加完备地做好生产线规划，保证生产顺畅，车间之间匹配、线体之间匹配，消除物流瓶颈，引入 EM_Plant 软件，利用可视化仿真软件完成从系统建模到仿真模型的构建，通过运行仿真模型并观察其效果，直观地从仿真画面及仿真后得到的数据图表等发现车间物流系统中存在的问题，然后分析问题的原因，进而对车间物流系统进行改进。

在生产系统规划阶段就对生产线进行模拟，依据工艺流程和预估的故障情况，准确且尽早地确定瓶颈资源，大大地缩短生产周期，在时间方面更好地满足订单的要求。通过建模、仿真，充分考虑和体现生产系统的复杂性与随机性，在生产之前较为准确地确定瓶颈工序，从而指导生产，使企业在保证较短的生产提前期的同时，大大节省人力和物力。另外，对 Buffer（缓冲器）设置、存储数量和物流路线等进行优化，提高产能，优化排产顺序，最终达到良好的物流运转状态，提高生产效率，保证生产运行的通畅、顺利与高效。

3）焊装数字化工艺设计及虚拟仿真

为了更好地减少后期生产问题，对工艺进行前期充分验证，引入西门子 PD、PS 软件模块，完成数字化工艺及焊接过程仿真，实现了多车型混线生产管理及车间总线的布局。在生产线布局规划过程中，数字化工厂软件提供了实现与实际一致的 3D 可视化模拟车间。在工艺规划准备阶段，建立产品库，包含产品及资源信息管理，其中 3D 数据、2D 布局图、预览图、价格及其他制造信息直接关联。工艺库包含所有车型的装配工艺，典型工艺在新车型工艺规划时可以直接重复利用，大幅提高工艺规划效率。在工艺验证过程中，PERT 图直观的校核装配顺序，当发现装配顺序出错时可及时做出调整，避免了产品上线后的工艺修改，保证了后期工艺的准确性。Gannt 图车间生产节拍的验证，可以直观地看出每一工位的工时及整条生产线的工时，有利于及时对工位调整以符合车间的生产节拍。图 2 所示为生产线仿真示意图。

图 2　生产线仿真示意图

4）车身计划尺寸精度数字化分析

在车身尺寸控制方面，通过引入 3DCS 软件，基于 Monte Carlo 的模拟仿真，模拟零件的装配，从而得到更趋于实际的分析结果。对于每一次模拟来说，每一个零件被虚拟地加工出来，并添加一个随机的波动（波动范围被公差限制），然后随机抽取零件模拟装配，装配完成后一个测量数据产生，预估生产会产生的质量问题，通过优化 RPS（基准点系统）、工艺顺序、设计结构把风险降到最低。图 3 所示为 3DCS 计算结果及车身外观间隙面差数学模型。

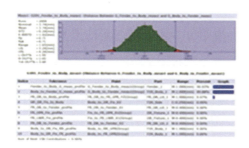
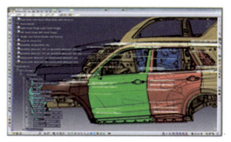

图 3　3DCS 计算结果及车身外观间隙面差数学模型

3. 智能柔性化生产线建设

在数字化工厂虚拟工艺及数字化环境的支撑下，打造高自动化、高柔性、高智能生产线成为实现初级智能制造的物理条件。在生产线建设方面，新建智能柔性化生产线以及大规模集成应用机器人，可以实现平台四种车型智能化混流生产，机器人与生产线智能交互，实现焊接、涂胶、搬运、包边等工作的柔性生产与精准作业。另外，生产线搭载在线检测、能源管理、AN-DON 系统、RFID 技术等，实现对产品质量、能源用量、生产运行的透明化管理、追溯及快速响应。

1）柔性自动化生产线

（1）建设柔性化主车身线及主拼。

车身定位系统整体采用滑台柔性切换形式，顶盖工位为机器人视觉引导配置柔性抓手上件、定位，合车工位采用滑动式柔性主拼系统，在此工位通过滑动系统实现不同车型主拼夹具模块的柔性智能切换，进而完成多车型的柔性化共线生产。

滑动式柔性主拼平衡了精度、节拍、柔性、投资、占地五大要素。采用模块化设计易于安装及维护，可一次规划、分期实施，减少企业初期投资风险。

敞开式倒库主拼工位主要由夹具定位系统、夹具切换 Y 向驱动、夹具框架、夹具切换 X 向驱动、夹具库及电气控制系统等组成。

滑动式柔性自动化生产线的主要技术特点如下：

①四车型。

②节拍 30 JPH。

③重复定位精度 ±0.05 mm。

④机器人数 10（空中 4 台、地上 6 台）。

⑤占地面积：21 m×16 m。

⑥模块化设计。

⑦全伺服驱动。

(2) 建设模块化侧围生产线。

侧围线采用十字滑台形式，各车型侧围布置于各自滑台夹具之上，采用标准模块化的生产方式，通过车型识别系统自动接收、传送信息，自动调用滑台库中不同夹具，实现侧围总成混流混线生产。

侧围线柔性工位存储系统具有模块化设计，快速切换，设备可重复利用，使投资利益最大化。客户可以根据需求，选用不同模块进行配置，也可在后续车型生产中追加相应配置。

模块化侧围生产线主要由单套柔性工位存储模块、夹具工作位定位系统、夹具存储库、工位 – 存储 X 向驱动系统等组成。

侧围线柔性自动化生产线的主要技术特点如下：

①四车型。

②节拍 30 JPH。

③机器人 39 台（左/右）。

④移动速度 1 m/s。

⑤重负载。

⑥伺服驱动，精准控制。

(3) 建设转台式门盖柔性生产线。

门盖夹具采用平面四向转台，人工上件及涂胶，利用机器人进行焊接及搬运，实现门盖内板的全自动化生产。

转台多个工作位置，具有高回转精度、高重复精度的特点。配合机器人高柔性设计，实现多车型混线切换，采用模块化设计，减少后期维护成本，提高设备开通率，降低非标设备成本。

转台式门盖柔性生产线主要由标准转台机构、多车型夹具框架机构、多车型抓手搬运机构、多车型下件机构等组成。

转台式门盖柔性生产线的主要技术特点如下：

①四车型。

②节拍 30 JPH。

③定位精度 ±10″，重复精度 ±5″。

④单工作岛机器人 8 台。

⑤凸轮结构设计辅以滚柱轴承增强承载和寿命。

⑥模块化设计。

⑦全伺服驱动，具有超程限位功能。

装焊车间全线应用机器人150余台，实现发动机舱线、下车身线、主车身线、侧围线及门盖线的100%自动化生产。另外，整体生产线具备机器人扩展能力，可实现自动化率的进一步提升，以及对生产能力的有效扩展。工艺规划、仿真模拟、离线编程、虚拟调试等完全在数字化环境中完成，通过最先进的工业网络技术，与生产线智能交互，实现智能柔性应用。在机器人应用过程中，机器人具有一机多工具的功能，适应多车型生产，通过机器人系统的快换装置和工具支架的组合实现快速切换，时间仅需15 s，从而大大提高了机器人的利用效率，降低了投资费用。图4所示为柔性生产线。

图4　柔性生产线
（a）主拼；（b）侧围；（c）门盖

机器人系统的大规模应用提高了车身的精度和焊接质量、减轻了工人的劳动强度、实现了多种车型的混流生产，并且对后续的产能提升和设备改造具有重要的意义。

2）机器人视觉引导技术应用

为解决以往车型顶盖安装状态不稳定的质量缺陷，工艺方面首次尝试应用机器人视觉引导技术对车身顶盖进行上件、定位及焊接，如图5所示。视

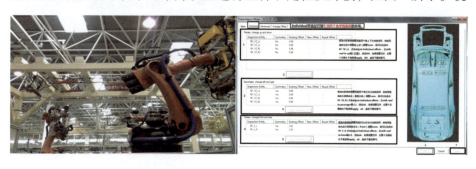

图5　机器人视觉引导工位及视觉引导原理图

觉引导技术是智能制造中的核心技术代表,是制造业实现智能自动化的关键。在 M8X 项目装焊工艺开发中,应用伯赛的 Visual Fixture 发动机可以实现三维空间全部六自由度的偏移,从而达到零件装配的最佳匹配。其主要特点如下:

(1) 高精度。伯赛自主研发的高精度测量传感器 Tricam 测量精度高,特征适应性强。

(2) 最佳匹配。采用 Visual Fixture 技术,实现零件的六自由度控制,达到零件的完美引导及最佳的匹配效果。

(3) 工艺革新。该视觉引导技术取代传统夹具定位技术,保证车身自由状态下的最佳匹配;替代精定位料架的定位;替代对中台等转为机器人抓取设计的夹具。

(4) 多级报警。车身一次测量,单点报警。顶盖一次测量,单点报警。最佳拟合迭代,生成偏移量报警。

3) 白车身质量管理

对于车身质量控制,建立白车身在线检测系统。在线检测工位,使用 4 台机器人携带视觉摄像设备对白车身检测点进行拍照检测,通过图像处理器处理,形成白车身测点的检测精度数值,检测速率为 1.5 s/点,检测精度可达 ±0.21 mm。在线检测系统实时智能监控车身质量,即时将检测结果以报告形式反馈给管理人员,以现代化的生产质量管控方式,提升新产品制造精度和新车质量,并通过质量数据服务器实现检测数据的长期存储、远程监控、管理,建立白车身可追溯质量信息档案。图 6 所示为白车身质量管理及 DPV 系统应用。

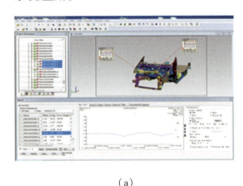
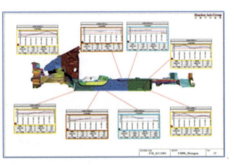

(a)　　　　　　　　　　　　　(b)

图 6　白车身质量管理及 DPV 系统应用

另外,在线检测系统与数字化尺寸管理验证 DPV(微分脉冲伏安法)系统相连,具备质量数据处理、数据管理、数据分析和报告、数据共享和发布等功能。可以将由来自激光间隙分析、CMM(三坐标测量仪)测量、光学或数字测量设备、手持测量仪器,以及一些其他的物理测量系统所采集的质量数据按照用户设定的规则利用现代通信技术（电子邮件、手机短信等方式）对质量数据进行即时报警；也可对产品的质量信息进行充分有效的管理，以实现企业范围内的共享。把传统上分离的产品设计和生产工艺紧密结合在一起，形成一个能够把制造结果和设计意图直接而形象地进行对比评估的一个质量协同平台，形成企业的质量管理闭环，真正意义上帮助制造企业实现从传统的以补救整改为主的质量控制向以预防和过程控制为主的质量管理的转变。

在质量控制方面，除在线检测工位外，另投入应用涂胶拍照检测系统，判断涂胶位置是否正确，避免涂胶位置偏差过大，造成黏合失效。检查是否有漏胶、断胶情况，影响黏合的紧固性和密封性。进行涂胶宽度质量控制，多涂造成浪费，溢胶影响美观，胶线过窄影响紧固性和密封性。

在全自动化生产线中自动检测、控制车身精度质量、涂胶质量，人工检测、控制焊接质量，充分保障白车身质量的智能化管理。

4）生产车间能源管理

随着制造过程对能源用量的进一步关注，车间、生产线建立智能化的能源管理系统，监控设备的水、电、气能耗情况，并根据实际能耗使用情况进行能耗的合理分配。与此同时，对各生产段情况进行实时监测及统计管理，快速查找高能耗点，并进行能耗优化管理，合理分配能耗，降低能源投资，实现节能减排。能源管理实施分以下四个环节：

（1）通过智能水、电、气表的检测、统计，发现能耗问题点，并对问题点进行分析。

（2）通过对能耗问题的分析，选择制订合理的能源优化解决方案，并建立能源绩效指标及能耗基线。

（3）对所制订方案进行实施，并将实施结果进行反馈记录。

（4）形成系统的能源管理体系，持续不断地对能源进行优化管理。

5）RFID 技术应用

在装焊车间生产制造过程中，为保证车身信息的跟踪及追溯，投入应用 RFID 技术，RFID 又称无线射频识别，是一种通信技术，可通过无线电信号识别特定目标并读写相关数据，而无须识别系统与特定目标之间建立机械或光学接触。在 M8X 装焊车间中，RFID 用于关联车身信息与现场 PLC 匹配，记录车身状态、产品质量等，为后期车身的生产状态跟踪提供信息。其主要功能是实现车体位置跟踪与查询、车间库区管理、生产排序管理、系统故障报警等。侧围及下车身上、下线调度、空橇信息及其下线记录存档等信息追溯。图 7 所示为 RFID 技术应用。

载码体信息录入：企业 JIT（准时制生产方式）系统（MES）- 发动机舱总成、VIN 打刻机 - 发动机舱线、PLC - FDS 输送、PLC - UB 线、PLC - 滚

图 7　RFID 技术应用

床、PLC – MB 线、PLC – 精整线滚床输送、PLC – 存储区滚床、PLC – 输送至涂装（载码体信息擦除）。

4. 搭建企业制造执行系统（MES）

在汽车制造企业，企业管理层 ERP 及设备层 PCS 较为成熟的状态下，搭建、完善企业制造执行 MES 系统，为实现未来定制化生产的关键环节。

MES 系统在计划管理层 ERP 与生产控制层 PCS 之间架起了一座桥梁，一方面，MES 可对来自 ERP 的生产管理信息进行细化、分解，形成工序操作指令传给底层；另一方面，MES 可以通过 PCS 采集设备、仪表的状态数据和制造资源的实时动态管理，将制造系统与信息系统整合在一起，将生产状况及时地反馈给计划层，进行作业的动态调度与优化，真正实现制造过程的无缝衔接，形成以 ERP/MES/PCS 三层为核心的企业信息集成。

在装焊工艺开发过程中，同时定制开发完善企业制造执行 MES 系统，包含基础信息维护、生产计划排程、车辆生产信息跟踪、证书管理、报表统计查询等功能，其示意图如图 8 所示。重点实施供应链协同和面向产品的车辆全生命周期管理系统，以整车制造执行系统建设为抓手，结合物联网技术（RFID），逐步实现企业的柔性化、定制化制造。

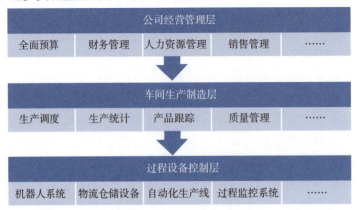

图 8　MES 系统架构示意图

四、主要效益

数字化工厂技术实现产品设计与工艺设计的协同开发,另外,应用数字化虚拟仿真技术实现焊装工艺模拟白车身生产过程,通过模拟仿真和规划验证,整体缩短产品开发周期约12%,减少后期问题发生量约30%,在前期规划和详细规划阶段减少重复工作量10%以上,虚拟仿真优化工程量20%以上,降低设备投资成本5%以上。

柔性化生产线的搭建缩短后期产品导入时间30%以上。大批量机器人的应用自动化程度的提升,减少操作者约80人,操作者数量减少约25%。在线检测以及DPV系统的应用辅助人工提升产品合格率约5%,在项目小批量阶段,即达到了以往项目产品量产的质量状态。

能源管理系统的应用,优化能源管理通过用能数据的分析有效地发现管理设备运行中的节能空间,通过能耗排行及能耗占比分析发现能耗大户,并诊断能耗的合理性,通过对不同时段用电量的分析,配合移转尖峰用电量,达到节能的效果,据初步统计,能源管理系统为生产制造环节节约用水约7%,节约用气约8%,节约用电约23%。

ANDON系统实现了对生产设备、工艺流程等状态数据的实时监控,让生产管理部门和设备管理部门能直观地看到相关数据信息,更容易了解现场的生产状况,缩短了50%以上的设备故障发现时间,从而缩短了故障处理时间,更全面地监控车间生产,让报警信息更直观,提高现场问题的响应及处理效率,减少停线时间约20%。

智能制造技术在装焊生产中的应用实施弥补了汽车生产制造的多项技术空白,将制造环节以往传统的生产过程有机、合理地嵌入智能制造创新元素,更有效地提升了企业生产的灵活性及生产效率,也使得整个生产过程更为智能化。

五、结语

我国目前正从劳动密集型向现代化制造业方向发展,如何进一步提高生产率、提高产品质量、降低劳动强度、改善劳动条件已经成为我国制造业面临的问题。

此时,"中国制造2025"——智能制造的提出将为制造领域、汽车行业的发展提供有力依托,对于加快制造业转型升级,提升生产效率、技术水平和产品质量,降低能源资源消耗,实现制造过程的智能化和绿色化发展具有重要意义。

综上，按照产品全生命周期的管理理念，各汽车企业正强力推进汽车产业技术以及产业链的转型升级；推进信息化与工业化深度融合。加快推动新一代信息技术与制造技术融合发展，把智能制造作为两化深度融合的主攻方向；着力开发智能产品和智能装备，推进生产过程智能化，发展新型生产方式，全面提升企业研发、生产、管理和服务的智能化水平。企业以数字化、信息化管理框架为支撑。做到前期市场调研，精准把握市场需求；智能产品开发引领技术创新；智能制造秉持匠人精神，精益生产；智能服务延伸产品价值，创造企业品牌。实现产品开发、制造、服务全过程的安全、开放、实用、可靠及柔性，使得企业高度的集成化、数字化、虚拟化、网络化、智能化的运营发展。

立足制造本质，打造智能工厂
——北京宝沃发动机厂

北京宝沃汽车有限公司　李奉珠　包树楠　匡　野

一、导言

本项目的实施基于当前我国国情和制造业本质，通过充分部署和使用智能制造使能技术，实现了制造过程的高度柔性，同时提升了产品质量控制水平、产品交付效率、制造过程成本管理水平。如智能传感器、执行器、智能装备以及工业互联网，实现了边缘层数据的实时采集和人、机、物互联互通；通过相对完善的信息系统，全面实现企业资源（制造、物流、采购、销售）的无缝衔接和快速响应，实现了 IT 和 OT 的初步融合；通过横向和纵向的集成，实现了产品制造环节的高度柔性；对于采集的数据，通过构建兼容多协议多算法的平台，进行处理分析并对结果进行反馈，形成生产运营决策平台，支撑实时决策，减少决策延迟，构建了制造全流程透明的智能工厂；同时通过应用数字化的装备、仪表以及 IT 系统的支撑，对生产过程进行精细化管理，进一步降低能耗和排放，构建绿色工厂。

本项目解决并回答了智能制造作为一种重要制造模式，应当聚焦当前中国制造业面临的难题和挑战，如"柔性、质量、效率、绿色、效益"等问题，立足制造的本质，打造智能工厂，而不是刻意突出"智能"。目前该项目已成为汽车零部件行业智能制造智能工厂的典范，正在行业中得到推广。通过本项目的实施，在较大程度上带动了我国汽车产业链的整体升级。

二、项目概述

1. 项目背景

我国汽车工业尤其是乘用车产业快速发展的主要途径是依靠合资合作与

技术引进,将国外汽车公司的成熟技术、管理和品牌直接植入到中国汽车企业,使企业效益和整体实力获得了快速提升。通过引进国外最新的技术和产品,可以瞄准世界汽车制造技术制高点,锁定当今国际上最先进、最成熟、最可靠的产品和技术,进行引进-消化-吸收-再创新,使企业在激烈的市场竞争中站在高起点上。并通过技术引进,掌握核心技术,通过不断的技术积累和本土化生产,提升国内企业创新能力,支持民族工业发展,打造中国品牌。但是,我国要实现从汽车制造向汽车创造的转变、制造产业转型升级、推进新旧动能转换、构建高精尖经济结构,必须要依靠自主创新。因此要尽快掌握关键核心技术、加强自主创新能力和完善的创新体系、提升行业整体技术水平,形成一批自主知识产权的品牌产品,将是我国向汽车工业由开放成长到自主内生发展、由汽车制造大国向汽车强国转变的关键。

宝沃汽车是北汽福田汽车股份有限公司控股的自主高端乘用车品牌,其创立之初就定位为德国技术驱动的高端品牌。北京宝沃发动机厂是紧紧围绕《中国制造2025》战略指导、秉承德国"工业4.0"的技术发展方向和技术要求,基于当前汽车零部件企业的基本现状和制造业本质,通过智能制造理念进行工厂顶层设计,应用智能制造使能技术打造的高质量、高效率、高柔性、数字化智能制造标杆工厂。

2. 项目的迫切性

随着经济全球化的不断演变,制造业市场逐渐演变成为动态多变的市场,企业竞争由过去的局部竞争演变成为全球范围内的竞争。在这样的大环境下,我国汽车行业一样面临着动态多变的市场竞争要求,传统的制造模式难以实现行业可持续发展,智能化提升迫在眉睫。

1)劳动力成本

传统的发动机制造行业属于劳动密集型企业,特别是产品装配和检验,需要大量的人工完成,生产效率不高。随着近年来我国劳动力成本的不断上升,生产成本居高不下,企业压力非常大,劳动力成本优势逐渐消失,极大影响了企业的国际竞争力。只有实施发动机制造系统的数字化、智能化建设,才能极大的降低生产成本,提高竞争力。

2)工作环境

发动机传统工艺环节复杂,技术要求高,环境噪声较大、体力工作繁重。随着我国环境保护法律法规的完善,对环境保护的要求越来越高,迫切需要开展智能化、自动化改造,改善劳动者的工作环境。

3)产品质量

现阶段发动机生产过程自动化程度较低,产品质量控制水平较低、制造一致性较差。缺乏对研发和生产各环节的有效监控,产品不良品率居高不下。

由此迫切需要开展发动机产品的数字化、智能化改造及在线检测技术研发，提高企业的产品质量水平。

4）生产模式

市场对企业的产品个性化的要求越来越高，客户对产品的开发周期、产品质量、产品价格、产品交付和产品服务要求越来越严格。客户需求的多变和市场竞争的加剧，更要求企业加强与上下游企业的广泛合作，从大规模生产模式转向以客户为中心、关注客户真实需求的小批量定制模式。传统的、分散的工业流程已经无法满足产品实际的市场需求，因此迫切需要通过智能工厂实现流程智能化再造。

5）环境因素

面临国际企业严峻的挑战和产品国际化竞争的压力，迫切需要开展实施智能工厂，提升产品竞争力。

基于前期已经实施的数字化设备、人才及技术条件，迫切需要尽快实施智能工厂项目，以实现资源整合，提升投资利用率及企业竞争力。

3. 制造系统概述

本制造系统有高质量、高效率、高柔性的特点，此多机型发动机混线生产模式已经成功实施，通过人、机、物互联的智能制造使能技术的应用，本项目实现了两个平台、四个排量、八个机型、超过 30 个品种的共线生产，累计产出并投放市场发动机超过 10 万台，经受了市场严苛的考验，充分验证了此智能工厂的先进性。复杂程度处于国际一流水平，同时产品质量、运营效率均处于国际先进水平。目前该模式已经在其他项目中得到推广应用，如北汽福田山东潍坊发动机厂等。本智能工厂主要涵盖以下方面：

1）智能物流

通过智能的计划排产与物流系统（LES），实现生产计划的智能排布，实现最优计划排程，同时通过智能制造物流系统平台对供应商采购、仓储、车间物流、在线投送物料进行智能管理，确保高柔性、高效率的物流运营模式。

2）智能生产

生产过程中，通过智能制造数据管理平台、ERP、MES 系统，实现生产任务的接收和传递，确保生产计划柔性的智能执行；生产线大量部署 RFID 和 PLC，实现在线产品信息的传递，确保生产线程序的智能切换；通过大量部署的 PLC、传感器、执行器，确保制造工艺的柔性，同时确保过程中的防错、防呆、安全。

3）智能质量

生产过程中大量部署的智能传感器等采集装备，不断地采集制造过程中的海量质量数据，其中一部分在边缘端通过窗口技术、傅里叶变换等算法进行边缘数据处理，结果实时反馈，确保在线质量一致性；对于采集的质量数据，将全部通过 MES 系统上传至核心数据库，生成产品档案，用以质量信息追溯、工艺改进支持等。

4) 智能维护

生产设备中大量部署了传感器，并且这些设备均通过互联网的设备管理平台（PM 系统）进行管理，随着对维修策略、维修信息、备件管理的自适应学习，实现即时维护向预测性维护的蜕变。

5) 智能服务

整车搭载 B-Link 车联网模块，实时采集发动机运行过程的大量数据，系统会对异常数据进行智能分类处理，并将处理结果发送至工程技术人员；同时通过 B-Link 车联网模块，实现对 ECU 的远程数据刷写、升级、诊断。

4. 创新性、引领性

高端乘用车发动机车间是满足我公司乘用车发动机需求的具有缸体机加工、缸盖机加工、装配线、冷试和热试线等多条现代化的生产线。生产线符合模块化设计，采用数字化技术和智能装备，按照高效、高精、高可靠性、柔性、多品种等原则，制定发动机关键零件的加工工艺方法和自动线加工流程，以缩短新型发动机研发、制造周期，满足我公司未来高端乘用车市场高速增长的发展需求。

通过本项目的实施，实现发动机车间数字化智能制造技术升级，实现发动机关键零件缸体、缸盖制造过程的网络化、数字化，发动机装配关键环节的数字化、智能化，快速满足订单驱动的高端乘用车发动机规模化定制生产的要求，达到有效缩短产品研制周期，提升产品质量，降低运营成本，提高生产效率以及降低单位产品能耗的目标，成为国际先进的具备高端发动机制造能力的企业。以下主要技术指标将达到国际先进水平：

（1）生产线高度柔性化。以高速加工中心和数控柔性设备为主组成柔性生产线以适应不同排量、不同系列缸盖共线生产的需求，满足两个平台的覆盖多种产品的生产要求，同时预留未来其他产品的可拓展性。

（2）工业废水零排放。通过智能工厂及智能管理系统，发动机生产过程产生的污水全部通过污水处理系统借助物化+生化的处理工艺，设置中水处理系统，100% 循环使用。

（3）人性化的工作环境。实施噪声综合治理措施，生产车间噪声小于 78 dB，优于国家标准 GB/T 50087—2013《工业企业噪声控制设计规范》对生产车间噪声限值 85 dB 的要求。

（4）在线智能检测。工序检测广泛采用电感式传感器、气动量仪；线上设 SPC（统计过程控制）检测台对零件的主要尺寸进行检查并进行数据统计分析；关键工序的加工配备检测工位，并实现刀具的自动补偿。

（5）设备智能监控。应用设备管理系统，实现物资管理、设备状态、故障识别、维护维修、备件管理全过程的智能监控。

（6）产品质量智能追溯。以 RFID 为基础，通过 AMS（装配执行系统）系统和 MES（制造执行系统）对发动机装配线关键工位（如拧紧工作站、机器人涂胶机、自动压装设备、泄露检测仪等）的生产数据进行采集、存储、统计等功能，使发动机的装配质量实现可追溯性。

5. 项目关键成果

（1）建立了生产全流程的泛在感知，并通过数据平台为决策提供依据。

通过在全流程部署智能装备，传感器（如位置传感器、压力传感器、位移传感器、视觉传感器等）实现制造全流程的泛在感知和数据采集。采集信息内容包含：

①过程质量数据，如压装机压力位移参数、电动拧紧机参数及拧紧曲线、双通道试漏仪气密性检测数据、回转力矩测试、轴向间隙测试、视觉检测数据、激光检测数据、冷试数据、热试数据等。

②产品追溯信息，包括通过物流 HU 条码批次追溯的物料，也包括通过零部件二维码精确追溯的零件，如缸体、缸盖、曲轴、连杆、活塞、平衡轴、高压油泵等。

③生产计划和时间信息，包括订单顺序、订单状态、订单完成情况、产品过点时间。

④产品返修信息，包括返修原因、问题追溯、返修内容、追溯解绑和绑定、返修时间、质量确认流程等。

⑤设备信息，包括设备运行状态、运行参数、维修任务、维修记录、保养记录等。

采集制造全流程的数据，通过 MES 系统服务器数据库进行管理和存储，用以决策。通过 MES 系统，为每台发动机建立产品档案，使得制造过程质量数据、零部件信息都具备可追溯性。对于采集的数据，通过构建兼容多协议多算法的平台，进行处理分析，并对结果进行反馈，形成生产运营决策平台，支撑实时决策。

（2）通过智能制造的实施，实现了柔性化和自动化的高度统一。

当前，汽车零部件制造业中自动化和柔性化的深度融合面临诸多挑战。本项目通过智能制造的深度应用，实现了发动机混线制造的高度柔性化，在行业内复杂程度达到国际领先水平。其特点如下：

产品开发和制造系统开发过程通过 PLM、PDM 系统同步进行，在产品设计阶段，统一多平台的定位基准，同时针对关键工艺制造过程自动化的实现，做适应性开发和调整。

制造过程中，得益于全部在制品托盘内置的 MOBY 模块、RFID 模块，和全部工位布置的 RFID 读写装置，使得不同型号的产品在同一条生产线上可以快速迅捷的被识别，杜绝错装、漏装，同时制造过程信息可以随产品流转，作为工位与工位之间互联互通的方式。

同时由于 100% 的数控化装备应用，不同产品之间通过 Profinet 总线、PLC、终端设备实现了程序的快速调用和即时通信，确保高度柔性。

由于全过程质量信息的实时采集和监控，也确保了混线生产过程的质量一致性，当前该项目制造质量属业内领先水平。

（3）实现 IT 和 OT 的融合，确保了工厂的高效运营。

基于充分应用的智能制造数字化装备、传感器、RFID，工厂每时每刻都在采集大量的信息，这些信息通过工厂 OT 层核心——MES 系统进行存储和分析。

集团级 IT 网络枢纽——ERP 系统也不断地从各工厂获取资源信息，并下发订单，同时 LES、PLM 等系统无时无刻不在采集和存储大量信息。

本工厂建立了运营决策管理平台，打通了 ERP、MES、LES、PLM 等系统障碍，实现了工业互联网的纵向集成和不同业务环节的横向集成。对全流程大数据进行处理和分析，以运营的视角，从质量、成本、交付三个维度对工厂进行实时分析，为决策实时提供即时有效的依据，实现了全流程的数字化和透明化管理，大大缩短了信息传递的周期，消除了自下而上、自上而下的信息传递误差，为管理者决策提供了更为科学全面的依据，助力工厂的高效率、高质量、低成本运营。

（4）绿色制造。

①基于数字化节能设备的技术应用以及相关参数的智能化控制，制造过程能耗指标大大降低。

②机加工采用智能的集中冷却系统，实时对切削液用量、浓度、pH 值等参数进行检测，并进行过程优化，有效保证了产品质量一致性，延长了切削液的使用寿命，大大减少了切削液的用量。

③测功机将发动机动能回收，通过数字化接口采集用电需求，适时回馈至厂内电网，降低了生产过程耗电量，实现绿色生产。

④根据加工工艺的不同，对数控加工中心的轴、泵、伺服电动机进行智能精益配置，减少制造过程中的能源消耗，同时延长了系统的使用寿命，实现了运营成本的降低和绿色生产。

三、项目详细实施方案

(一) 项目顶层设计

1. 宝沃汽车制造系统规划核心要素

宝沃汽车智能工厂规划定位模块化制造、高自动化加工与检测设备、数字化与数据集成、智能检测与分析、智能物流、智慧能源及环保六个核心业务要素,如图1所示。

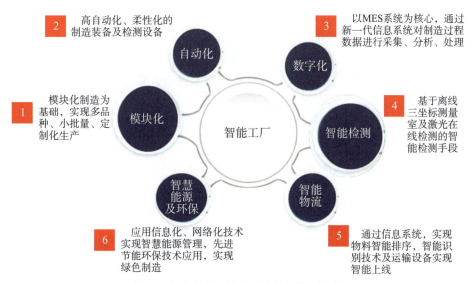

图 1　宝沃发动机制造系统规划核心要素

(1) 模块化制造:在产品平台化/模块化基础上,逐步实现模块化制造,满足客户个性化定制产品批量生产需求。

(2) 高自动化加工与检测设备:对生产线进行自动化升级。涂胶实现完全机器人作业、提升总装自动化水平及装配柔性化。

(3) 数字化与数据集成:通过每个工位的HMI操作触摸屏装置和无线射频系统(RFID),通过和智能托盘上的载码体标签(TAG)进行工位间的自动信息交换;装配管理系统完成发动机的上线、下线、部件追溯、返修出入及固定返修区的信息采集点,以及每个信息化工位数据的采集等,对各工艺关键特性,如拧紧、试漏、力矩、力及测量等数据进行采集,通过PLC与MES系统集成,实现生产过程信息交互,生产执行智能化。

(4) 智能检测与分析:发动机总装过程中大量实施在线检测与分析,引入工业视觉对中系统、在线激光检测系统,并通过数据分析系统实现实时过程质量控制。在一些主要工位（主轴上瓦、下瓦）配置智能料架及扫描装置（二维码2D/DPM），对工件进行追溯。

（5）智能物流：通过信息化系统，建立订单实时拉动物料配送的准时化交付系统。应用智能物料排序系统、同时加入射频识别（RFID）功能、二维码设备维护等多种手段，实现物料准时准确快速交接的灵敏高效供应链。刀具间采用高度自动化立体仓库，实现了刀具的自动化立体存取，提升了效率，减少了占用面积。

（6）智慧能源及环保：应用信息化、网络化技术实现环境与能源数据自动计量、预警、自主分析与决策。采用节能环保新材料、新技术、新型工艺装备，实现节能环保，建设环境友好型工厂。

2. 宝沃智能工厂技术架构及业务流程

智能工厂是核心，智能设备与生产线是构成智能工厂的重要组成单元，如图2所示。采用智能制造的先进理念和技术措施，在高端乘用车发动机智

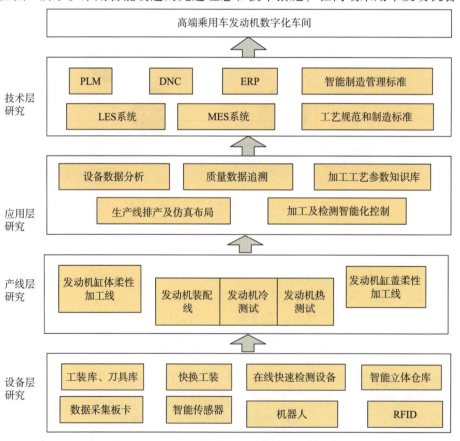

图2 发动机智能工厂总体技术架构图

能工厂项目建设过程中，立足宝沃汽车的实际情况，依据发动机产品特点和未来汽车产品大规模定制的发展趋势，高起点建设发动机关键零件柔性加工线、发动机整机智能装配线，突破并掌握发动机智能工厂建设所相关的系统模拟技术、信息管理技术、总线控制技术、机器人技术、桁架机械手、防错技术、在线验证技术、功能测试技术等关键技术。发动机智能工厂管控一体化系统信息流如图3所示。

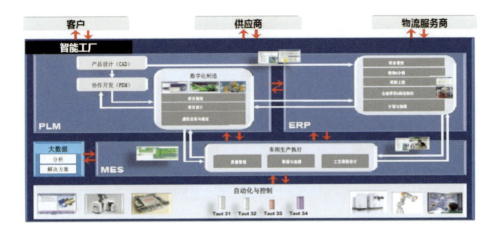

图3 发动机智能工厂管控一体化系统信息流

3. 车间布局规划与总体设计

1) 发动机缸体柔性加工线

根据发动机缸体加工的工艺流程（图4）与质量要求，发动机缸体柔性加工线的设计理念如下：

（1）生产线采用双主轴加工中心，提升设备利用率和多品种的共线生产。

（2）RFID记录完整加工信息，实现全过程生产信息存储及质量追溯。

（3）关键产品特性100%自动设备测量，保证质量的可控性和稳定性。

（4）采用模拟缸盖加工缸孔，保证缸孔形状尺寸一致性。

（5）采用双过滤系统及300 bar高压清洗去除零件毛刺，保证清洁度。

（6）压装、清洗、涂胶、试漏工序采用机器人方式加工，降低废品率和产品成本，提高机床利用率。

（7）模块化珩磨设备，四级珩磨工艺，实现微观质量达到国际先进水平、使耐磨性更加优越，保证产品较低的机油耗。

2) 发动机缸盖柔性加工线

根据发动机缸盖加工的工艺流程（图5）与质量要求，发动机缸盖柔性加工线的设计理念如下：

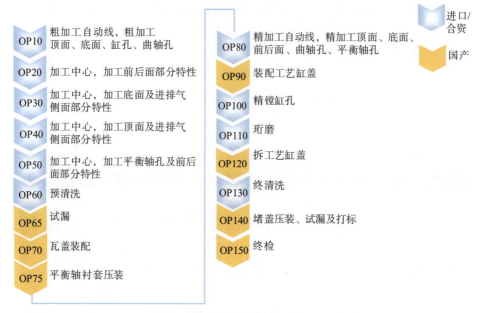

图4　发动机缸体加工的工艺流程

图5　发动机缸盖加工的工艺流程

（1）生产线采用双主轴加工中心，提升设备利用率和多品种的共线生产。

（2）RFID 记录完整加工信息，实现全过程生产信息存储及质量追溯。

（3）采用随行夹具定位实现柔性加工；统一了缸盖加工过程中各道工序的加工基准，避免了由于加工基准的转化导致的加工误差，提高了缸盖加工的整体精度。

（4）采用液氮冷却压装技术，将导管、阀座在液氮中冷却至 -180℃ 后压入，使零件与孔贴合的更紧密。

（5）世界领先的清洗设备，采用双过滤系统及 300 bar 高压清洗去除零件毛刺，保证清洁度。

（6）压装、清洗、涂胶、试漏工序采用机器人方式加工，降低废品率和产品成本，提高机床利用率。

（7）锁夹安装采用 100% 激光检测，防止零件错装。

3）发动机整机智能装配线

发动机整机智能装配线由一条环形总装线（冷试与装配共线，共用托盘）和缸盖分装线组成；大量采用拧紧机、模块化设计，提高柔性，满足两个平台发动机共线生产要求：

（1）装配线共计 100 多个工位（含 6 个预留工位），整线联动全部采用数控化的可编程控制器（PLC）控制，设备的在线质量信息全部通过 PLC 上传到 AMS 和 MES 系统。拧紧工作站全部采用可编程控制电动扳手或拧紧机，实现联动控制。

（2）采用冷试技术，极大提高效率，保证质量；并且降低投资成本，噪声低，非常环保。

（3）托盘装配 MOBY（载码体），实现全过程生产信息存储及质量追溯。

（4）手动工位独立钢结构布置，每个工位设置 HMI。

（5）双传感器监控自动拧紧轴。

（6）合适的自动化程度，考虑新发动机种类的模块化设计。

4）车间物流规划的原则

（1）订单拉动原则：

以订单拉动生产为原则，降低库存。

（2）运输距离最短原则：

零部件存储区域按照使用工位进行划分，便于理货。将使用频次高的零部件靠近物流出口摆放，配送路线最短。

(3) 包装容器具标准化:

标准小料箱(KLT)、标准大料箱(GLT)和托盘使用标准器具,专用料箱(SLT)按标准尺寸链制作;包装容量模数为 24。

(4) 物流先进先出原则:

采用滑移式料架的方式实现装配线边物料和外协件库超市区零部件的先进先出(FIFO),缸体、缸盖毛坯实施准时化(JIT)供应,缸体、缸盖成品至装配线同样实施准时化(JIT)拉动生产。

(5) 物流配送原则:

总装线外购件采用空箱拉动原则进行配送。

(6) 物流 IT 信息系统:

通过实施制造执行系统(MES)、物流执行系统(LES),物流信息在供应商、发动机厂、整车厂、物流公司之间共享,实现供应链物流协同管理。

车间布局及物流规划图如图 6 所示。

5) 虚拟制造仿真系统

虚拟制造仿真系统的引入对项目整体的实施有着非常积极的意义。在项目的初期规划阶段,我们使用虚拟仿真系统对装配线中的基础单元进行建模,根据不同的布局方案进行虚拟装配线的建立。以生产效率为重要衡量指标进行装配线的仿真运行来确定最终的装配线布局与物流逻辑;在设计阶段,利用三维建模检查工装、拖盘、关键设备等的干涉性及部分工位的通过性;在确定的布局基础上进行了托盘数量、缓冲区大小的方案分析。虚拟仿真系统的引入帮助缩短了项目的前期规划时间,并提高了规划的准确性。发动机智能装配线虚拟模型如图 7 所示。

4. 在线智能检测与质量追溯系统

1) 数据采集方式

(1) 需要数据采集的工位设置 RFID 读写装置;RFID 读写装置通过网络连接到工位的 PLC 控制系统中。拧紧数据通过拧紧机控制器上的以太网将数据接口传输到系统的服务器中,然后通过拧紧服务器的 SQL 数据库中读取拧紧的结果数据,统一做产品数据报表,报表方式为 excel 文件(.CSV),方便客户数据的导出。

(2) 在部件追溯的工位配置条码/二维码扫描装置,当工件进入工位后,由操作工扫描部件上条形码或二维码信息,然后通过和 RFID 读取到的产品总成号码进行绑定,通过以太网上传到 AMS 系统数据服务器中。

(3) 数据采集的软件功能为:

装配线上能采集到的工艺数据(拧紧、压装、试漏等);

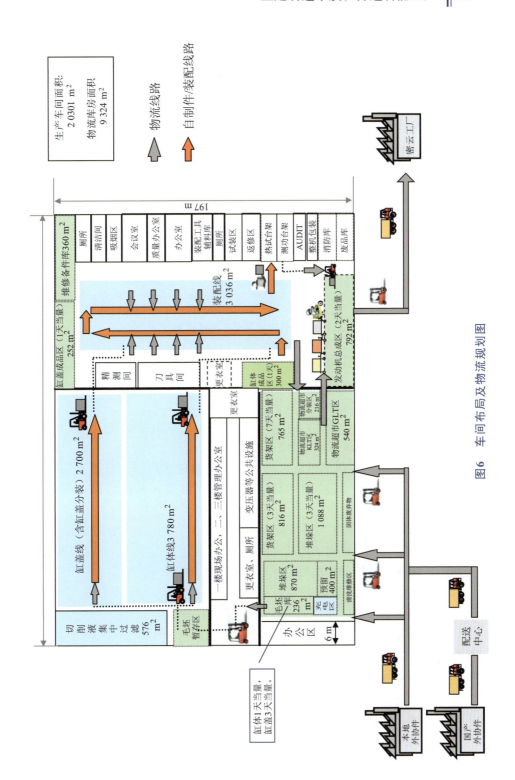

图6 车间布局及物流规划图

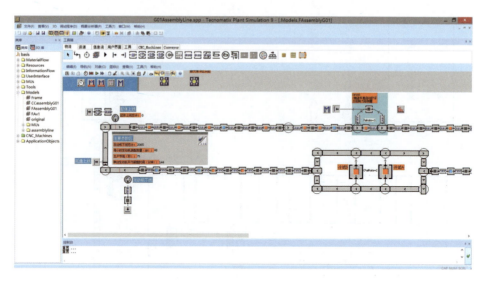

图 7　发动机智能装配线虚拟模型

采集数据的时间、日期；
采集数据的统计、查询、报表；
查询条件可以按照设备、产品号、时间周期；
数据导出方式为 excel 文件（.CSV）。

2）RFID 数据存储区域地址分配

RFID 存储信息内容至少包括：托盘号、发动机序列号、关键零部件序列号、装配时间日期、完成的操作、装配参数信息、返修信息、测试信息等。

数据存储的地址分配大致分为以下几个部分

（1）日期、时间及班次的地址分配。
（2）产品编号、零件批次号、序列号的地址分配。
（3）装配操作和区域的地址分配。
（4）装配参数信息（规定值/实际值）的地址分配。
（5）不合格信息文本的地址分配。
（6）手工、顺序、等待工位信息的地址分配。

RFID 数据存储地址分配见表 1。

表1 RFID 数据存储地址分配表

托盘号、工装板流转次数、型号、ID号、产品状态信息等
pallet No., transfer time of tooling plate, type, ID, product status

序号	信息描述 information description	数据类型 data	数据长度 <BOO	PLC地址 PLC address		Tag地址(十进制) decimal	读写权限 read and write	Remark	Remark	Read write access
				Tag读出 read TAG	写入Tag write TAG					
1	托盘号 pallet No.	INT	2	DBxx.DBW200	DBxx.DBW200	L#200	读取&写入 read & write			
2	工装板流转次数 transfer time of tooling plate	INT	2	DBxx.DBW202	DBxx.DBW202	L#202	读取&写入 read & write			
3	产品型号代码 code of product type	INT	2	DBxx.DBW204	DBxx.DBW204	L#204	读取&写入 read & write	产品型号代码需根据客户所生产产品类型进行定义,型号代码为自然数:1~N code of product type should...	Engine type ID:1~N	R
4	产品型号<条码中包含> product type (contained in barcode)	STRING	30	DBxx.DBB206	DBxx.DBB206	L#206	读取 read		Engine type	R
5	产品ID号(生产流水号) product ID (number of flow production)	STRING	30	DBxx.DBB236	DBxx.DBB236	L#236	读取 read		Engine serial number	R
6	产品状态<OK,NG> product status	STRING	4	DBxx.DBB266	DBxx.DBB266	L#266	读取&写入 read & write	产品是否合格标志,在装配线上任一工位出现装配或检测不合格时,在工位...	if the original is NG...	R,W
7	产品状态代码 code of product status	INT	2	DBxx.DBW270	DBxx.DBW270	L#270	读取&写入:工件到位读取产品	产品状态代码:1:合格,2:不合格上件到位,3:不合格不装配。Code...	R: 1:work.	R,W
8	产品状态标志位(预留) zone bit for product status (reserved)	INT	2	DBxx.DBW272	DBxx.DBW272	L#272	读取 read	产品是否按产品状态软件工件时把读取到十进制"49",即为字符"1"		
9	空托盘发行标志位 zone bit for releasing empty pallet	INT	2	DBxx.DBW274	DBxx.DBW274	L#274	读取 read	在上线工位,如果是空托盘在装配线上进行流转,此处写入十进制"49",即为字符"1"	49(decimal)(1 ascii):do not work,Let the pallet pass loading station, if empty...	R
10	返修后上线标志位 zone flag for loading after repair	INT	2	DBxx.DBW276	DBxx.DBW276	L#276	读取 read	返修后上线,此处写入十进制"49",即为字符"1" load after repair, write decimal system "49" in		
11	返修后入口标志位 zone flag for enter after repair	INT	2	DBxx.DBW278	DBxx.DBW278	L#278	读取 read	返修后需上线,在返修PC处入口工位号 after repair, write entrance station NO. in repair PC.		
	铭牌信息 nameplate information	STRING	30	DBxx.DBB280	DBxx.DBB280	L#280				
	托盘号 pallet No.	Char	1	DBxx.DBW280	DBxx.DBW280	L#310		千位 kilo bit		
	托盘号 pallet No.	Char	1	DBxx.DBW281	DBxx.DBW281	L#311		百位 hundred bit		
	托盘号 pallet No.	Char	1	DBxx.DBW282	DBxx.DBW282	L#312		十位 ten bit		
	托盘号 pallet No.	Char	1	DBxx.DBW283	DBxx.DBW283	L#313		个位 unit bit		
12	预留_开始地址 reserved_start address	BYTE	112			L#314				
13	预留_结束地址 reserved_completion address					L#399				
14	单工位状态<OK,NG> status of single station	STRING	4			"—"		参见工位状态TAG地址表 refer to station status TAG table		
15	预留_开始地址 reserved_start address	BYTE	130			"—"				
16	预留_结束地址					"—"				
17	单工位返修标志 repair flag for single station	DINT	4			"—"				
18	单工位返修标志-预留 repair flag for single station-reserved	DINT	4			"—"				
19	单工位返修标志ASSIC码格式 repair flag for single station-ASSIC code	CHAR	32			"—"		参见工位数据Tag地址表 refer to station data TAG address table		
20	单工位返修标志ASSIC码格式-预留 repair flag for single station-ASSIC code-reserved	CHAR	32			"—"				

4) 零部件追溯

在需要零部件追溯的工位设置 RFID 读写器、扫描枪、工位 PC。

零部件追溯分为精确追溯和批次追溯,精确追溯零部件具有唯一的识别码,总成发动机与精确追溯的零部件是一一对应关系;批次追溯没有单独的、唯一识别码,一个批次的零件将对应一个批次的总成发动机。

工件进入工位后,PLC 系统通过 RFID 自动获取产品号码,人工扫描零部件条形码或二维码与产品总成号绑定,绑定生成的数据通过以太网自动上传到数据采集系统数据服务器,零部件信息写入产品总成信息库中供后期追溯查询。

主要零部件追溯清单：

缸体、缸盖、曲轴、进气凸轮轴、排气凸轮轴、连杆、活塞、平衡轴。

零部件追溯界面如图 8 所示。

图 8　零部件追溯界面

5. 智能仓储与物流系统

智能仓储与物流系统由物流执行（LES）系统、立体仓库、物料托盘、物流小车等组成，如图 9 所示。

物流执行（LES）系统实现了发动机零件供应商与宝沃汽车的发动机生产同步进行，降低了原材料积压、呆滞状况，降低了本地供应商半成品或成品的库存量，节约了生产成本，减少了库存资金积压，提高了资金周转率，降低了因信息传递不畅而增加的管理成本等，提高了企业生产效率。物流执行（LES）系统要求实现物料出入库及库内盘点管理，生产性物料的协同采购、支持线边物料配送管理。

物流执行系统（LES）主要包含入厂协同、仓储管理、物料拉动、器具管理、基础数据维护五大主要模块，厂内物流：支持面向生产线的多种物料拉动方式、精确的库存管理，满足未来柔性化、大规模定制生产的物流需求；

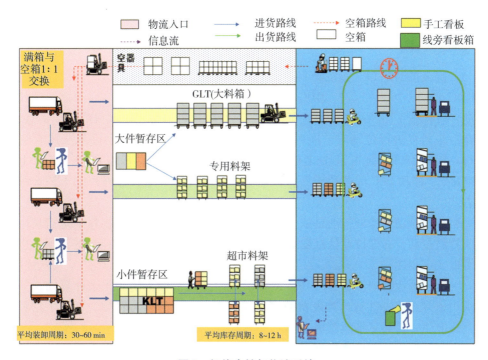

图 9 智能仓储与物流系统

入厂物流：支持从采购订单到集货入厂的各环节无缝对接，实现供应商、运输商与主机厂信息化协同。

1）入厂协同

通过触发收货道口的忙闲状态开关，将收货道口的忙闲状态通过 PDA 显示到门卫屏幕上，引导停车区内及厂外物流车辆及时发车，并将车辆到达/离开时间纳入车辆时间窗口管理报表中。

2）仓储管理

收发货：库存管理、预警管理、盘点管理、断点管理、可疑物料管理、退货管理、报表管理、翻包管理、上线管理、库存转移管理、移库。

3）拉动配送

层级拉动是 LES 系统物料拉动的核心理念。LES 支持线边库向供应商或 RDC（区域中心）库房，RDC（区域中心）库房向供应商等多层级之间的拉动，可根据不同的拉动需求进行配置。层级拉动可以基于所取得的消耗信息，在一级消耗进行拉动时，同时进行其他层级物料的补充，也可基于库存进行。同时 LES 系统可以通过工厂局域网将电子拉动信息传输到 PDA（掌上电脑）、移动 PLC 等智能设备，同时支持 DPS（每日生产排程）电子拣选等方式。

计划拉动：计划拉动是依据 ERP 排产计划，根据不同的物料配送需求生成物料拉动，并把拉动信息发送给供应商或 RDC 库房，作为补料的依据，也可以人工创建。

电子看板拉动：该方式是依据车辆在生产线工位上的变化来计算物料需求。该方式通过自动计算逻辑的实现，节省了大量的人力资源、缩短了物料上线时间，提高了物流效率。

时间窗口拉动：该拉动模式是统计车辆在时间窗口内过点消耗，以此产生拉动的方式，根据设定好的时间窗口传达补充物料需求信息。

排序拉动：及时供货，简单地说就是 JIS 及时供货的一种特殊而极端的状态，就是按照柔性生产的要求，供应商将零部件排序好"及时"送到线旁，JIS 改变以往"批量生产、顺序供货"的模式为"顺序生产、顺序供货"。

电子按灯拉动：按灯拉动是一种物料拉动无线任务调度方式，主要目的是解决工厂生产车间内部的物料运输的任务调度问题，其工作模式是线旁操作工触发无线按钮来对线旁物料进行拉动，铲车操作工则根据无线终端上接收的交互拉动信息执行送料、补料操作。

4）器具管理

支持包装器具的基本信息管理、维修过程、存储位置跟踪、器具状态等。

支持基于 RDC 库区、空箱存储区、订单发布部门、供应商等信息进行包装器具查看。器具流转流程如图 10 所示。

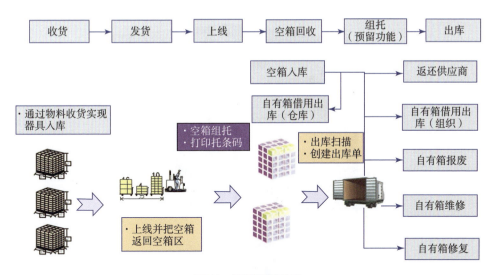

图 10　器具流转流程

（二）智能制造核心技术装备应用

1. 数控加工中心和桁架机械手的应用

缸体、缸盖生产线全部采用国际一流公司生产的加工中心连线，柔性程度非常高，并且采用了复线布置方式，使缸盖的生产效率大大提高。结合滚道、桁架机械手（图11）、横向可转位机械手、抬起步伐等设备。加工中心为满足高精度、高质量标准要求的五轴高速高精度双主轴加工中心，如图12所示。

图 11　桁架机械手

图 12　五轴高速高精度双主轴加工中心

上述提及的用于制造发动机缸体和缸盖的生产线，代表了当今先进的技术水平。它具体体现了以下技术：

（1）柔性制造技术：采用 CNC 机床和自动化技术，柔性制造系统，设备采用模块化设计，能同时生产多个结构不同的产品。

（2）高速加工技术：应用高速加工中心机床及高速刀具技术等大幅提高切削效率，主要涉及信息技术、自动化技术、经营管理技术及系统工程技术。

（3）高速高效刀具技术：主要表现在使用了高性能材料的刀具，实现高速切削。

（4）珩磨新技术：如发动机缸体模块化珩磨、柔性夹具，珩磨头自动更换等。

2. 智能机器人的应用

在发动机缸体/缸盖加工线的上下料、清洗，以及发动机装配线的压装、封堵、涂胶、拧紧等工序广泛采用智能机器人，降低劳动强度，提高生产效率，提高质量控制水平和产品一致性。

1）清洗设备

缸体和缸盖加工线的清洗机设备（图 13）采用机器人方案，具有足够的柔性，满足不同规格缸体、缸盖共线生产要求。

2）装配线机器人翻转

装配线翻转操作机器人如图 14 所示。

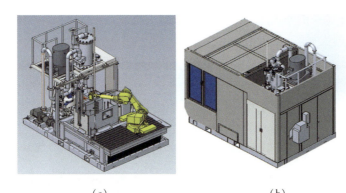

（a） （b）

图 13　发动机缸体/缸盖加工线的清洗机设备

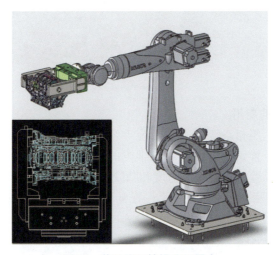

图 14　装配线翻转操作机器人

3）装配线—机器人涂胶

涂胶操作机器人如图 15 所示。

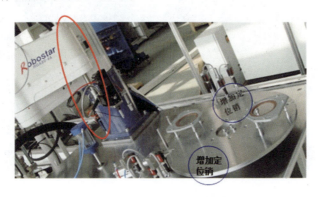

图 15　涂胶操作机器人

4）装配线—机器人压装

压装机器人如图16所示。

图16　压装机器人

3. 视觉系统的应用

设备由机体、照相系统和控制系统等组成；在装配过程中配置了工业照相机，实现工件位置识别防错以及二维码的读取，同时还在涂胶工位配置了工业照相机，用以检测控制胶线宽度和断胶等异常。

COGNEX照相系统如图17所示；视觉识别二维码如图18所示。视觉识别的零部件扫描码如图19所示。

图17　COGNEX照相系统

图 18　视觉识别二维码

图 19　视觉识别的零部件扫描码

4. 数控拧紧设备的应用

设备由机体和控制信息部分组成；其中设备由机体、举升定位装置、升降移位系统、伺服拧紧系统等组成；其中控制系统主要采用工业 PLC、工业触摸屏、工业计算机、伺服系统、无线射频系统和一些其他的控制装置等组成，主要完成根据工艺需要自动判断、自动拧紧产品上的螺栓等；所有最终力矩须使用电动拧紧轴和电动扳手拧紧，精度为力矩 +/-3%，角度 +/-1°，拧紧轴和扳手选择 Cooper Power Tools（库柏）。拧紧过程中，拧紧设备的内部系统进行自检，其中包括测量数据接收器的零点监控和增幅监控，以及对传感器线路破损的自动识别。自检程序还应该能够动态监检测传感器功能和拧紧枪头的机械传动功能是否正常。

拧紧设备的控制由工位台控制系统通过的现场总线实现，下列信息由拧紧设备的控制程序传输到工位控制系统中：

(1) 操作合格/不合格；

(2) 拧紧扭矩过高；

(3) 拧紧扭矩过低；

(4) 拧紧转角过大；

(5) 拧紧转角过小；

(6) 理论值；

(7) 实际值；

(8) 组别；

(9) 整组操作合格；

(10) 整组操作不合格；

(11) 操作工序是否完毕；

(12) 设备是否处于正常待机状态；

(13) 当前拧紧值（适用于有多个拧紧步骤的中间节点）；

(14) 对于选择的产品或程序的确认提示。

5. 防错装置的应用

为保证零部件防止错装漏装及装配质量控制，发动机整机智能装配线采用的防错技术如下：

全线防错：主轴承盖螺栓、连杆盖螺栓、缸盖螺栓、油底壳螺栓、凸轮轴盖螺栓、曲轴皮带轮螺栓、飞轮螺栓均采用拧紧机拧紧，具备拧紧位置、角度、扭矩监控及计数功能，有效防止拧紧不合格及漏拧。

所有关键零件螺栓拧紧均采用电动工具拧紧，具备角度、扭矩监控及计数功能，有效防止拧紧不合格及漏拧。

密封测试 3 处，分别为短发密封检测、长发密封检测及气门密封检测。

所有涂胶均带断胶检测功能。

另外，为保证产品质量控制的全面性，在部分手动工位采用计数和智能料架的方式进行装配过程的漏、错装预防控制等。

1）手动工位（配电动扳手、信号输出功能的气动扳手）

在部分手动工位为保证电动扳手所拧紧螺栓和装配线互锁关系，在每把电动扳手上具有 OK 和 NOK 两个继电器输出 I/O，然后将该信号和区域控制 PLC 进行有机的结合。当拧紧扳手拧紧结束后发出 OK 信号时，该手动工位方可放行；当拧紧扳手拧紧结束后发出 NOK 信号时，该手动工位将停在该工位处，等待操作工进行合理的处理，如果处理后没有合格，操作工强行将 NOK 的托盘及产品放行到返修区。

2）手动工位/半自动工位（配智能料架）

在一些工位，为了保证不同机型的不同零部件的准确拣选，在这些工位配置了智能料架，如图20所示；将智能料架和工位的信号连接在一起，当托盘和产品移到该工位时，首先通过该智能料架的RFID读写装置读取该产品的机型和分组信息，然后通过该智能料架的PLC将检测到的产品的机型号传递给智能料架，然后智能料架（采用按钮指示灯的方式）将用指示灯显示指导操作工所拿取的零部件；如果操作工拿取了指示灯指示料道中的零部件，然后按下所取料道的按钮指示灯时，该料道指示灯熄灭，否则该智能料架将以声光的形式发出报警，提示操作者拿取错误；操作工返回按下复位按钮，进行报警复位。

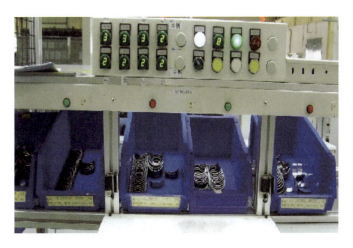

图20　发动机装配线智能料架

6. 射频识别系统（RFID）的应用

为保证发动机装配过程中的数据和装配状态的可靠收集，在装配过程通过采用RFID射频识别系统（图21），完成产品的传输，并配合托盘上的数据载体（TAG）进行准确的机型读取，将数据和发动机识别号一一对应起来。

图21　射频识别系统

射频识别系统参数如下：

（1）无线读写 SIEMENS：RF300 或 BALLUFF BIS；

（2）读写头（RF340R）防护等级 IP65、ID 码体（RF350T）防护等级 IP67/IP68；

（3）读写距离不小于 70 mm；

（4）连接方式（RF300）IP67：Profibus - DP&RS422；

（5）接口模块具有 DIP 开关；

（6）容量不小于 8 k。

7. 功能安全装备

在自动和半自动设备上采用双手按钮、安全光栅、安全门锁等开关信号，再用 PLC 对这些信号进行逻辑控制，有效保障操作者的安全。停电再上电的设备处理方式，根据不同的设备类型划分如下（仅作为参考）：

（1）翻转机、压机、转台（电机式）和线体的分合流逻辑控制等，采用再上电继续运行的方式。

（2）托盘升降台采用中封式三位五通电磁阀保证突然掉电、急停等情况下的设备和操作人的安全。

（3）涂胶机、打刻机等采用设备定位不动，设备的移动部分回到设备原点，然后再回到设备的工作原点，人工处理工件后重新再从头开始工作。

（4）拧紧设备等，采用设备定位不动，设备的移动部分回到工作的原点，将所有已拧紧的螺栓全部旋松，然后再重新按照工艺逐个拧紧。

（5）气密试漏机等，若设备为全自动方式，当断电后所有的封堵头都将退回到工作原点，重新上电后再重新进行封堵和测试。若设备为手动封堵，自动测试则采用封堵不动，重新上电继续测试。

（6）回转力矩及轴向间隙测量设备，此设备为全自动设备，回转力矩和轴向间隙在测量过程中断电再上电采用定位不动，重新测量的方式。

8. 泄漏测试装备

发动机总成泄漏测试如图 22 所示；多通道泄漏测试仪如图 23 所示。

多通道试漏仪显示界面，可同时进行并显示 4 组不同的泄漏检测：

冷却水系泄漏检测；

润滑油系泄漏检测；

冷却水系和润滑油系之间的内漏检测；

曲轴油封泄漏检测。

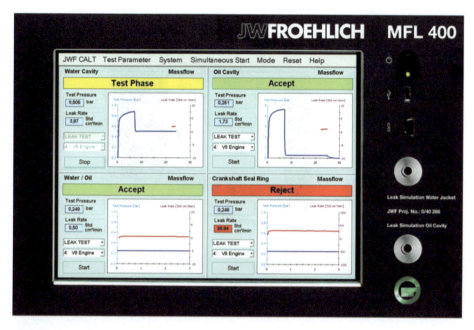

技术参数
- Windows 操作界面
- 15″触屏显示器，可连接键盘和鼠标
- 在线显示测试过程
- 内装操作说明和帮助菜单
- 强大的数据存储能力：
  - 可存储 100 000 组测试结果；
  - 可存储 5 000 条测试曲线。
- 具有测试结果统计分析功能：
  - 趋势分析、平均值、标准偏差；
  - 质量控制板；
  - 正态分布图。
- 可扩展多通道：最多 12 个通道
- 每个通道可存储 32 组测试程序
- 电气及数据接口：
  - 前面板：1 个串行接口；
          1 个 USB 接口。
  - 后面板：1 个 Profibus 接口
          可选配：继电器输入/输出控制接口，
          最多 30 个输入/18 个输出，24V DC，
          1 个以太网接口
- 通过串行接口在线连接 JWF 泄漏标定仪，
  自动采集泄漏标定仪测量的泄漏率
- 测试压力设置可编程
- 可接出式结构，便于操作维护
- 自动自检功能
- 带锁式前门
- 19″－7HE 金属机箱，防护等级 IP54
- 外形尺寸：575 mm×415 mm×500 mm（宽×高×深）
- 质量：42 kg
- 电源：24V DC，5 A
- 气源：压缩空气
  - 高于充气压力 1.0 bar，
  - 不含油、水（根据 DIN ISO 8573 等级 3 标准）

选项
- 气动三联件（包括调压、过滤及压力调节器和压力表）
- 用于连接 110/220 V AC，50/60 Hz 的电源模块
- 温度补偿单元
- 显示语言转换
- 远程服务（远程通信）
- JWF QAT 40 软件；以 Q－DAS ASCII 码形式输出测试结果
- 可编程夹具控制功能

图 22　发动机总成泄漏测试

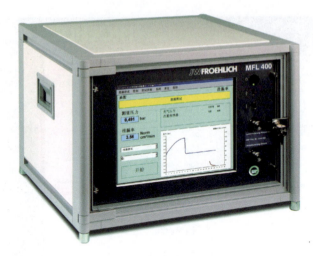

图 23 多通道泄漏测试仪

9. 发动机冷试设备

发动机冷试设备安装在发动机整机装配线的末端,检测发动机制造和装配质量,同时在线收集所有检测数据并进行离线分析,辅助进行产品质量控制。来自主装配线的发动机,在测试站主电控柜内 PLC 的控制下,被自动输送到测试台,所有的夹紧装置、驱动主轴、测试机构和发动机自动对接,测试站主电控柜内 PLC 接收来自测试计算机的命令,控制测试台相应机械的动作,自动完成发动机的测试过程。测试合格的发动机将输送用于继续装配,不合格发动机将输送到返修区域。自动测试过程后的测试结果包括故障代码被传送到数据服务器,在返修区域内的故障信息可被数据服务器调用。

发动机冷试设备实景如图 24 所示。

图 24 发动机冷试设备实景

发动机测试模块提供自动测试和手动测试功能。自动测试过程由测试软件按照预先配置的测试计划，自动进行转速控制、机油测试电磁阀的开关、数据采集、数据处理、数据保存、发动机合格与否的判别等；手动测试过程由操作工选择测试项目，并对测试项目的各种参数进行配置。所有测试过程提供日志记录，便于出现故障时候进行分析和调试。

10. 发动机热试设备

发动机热式设备针对 Audit 试验台架频繁拆卸的特点，采用了快换小车，提供了结果后处理、发动机电控系统故障诊断和整车测试模拟等功能；台架在采用模块化设计的同时，提供了灵活的自定义开发平台。发动机热试线实景如图 25 所示。

图 25　发动机热试线实景

（1）设备规划：选用高精度温度、湿度环境控制设备和油耗、温度、排放等测试设备。

（2）质量控制：进行 Audit 抽检，对发动机性能、油耗、排放等参数进行最终评价，同时对冷试结果进行复核。

（3）从通排风温度、湿度、燃油温度、压力、冷却水温度等方面，对测试条件进行精确控制。

（4）选用德国、奥地利高精度测试设备，保证测量精度。

11. 高自动化立体刀具库

刀具间使用高自动化的立体仓库，可以实现全自动存储和取料，大大提升了存取效率，同时大大节省了刀具间的面积。刀具间立体库如图 26 所示。

图 26　刀具间立体库

（三）设备智能检测与维护系统

引用设备管理系统，实现物资管理、设备状态、故障识别、维护维修、备件管理全过程的智能监控，如图 27 所示。

（四）智能工厂管控一体化系统的集成与协同

发动机智能工厂管控一体化信息系统的架构总体分为三个层级，业务层、执行层和设备层，如图 28 所示。业务层由负责研发以及产品数据管理的 PLM 平台、企业资源管理平台 ERP、全面质量管理平台 QCTS，覆盖企业产品研发、制造、质量管理、供应链管理、运维服务的全价值流程。执行层由制造执行系统 MES、物流执行系统 LES，其中 MES 系统负责生产执行过程的管理控制与状态监控，MES 系统的建设将生产制造过程的制造要素联网，LES 将物流资源联网，通过实体物流作业将离散制造单元在现实中联网，并最终实现全面集成管理与运行的数字化工厂。设备层主要是指智能工厂中的智能设备与智能生产线，同时还包括具有感知能力的智能传感设备与控制设备，通过设备层实现发动机智能工厂制造过程的智能化。

发动机智能工厂管控一体化系统的重点在于打通设备层 PLC 到生产管理层 MES 上下游数据交互，建立起发动机关键零件生产及整机装配的检测结果数据档案，为生产过程追溯打下基础。实际上，它包括了 MES/ERP/PLM 这三大系统之间流程和数据的无缝集成。

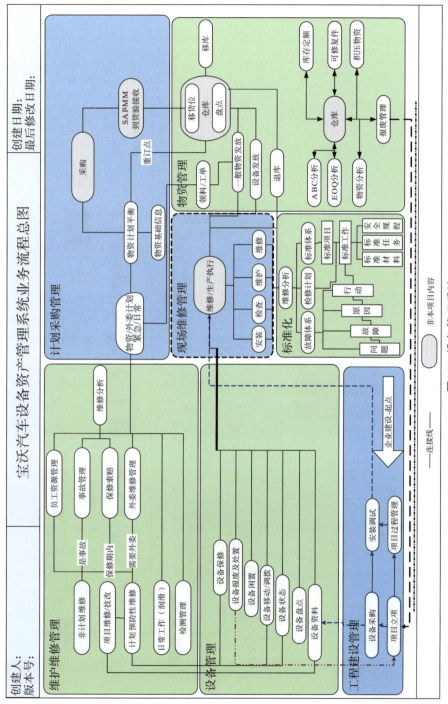

图27 设备管理系统

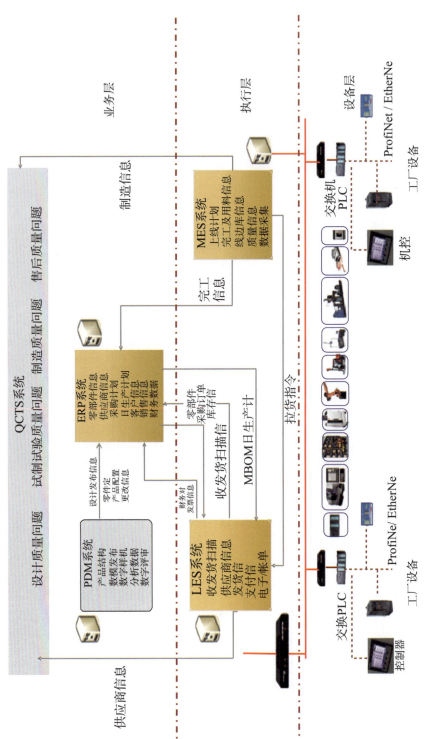

图28 智能工厂管控一体化系统功能架构图

通过 MES 系统实现生产过程透明化、可视化、规范化，通过对生产派工、报工实时数据的统计分析，给相关管理层提供翔实、直观、有效的图表数据资料，使得生产过程更加合理、高效。MES 与 ERP 两个系统的集成数据是双向传递的，ERP 系统传递给 MES 的数据包括工单信息、工单工序、工单变更、工单组件和工单资源，MES 系统反馈给 ERP 的数据为工序移动汇总信息。

1. 企业资源管理（ERP）系统

公司采用 SAP/R3 系统为基础，实现统一的基于 OTD 流程的销售订单管理、生产计划排产、物料需求计划、物料采购及结算管理、刀具管理等，支撑了全公司的主要核心业务，并不断适合公司的战略发展需要。在宝沃汽车公司将先进的管理理念融合在系统设计之中，真正实现企业的现代化管理，系统强大的财务管理和成本监控功能可以实现实时的资金应用和成本报告，可以准确无误地随时了解企业生产、销售、采购、库存等各部门的运营情况，对市场的变化及时采取措施，通过 ERP 系统的实施和应用，企业内部的信息沟通大大加强，企业经营目标更加明确，员工参与感明显提高，人员素质和团结精神得到发扬，建立起健康向上的企业文化，形成以 ERP/SAP 系统为平台的企业管理体系。

2. 制造执行管理（MES）系统

制造执行管理（MES）系统实现了根据各生产线的现状对生产计划进行合理的安排，调控各车间的生产任务，为有效利用各种资源保证生产提供有力的支持。通过 MES 系统采集的生产数据，与公司的 SAP、LES 系统实现了准确的对接，大幅减少了物流库存成本，均衡分配了各生产线的产能，缩短了产品交付时间，降低了单车生产成本。

发动机智能工厂对制造执行管理（MES）系统的要求需要实现生产计划排程、关键件质量追溯、生产缺陷录入、生产数据采集等。

根据装配线对生产信息化管理的需求，以装配线数据采集的工艺流程为依据，宝沃汽车公司基于原先的制造执行管理（MES）系统，进行设计开发了发动机装配管理控制系统；该套系统的控制对象主要包括装配线及其相关的设备等；并在关键工位进行数据的收集，如打刻机、回转力矩测量机、密封试漏测试机、拧紧机等设备。另外为了满足发动机产品的主要部件可追溯性，在该系统中配置了零部件追溯系统。

该系统不仅能够满足于解决整个发动机装配生产过程中具体涉及的各种生产控制要求，而且和国际国内最新的自动化控制技术和信息控制技术相结合，使整个系统既满足了生产装配的要求，同时也具有很强的柔性便于扩展。发动机装配管理控制系统数据关系图如图 29 所示。

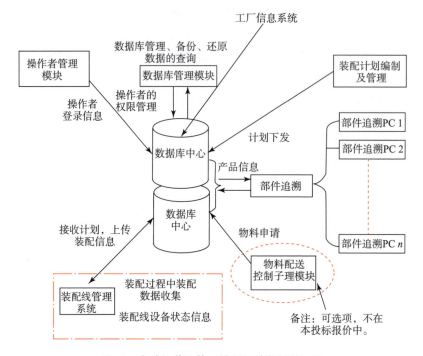

图29 发动机装配管理控制系统数据关系图

发动机装配管理控制系统的功能有：

1）用户管理

为增强系统操作安全性，采用用户分级权限管理，用户不能超越授予的权限进行操作；系统具有用户登录身份信息记录功能。系统用户的操作权限分三种级别：超级管理员、一般管理员、操作员工。超级管理员能进行软件配置的设置，如系统代码的添加、删除；能在系统中添加一般管理员和操作员工及对应的操作权限。一般管理员能进行生产计划编制、修改。操作员工为线上一般装配工人。操作员工的生产管理功能：通过工位配置的考勤卡系统，记录每个工位操作员工的登录信息，统计员工 ID 号和完成数量、登入、登出时间等。

2）装配计划管理

根据当前生产计划编制装配计划（或接收生产计划）：装配计划编制，能根据当前生产情况编制生产装配计划或接收工厂系统的装配计划（计划导入形式采用 Excel 文件格式）。装配计划下发：发动机总成装配计划下达给各上线点 PC，由上线 PC 对将要上线的产品进行比对上线，如图 30 所示。

3）产品信息管理

实现发动机装配数据采集、保存、查询。装配工艺数据有拧紧类数据、

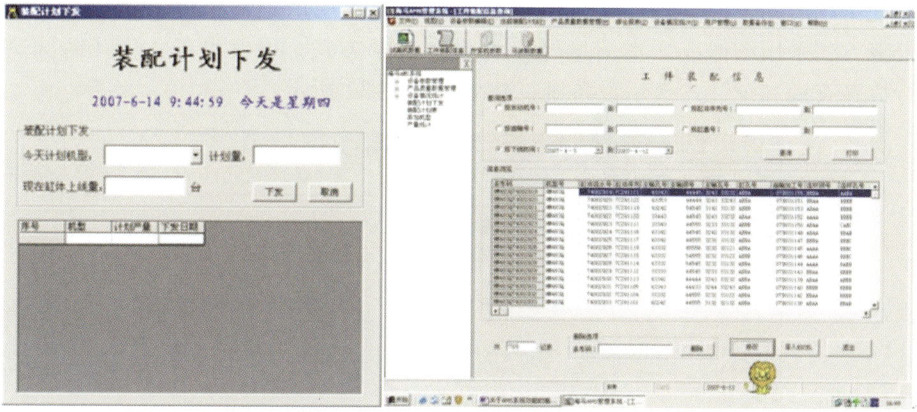

图 30 装配计划下发

测试类数据、试漏类数据。发动机下线能进行发动机随车数据（报表）的打印、查询，显示装配线已下线发动机型号、发动机数量。根据产品机型号，按日、周、月、年统计发动机的生产总数、合格数、不合格数，并且根据上线、返修及下线产品的计数统计进行 JPH 的计算。通过发动机产品编号查询出该产品的装配工艺数据、零部件号，并可以将发动机的整机数据或分类数据以 Excel 表格形式导出，如图 31 所示。

图 31 数据以 Execl 表格形式导出

4）设备生产监控

对整个装配流水线的生产装配过程中的设备、操作动作及电控元件的工作运行状态等进行监控，保证实时监控装配线上各设备的运行状态，实时显示现场出现的各种电控设备的故障及报警,根据生产过程报警等级化。故障报警方式采用图像或文本信息(一种或多种)方式,可按设备、生产时间进行故障查询和统计,提示设备维护建议,如图32所示。

图32　设备故障统计

5)物料仓库送料管理

根据当日装配生产计划提示物料仓库当日配送物料的清单列表,按规定的配送规则指定每批物料的配送时间。时间指定方式有系统自动产生和人工确认两种方式。实时向物料仓库提示现场装配工位的缺料清单和错误配送物料清单,装配工位缺料和配送错误由现场操作员工手动输入零部件号及缺料零件数量。系统能根据招标方物料配送规则,产生工位缺料零件配送清单。

6)零部件追溯

在有零部件追溯要求的工位采用PC和条形码扫描仪(产品信息以条形码为例)对零部件进行追溯,工位具有暂存产品信息的功能数据库,能对已装配的产品进行查询浏览(该工位的信息);也可以将数据放置在管理PC上进行数据库管理;可以对已装零部件按厂家进行查询,也可以按厂家的批次或具体的型号(根据甲方提供的具体的信息要求待定)进行查询、报表、打印等。在零部件追溯工位能通过扫描仪自动输入零件号和部件号,同时也能手动输入零件号和部件号。发动机总成返修需要有返修标识功能,通过返修标识可以查询该总成的具体返修内容。其中,发动机返修更换了新缸体,打刻机还打刻原先的缸体号(人工进行打刻)。

7)发动机返修管理

总装线自动工位(配有RFID读写头的工位)在装配和测试过程中发现

发动机不合格时，会将不合格的信息（在哪个工位发现的不合格项目）写入托盘 Tag，同时设备发出报警信号提示操作者进行干预。操作者检查后如要将发动机放行到返修出口下线返修，通过工位触摸屏确认该工位装配不合格，将不合格信息传给 PLC 写入托盘 TAG 中，该发动机托盘停止装配，直至返修后重新上线开始装配。在返修区配置工控 PC、RFID 读写头，当托盘和不合格产品进到返修工位后读取发动机装配状态信息，PC 上自动显示该发动机在装配和测试过程中的不合格信息，提示操作者对该发动机进行返修；返修完成后，操作者检查的不合格内容及返修结果（返修内容和返修后是否合格）由操作者手动录入，同时并将返修的结果重新通过 RFID 写入托盘 TAG，发动机重新上线开始装配。

8）ANDON 与设备管理模块

提供生产信息的可视化显示，操作工通过安装在各工位的 ANDON 呼叫按钮来实现呼叫帮助请求，系统能实时并准确的通过 LCD 显示屏，显示出当前停线的工位及类型，通过这些显示迅速做出反应，ANDON 系统与 MES 系统无缝对接，实时数据传递，同时 ANDON 系统与设备通信，实时监控。ANDON 系统后台提供生产计划（只支持查询）、作息时间、车间、工段、工位等基础信息的灵活配置管理。

9）LED 信息显示

LED 大屏幕实时显示生产信息。显示内容包括如下：

（1）当前装配机型。

（2）班、日、月的累计装机数、计划产量、实际产量与计划产量的差数等。

（3）时钟、通知类。

（4）设备运行信息：可显示某工位循环超时、工位报警、请求信号；生产信息数据显示能即时刷新。

（5）总装生产线 LED 显示信息还包含：

①生产线名称（包含生产线英文和中文名称）。

②系统时间（TIME）：当前系统时间。

③生产节拍（JPH）：动态计算该条生产线的每生产一台发动机的时间。

④发动机类型（MODLE）：数据来源于条码追踪管理系统的当天所有计划、所有发动机型号（包含发动机类型和排量信息）。

⑤完成数量（COMP）：数据来源于各条生产线下线信息采集点的完工统计。

（6）LED 缺料或设备故障显示。

①工位：发生缺料或设备故障的工位号。

②原因：缺料或设备故障的原因。

③发生时间：发生缺料或设备故障工人按下报警按钮的时间。

④解决问题时间：缺料或设备故障问题解决，工人取消报警按钮的时间。

⑤当该条生产线某一工位发生缺料或设备故障的时候，工人起动工位缺料或设备故障报警按钮，该条生产线 LED 显示报警信息，同时显示报警时间。

四、技术指标、经济效益及社会效益

1. 项目关键技术指标

本项目通过智能制造使能技术，对生产计划、采购与仓储物流、制造执行、过程质量、设备维护、售后服务等过程进行集成式数字化智能管理，并通过智能制造数字化运营平台建立高效决策机制，整体技术处于国际先进水平；通过智能制造实现产品的高度柔性生产，处于国际顶尖水平。

（1）关键工位数控化率：机加工车间设备 79 台，其中自动设备 63 台，自动化率约 80%；装配车间工位 101 个，其中自动化工位 30 个，自动化率约 30%；机加工、装配、测试共 22 个关键工位，全部数控化，数控化率为 100%。

（2）生产效率：生产线开动率机加线为 90% 以上，装配线 95% 以上，行业内的开动率标准分别为 80% 和 85%。

（3）绿色制造资源影响度：

绿色制造资源环境影响度 $C = (C_1 + C_2 + C_3)/3 \times 100\%$

C_1 = 单位产品综合能耗/行业基准值；

C_2 = 单位产品取水量/行业基准值；

C_3 = 单位产品污染物产生量/行业基准值。

《北京市工业能耗水耗指导指标》（第一批）汽车制造生产运行企业降低消耗指标的产值能耗为 0.03 吨标煤/万元，产值水耗为 0.990 m^3/万元，依据此计算 C_1、C_2；依据北京市地方标准 DB 11/501—2017，计算 C_3。

$$C = (C_1 + C_2 + C_3)/3 \times 100\% = (0.998 + 0.181\ 2 + 0.129\ 2)/3 \times 100\%$$
$$= 43.61\%$$

$C_1 = 0.029\ 94/0.03 = 0.998$

$C_2 = 0.179\ 4/0.99 = 0.1812$

$C_3 = 6.908/53.453 = 0.1292$

（6）车间无纸化率：

生产计划通过 MES 系统下发，标准操作卡和工艺文件存储在 HMI 中，100% 实现无纸化。

2. 社会效益

本项目在数字化车间及智能制造领域的成功实践，已成为汽车零部件行业高质量、高效率、高柔性智能制造新模式应用的典范，正在行业中得到推广，在较大程度上带动了我国汽车产业结构的优化升级，更将为制造产业转型升级、推进新旧动能转换、构建高精尖经济结构做出突出贡献。

加快成果辐射和推广，带动汽车工业的技术进步。通过本项目成果在汽车行业的辐射和推广，构筑智能制造实践基地，加快推进汽车产业创新和信息化、智能化技术融合发展，推动我国制造工程系统相关工业技术的技术进步，积极融入全球汽车产业格局和生态体系的重塑和变化中。

VC 虚拟调试——汽车行业中的 VR

上海德梅柯汽车装备制造有限公司　丁裕冬

一、引言

1. 背景

汽车工业经过 100 多年的发展，已成为世界上规模庞大和重要的产业之一。从地域分布上看，全球汽车生产基地主要集中于亚太、欧洲和北美。伴随着我国成为世界汽车产销第一的进程，三大汽车生产基地的格局也逐步被改变，目前中国已成为全球汽车主要的生产基地。

中国消费者日渐成熟，对于汽车质量的要求也在提高，同时伴随着我国劳动力成本快速上涨，与一些发展中国家相比，我国的劳动力成本方面的优势慢慢弱化。东南亚一些国家的劳动力成本与我国的差不多，有的甚至更低。因此，工业领域"机器换人"现象普遍，汽车行业更是领先一步。

汽车行业是工业机器人传统需求的最大市场，特别是高端的六轴工业机器人。2016 年汽车行业整体销量 2 802 万辆，同比增长 13.65%，其中国内制造的汽车销量约 2 775 万辆，同比增长 13.75%；带动汽车公司固定资产投资 1.2 万亿元，同比增长 4.5%。2017 年，汽车工业仍然是工业机器人市场的主要需求市场，特别是高端的六轴多关节机器人。

自 2013 年以来，中国已成为全球最大的机器人消费国。2014 年消费 5.6 万台机器人，同比增长超 55%，占全球总消费量的 1/4，相较于 2006 年的 5 800 台，猛增近 10 倍。2015 年，中国工业机器人销售量为 6.85 万台，同比增长 19.9%，2017 年我国工业机器人市场规模突破 8 万台。

虽然，我们最近一直在谈"工业 4.0"，但是目前中国大多数的制造型企业还在向"工业 3.0"的目标前进。

因此，机器人以及自动化生产线的 PLC 调试工作，面临巨大的缺口，是产业升级换代的阻碍之一。

2. 简介

传统汽车生产过程分为冲压、焊装、涂装和总装四大工艺过程，上海德

VC 虚拟调试——汽车行业中的 VR

梅柯汽车装备制造有限公司（以下简称"德梅柯"）在 2003 年成立后一直将重点放在围绕机器人应用最多的焊装车间开展业务，是一家国家高新技术企业，提供汽车智能装备产品开发及设备制造、集成总包等工程技术服务。在智能装备服务领域还涉及机器人柔性集成研发、自动化系统集成、智能输送装备系统，并且在 2017 年 12 月德梅柯成功入选工信部第一批智能制造系统解决方案供应商推荐目录。

VR 是 Virtual Reality 的缩写，中文的意思是虚拟现实，这个概念其实早在 20 世纪 80 年代初就已经有人提出来了，但是直到最近几年相关技术应用和开发的相关产品才陆续推出，其具体是指借助计算机技术开发的一种崭新的人机交互手段。本文中介绍的主要内容是如何运用虚拟调试技术来提高调试质量，加快调试速度，降低调试成本以及降低调试现场工作人员的工作强度。

我们的业务中有新制白车身生产线，也有改造生产线。改造生产线的业务，难度非常大，因为客户往往只会给 7~10 天时间来完成新车型的导入以及旧车型的复线工作。一旦改造过程中遇到一些突发状况，如 PLC 程序出错，导致夹具和抓手相撞，或者机器人和钢结构立柱相撞等情况，由于调试时间有限，现场调试人员工作压力会非常大。

如果我们不能按时将生产线改造完毕，不能及时交付给客户，将会给客户带来巨大的损失。按照表 1 的计算，即使只有 1 天延迟，也将给客户造成 1.2 亿元的营业额损失。反之，如果我们可以提前 1 天把生产线交付给客户，这将意味着我们将为客户创造额外的 1.2 亿元营业额。

表 1 营业额损失

一天的工作班次/班	每班工作时间/h	每小时的产量/JPH	每辆车的售价/万元	一天损失的营业额
2	10	60	10	$2 \times 10 \times 60 \times 10 = 12\,000$（万元）= 1.2（亿元）

所以我们所期望的理想调试场景是，工厂生产线设备能够按照预设的动作节拍实现，现实与我们设计的虚拟场景高度吻合，项目的时间节点能够准确把握，现场调试团队自信轻松、按部就班完成工作内容，按时把生产线交付给客户，甚至是提前交付给客户，如图 1 所示。

图 1 调试场景对比

3. 技术方案

虚拟调试较传统调试方式有着较大的区别，在虚拟调试阶段能够预先发现设计问题并可得到解决，在降低成本、缩短现场调试时间上都有较大的优势。

传统调试方式：电气部门输出的 PLC 程序、机器人仿真部门输出的机器人离线程序、机械设计部门输出的焊装夹具，三者只有等实物到了现场、完成机械组装之后才能开始联调，因此，现场调试的时间是非常漫长和耗费精力的，而且很多问题只有在这个联调阶段才能暴露出来，如图 2 所示。

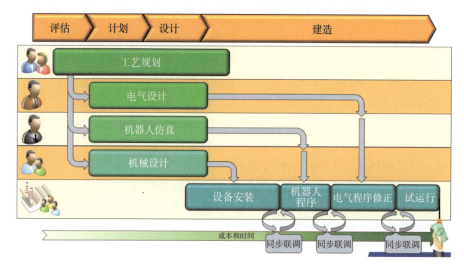

图 2 传统调试方式

虚拟调试方式：如图 3 所示，电气部门输出的 PLC 程序和机器人仿真部门输出的机器人离线程序，运用计算机进行虚拟联调。机器人仿真部门输出的机器人离线程序和机械设计部门输出的焊装夹具，运用计算机进行虚拟联调。因此，很多问题在虚拟调试阶段就暴露出来并得到修正，现场的调试时间大大缩短。

企业要做到虚拟调试将会面临诸多困难，总结起来主要有以下四个方面：
（1）使用什么软件来实现。
（2）使用什么硬件来连接虚拟与现实。
（3）需要具备何种技能的人员来实现这一技术。
（4）对于现场安装的要求。

经过多年的技术开发实践，以上四个方面的问题都已经通过软件和硬件的结合得到解决（图 4），利用虚拟调试的解决方案已经在国内多个大型整车厂项目中得到应用验证（具体技术细节因涉及商业机密在此不做介绍）。

VC 虚拟调试——汽车行业中的 VR | 161

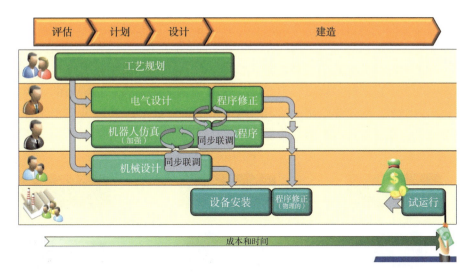

图 3　虚拟调试方式

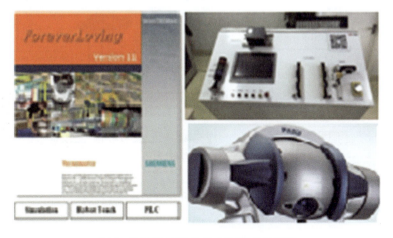

图 4　利用软硬件的结合实现虚拟调试

二、技术发展状况

虚拟调试技术在全球范围内，目前也是非常新的技术，很多整车厂目前还没有形成各自的规范。2016 年，某德系合资品牌召开了一次线体集成商大会，讨论的主题就是《虚拟调试如何在未来的项目中开展》。目前奔驰和大众已经有了自己关于虚拟调试的厂方标准，所使用的软件是 Winmod 和 RobSim，其系统架构图如图 5 所示，而宝马使用的是 Process Simulate。从全球的角度而言,德系整车厂在虚拟调试方面领先一筹。中国国内现状是,奔驰明确要求集成商在他们的项目中使用 Winmod 和 RobSim 进行虚拟调试,BMW 也明确要求集成商在他们的项目中使用 Process Simulate 进行虚拟调试。其他整车厂,由于受限于国内大多数集成商的能力问题,没有明确在合同里要求集成商在他们的项目中进行虚拟调试,但是基于虚拟调试能够为整车厂带来的巨大收益,国内整车厂对于虚拟调试的需求越来越迫切。截止到 2016 年,据统计目前国内可以真正进行虚拟调试的系统集成商只有 4 家。

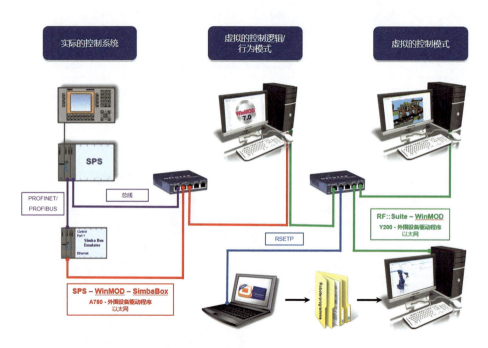

图 5 基于 Winmod 和 RobSim 的系统架构图

三、案例详述及应用推广情况

得益于我国汽车产业近年来的飞速发展,从 2015 年至今,运用虚拟调试技术已经完成了 30 多个虚拟调试项目,在项目调试过程中我们发现,越是复杂的工位使用虚拟调试在后期厂商获得的收益越大。

1. 案例详述

承接某合资品牌成都工厂侧围和顶盖项目,图 6 所示为侧围线的平面布置图。

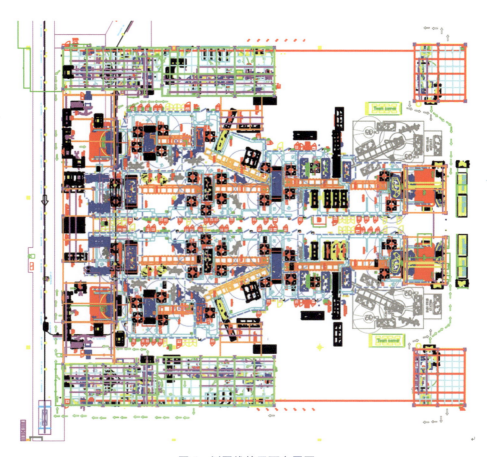

图 6 侧围线的平面布置图

1) 车身质量大大提高

在 2017 年 4 月 18 日 MTO（跨国运营）阶段结束时，侧围车身焊接质量达到 94.3%，远超客户此阶段要求的 85%，如表 2 所示。

表 2 侧围车身焊接质量的相关信息

侧围和顶盖区域	各种连接方式的数量	MTO节点前的连接质量目标	实际达标结果	TT节点前的连接质量目标
点焊	1 154	85%	94.3%	95%
螺柱焊	10	90%	100%	100%
涂胶	43	80%	95.3%	95%
自冲铆	0	100%		100%
螺母焊	0	100%		100%

2）项目进度缩短

（1）计划时间（从上电至实现自动）。项目计划时间如图 7 所示。

工作内容		开始时间	结束时间
上电		2017年2月3日	2017年2月3日
	侧围自动区域	2017年2月3日	2017年2月3日
	顶盖滚边区域	2017年2月3日	2017年2月3日
	侧围手动区域	2017年2月3日	2017年2月3日
机器人程序调试		2017年2月6日	2017年3月10日
	侧围自动区域	2017年2月6日	2017年3月10日
	顶盖滚边区域	2017年2月6日	2017年3月10日
PLC程序调试		2017年2月6日	2017年3月10日
	侧围自动区域	2017年2月6日	2017年3月10日
	顶盖滚边区域	2017年2月6日	2017年3月10日
手动夹具		2017年2月6日	2017年3月17日
安全检查		2017年2月13日	2017年3月10日
MTO节点		2017年3月13日	2017年4月21日

图 7　项目计划时间

（2）实际完成时间（从上电至实现自动）。

①Power on：1 月 28 日。

②CA2：1 月 29 日至 2 月 10 日。

③虚拟调试验证：2 月 11 日至 2 月 23 日。

④手动焊车：2 月 23 日。

⑤100% 自动空运行：2 月 28 日。

（3）使用虚拟调试后，项目进度比原计划提前 12 天。

3）人力资源节约

计划人员：PLC 6 人、机器人调试工程师 5 人、工艺人员等。

实际人员：PLC 4 人、机器人调试工程师 4 人、CA2 测量 1 人、工程部 VC 程序调试人员 2 人。

缩短了时间为项目整体进度做出重大贡献并降低风险，效率得以很大提高，而且也增大了人员的利用率。

项目原计划工时（达到自动）是 4 240 h。实际产生工时是 2 981 h，包括工程部 VC + 测量 CA2。

节省率 = (4 240 − 2 981)/3 496 = 1 259/4 240 ≈ 29.69%

计划工时与实际工时对比如图 8 所示。

4）现场调试风险大幅规避

在设计阶段提前发现机械干涉结构或动作，也可以及时发现编制程序中的漏洞或错误，有效避免现场遭遇机械撞机或者逻辑动作不对等时序问题

VC 虚拟调试——汽车行业中的 VR

计划							
一月-17			二月-17				
2周	3周	4周	5周	6周	7周	8周	9周	10周
33	33	28	9	32	33	30	23	21
40	40	40	40	40	40	40	40	40
56	56	56		56	56	56	56	56
				56	56	56	56	56
				56	56	56	56	56
				56	56	56	56	56
					56	56	56	56
					56	56	56	56
40	40	40	56	56	56	56	56	56
40	40	40	56	56	56	56	56	56
				56	56	56	56	56
				56	56	56	56	56
				56	56	56	56	56

(a)

实际					
	二月-17				
4周	5周	6周	7周	8周	9周	10周
40	30	30	34	31	22	20
36	56	56	40	59		
8	56	56	48	59		
8	56	56	56	59		
	16	56	48	59		
52	57	63	65	73		
67	57	51	55.5	71.5		
	32	63	69	73		
		63	69	73		

(b)

图 8 计划工时与实际工时对比
(a)计划；(b)实际

（图9），虽然在虚拟调试过程中可能产生大量整改工作，但是相对后期实际调试过程所降低的风险、成本及节约的时间等优势都是值的的。

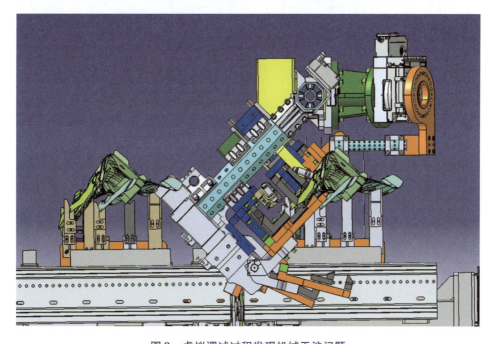

图 9 虚拟调试过程发现机械干涉问题

5）虚拟调试人员的亲历感受

虚拟调试与传统调试人员感受对比如表 3 所示。

表 3　虚拟调试与传统调试人员感受对比

序号	事项	虚拟调试	传统调试
1	焊点垂直度	只需验证一次	大量反复重复性工作
2	人员强度	一般，比较轻松	经常加班、非常辛苦
3	涉及人员	robot	robot、钳工、电气、设计、工艺
4	焊接质量	高效	漫长的调整优化

2. 应用推广情况

公司虚拟调试技术已在国内汽车自主品牌及合资品牌工厂项目中得到成功应用，如某合资品牌北盛项目 UB、FR 线，某合资项目金桥北厂 FI、MC、UB、UR 线，某合资品牌武汉项目 MC、RC、RCS、DA 线，某自主品牌 VD 平台主线、C 平台主线，等等，如图 10 和图 11 所示。

(a)　　　　　　　　　　　　　(b)

图 10　某自主品牌昌河项目主线

(a)　　　　　　　　　　　　　(b)

图 11　某合资品牌武汉项目 UB 主线

四、结语

生产的设计经历了手绘二维图、CAD 二维制图，直到现在的计算机三维制图。今后工程师的工作，将是围绕设计、仿真、虚拟调试来开展工作，越来越多的数字化工作会在前期完成，进而减少现场工作量，也许这将是我们工程师的未来工作方式。而我们的调试工作，从原先的 Robcad 仿真、离线编程 OLP，直到现在的虚拟调试。相信大家已经看到了这样一个演变的趋势。虚拟调试技术在时间、成本、质量三个维度上都有出色的表现，必将成为未来调试不可缺少的手段。

虚拟调试把"现实制造"和"虚拟呈现"融合在一起，在计算机虚拟环境中，应用数字化模型对整个生产过程进行仿真、评估和优化，对制造工艺和工厂在其真正建设之前进行"演练"和优化，降低了投资成本，减少建设和投产时间，缩短产品上市周期，虚拟调试作为智能制造技术中三维仿真的重要环节，必将在未来发挥越来越重要的作用。

节能与新能源汽车智能柔性焊接系统解决方案

重庆长安汽车股份有限公司　刘铸斌　彭小刚　刘亚飞

一、背景与概况

传统的汽车制造模式存在信息化、数字化、自动化程度较低，各研发、制造环节信息共享不充分，数据不贯通，生产效率、资源综合利用率较低，运营成本、产品不合格率较高，新品研制周期长诸多影响产品竞争力、企业竞争力的负面因素。特别是在层出不穷的新车型不断刺激消费者眼球的激烈市场竞争形势下，造车成本正因不断改型（需要新开发大量模具、工装、检具等）而呈上升趋势。

如何在低成本情况下开发、制造更多车型？如何突破传统汽车制造模式诸多不利局面？如何在国家大力推动"中国制造2025""互联网+""智能制造发展规划"的战略方针下赢得先机？汽车产业需要重新定义，汽车制造模式需要改革创新。

重庆长安汽车股份有限公司（以下简称"长安汽车"）以提高产品核心竞争力为目标，聚焦"两提升三降低"，以"设计平台化""生产柔性化""节拍高速化""订单个性化""运维远程化"为发展方向，在智能化研发领域主要突破了产品平台化设计技术、工厂和工艺虚拟规划、仿真技术、关键和共性焊接工艺、智能制造试验验证技术等；在智能化工厂领域突破了多车型柔性共线生产技术、小批量个性化定制拉式生产技术、生产线集成控制技术；在智能化管理领域突破了企业级、工厂级、车间级管理技术；在智能化服务领域突破了售前网上个性化定制技术、售后远程升级ECU（电子控制单元）系统技术。

长安节能与新能源汽车智能柔性焊接新模式应用项目按照智能化工厂技术要求，整体系统架构和任务设置实现了制造系统的纵向打通、横向集成及端到端数字集成，如图1所示。

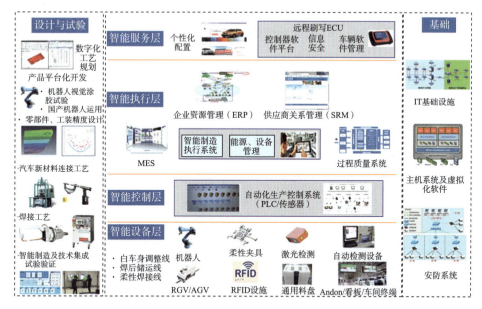

图 1　长安汽车智能制造新模式整体系统架构和任务

二、主要技术指标及指标达成路径

1. 主要技术指标

（1）综合指标：生产效率提升 20% 以上，资源综合利用率提升 20% 以上，产品不合格率降低 20% 以上，产品研制周期缩短 50% 以上，运营成本降低 21% 以上。

（2）技术指标：生产节拍提高 20% 以上，实现多种车身产品平台、多种车型的柔性生产；生产线工序间实现自动传输，传输时间 5~6 s；产品个性化配置率达到 10%；可远程控制的汽车电子控制单元（ECU）比例达到 10%。

2. 指标达成路径（表 1）

表 1　指标达成路径

指标分类	详细指标	指标达成路径
综合指标	生产效率提升 20% 以上	Shuttle 传输系统在工位节距 6 000 mm 的下车体及车身焊接线上的传送时间为 12 s。采用高速滚床传输技术，生产线工序间实现自动输送，传输时间 6 s

续表

指标分类	详细指标	指标达成路径
综合指标	生产效率提升20%以上	门盖扣合模具换模时间由 10 min 缩短至 1 min；模具换模效率提高 90%
		点焊节拍由 4 s/点（人工），提升至平均 3 s/点（机器人）。点焊效率提高 25%
	资源综合利用率提升20%以上（设备、工装、夹具通用化）	除侧围和车门受产品造型影响的工装外，其余工装、工艺设备各车型 50% 通用，相对上一代工厂提升 50%
		下车体及车身焊接线工位间输送设备 100% 通用，相对上一代工厂提升 50%
		各车型的质量标准及质量控制设备 95% 通用，相对上一代工厂提升 20%［台式三坐标、在线检测系统、多点式密封间隙测量系统、外观间隙断差测量系统（便携式）、蓝光自动化测量系统、视觉跟踪系统、激光跟踪扫描仪、水平测量仪质量控制设备共用］
		生产线的侧围总成、门盖总成、机舱总成、后地板总成、下车体总成等物流设备及生产管理方式 100% 通用，相对上一代工厂提升 10%
	运营成本降低20%以上	同体式悬挂点焊机电能消耗为 0.012 8 度/点，而一体化点焊机电能消耗为 0.004 6 度/点，节能约 60%
		直接操作员工由 714 班人减少到 339 人/班，降低运营成本 47.5%
		1 个机器人代替 1 人操作 1 年的内运营成本，机器人焊接：固定成本分摊 6.5 万元，维护费用 1.3 万元；人工焊接：固定成本分摊 1.16 万元，维护成本 0.232 万元，两班人工工资 20 万元；运营成本降低 $(21.39 - 7.8)/21.39 \times 100\% \approx 63.5\%$。
	产品不合格率降低20%以上	产品现在的整车外观 DTS（间隙、断差）尺寸合格率为 80%，提升至 84%，即不合格率由 20% 降低至 16%
	产品研制周期缩短50%以上	采用串行产品开发模式，目前单个产品开发周期 36 个月，采用平台化开发模式，按照同一平台开发 4 个车型，每个产品间隔 6 个月起动，平台开发周期为 24 个月，首款产品为 24 个月，另外 3 个车型开发周期为 6 个月，平均单车开发周期变为 16.5 个月

续表

指标分类	详细指标	指标达成路径
技术指标	生产节拍提高20%以上，实现多种车身产品平台、多种车型的柔性生产	上一代工厂2015年刚性焊接生产线生产节拍：25辆/小时；智能柔性焊接生产线生产节拍：60辆/小时
	生产线工序间实现自动传输，传输时间5~6 s	Shuttle传输系统在工位节距6 000 mm的下车体及车身焊接线上的传送时间为12 s。采用高速滚床传输技术，生产线工序间实现自动输送，传输时间6 s
	产品个性化配置率达到10%	以C301为例，基本款配置共计99项，最高配新增配置42项，颜色6种，累计个性化配置48项，个性化配置比例达到48.5%
	可远程控制的汽车电子控制单元（ECU）比例达到10%	现有车型无远程刷写，在C301项目实现远程刷写，C301项目目前有22个控制器，在BCM、TBOX、IP 3个控制器上实现远程刷写功能

三、智能制造实施方案

1. 智能制造系统解决方案

（1）本项目开展新一代信息技术与制造装备融合的集成创新和应用，建设互联互通的底层物联网系统，以及通过PLC、AVI、Andon、RFID等物联网技术将系统和底层的设备与上层ERP、MES、PDM、DMS、CRM等公司层级的核心系统集成，全面采集产品制造过程工艺、设备、质量等信息，完善公司底层控制系统，实现生产过程智能优化控制的目标，打造新能源汽车焊接智能制造纵向集成解决方案。

（2）以节能与新能源汽车为出发点，打通从智能化产品、智能化设计、智能化工厂、智能化管理到智能化服务的产品全生命周期制造服务链条，实现新能源汽车焊接智能制造横向集成解决方案。

（3）本项目建立统一的设备编码，采用Socket通信方式，建立MES与底层控制系统及现场设备的双向实时通信，规范设备之间及其与软件系统之间数据流和采集点的数据格式，打造企业端到端集成解决方案。

聚焦实现"两提升、三降低"，以"生产柔性化""节拍高速化""订单个性化""运维远程化"四个关键技术指标为约束，以核心软件、工业互联网与安全系统为基础，实现从研发设计、生产制造、运营管理到销售服务等全生命周期的智能制造新模式应用示范。长安汽车智能制造新模式任务分解框图如图2所示。

图2　长安汽车智能制造新模式任务分解框图

长安鱼嘴乘用车工厂智能制造模式作为新能源汽车焊接智能制造系统解决方案的典型示范案例，实现了新能源汽车制造企业纵向、横向、端到端的系统集成，本项目的智能制造系统解决方案不仅是全国汽车智能制造的先进典范，同时可与全球先进汽车制造行业比肩，大大带动了我国新能源汽车制造系统解决方案的发展。

2. 智能制造经验和模式

1）数字化工艺设计

本项目建立制造工艺数字化设计、仿真管理平台，打造一个集制造工艺设计和管理、协同工作流程管理、企业资源和工艺知识管理、虚拟制造过程仿真验证及工艺文档管理的数字化制造平台；建立了长安汽车工艺部知识库，包括经验库、标准库、资源库，对长安现有的工艺数据、资源数据、工艺标准规范等进行统一的分类管理和维护，方便后续项目重复利用。数字化工艺设计与管理平台的建立对长安汽车智能制造起到承上启下的重要作用,在实现规划业务本身的数字化之后,还将与前端的产品设计部门、后端的生产、销售、服务部门进行数据互通,实现整个汽车制造过程的数字化,从而完成智能制造的信息化。图 3 和图 4 分别为全配置产品管理和三维结构化工艺设计。

图 3　全配置产品管理

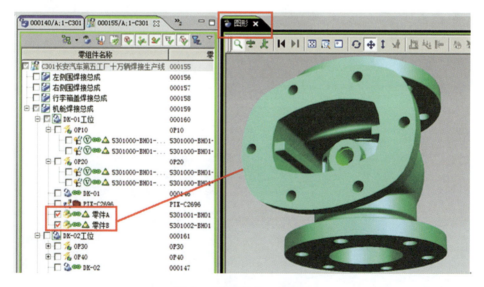

图 4　三维结构化工艺设计

数字化工艺设计与管理平台在长安汽车鱼嘴乘用车基地 C301 项目焊接专业进行了试点,完成了下车体数字化工艺文件的设计和管理。搭载鱼嘴基地建设项目,完成焊接数字化虚拟验证流程创建及优化,完成鱼嘴基地 V301、

S201、C301 三车型虚拟验证内容，完成北京 V401 项目物流验证、柔性线共线分析，合肥二期物流、效率、机器人可达性验证，深圳 CA‐PSA 基地 S302 项目机器人选型、机器人路径验证，渝北基地 C2 系列生产线验证，等等。

2）离散型智能制造模式

本项目建设柔性焊接生产线，集成机器人智能协同系统、机器人智能视觉识别技术（图5）、智能高速传输和柔性切换系统、智能切换柔性总拼（图6）、柔性夹具、智能辊边技术、精密智能焊接技术、总线技术可编程控制系统、数字智能装配设备、在线产品质量检测系统、智能自动化物流传输系统等智能化系统，实现了三种车型的混线生产。

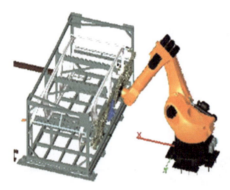 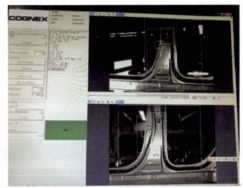

图5　机器人智能视觉识别技术

图6　智能切换柔性总拼

建立车间级执行系统（图7），全面覆盖生产计划执行、车型跟踪、质量管理、信息化生产指导、能源监控、设备监控等制造环节。通过建立车身跟踪识别系统、ANDON 系统、能源监控系统、设备管理监控系统、质量管理系统、制造过程参数管理系统等车间级执行系统，实现生产制造资源的全面互联，对设备参数、工艺参数、质量信息、生产过程信息全面收集，为制造管理和虚拟仿真提供精确的生产数据，使生产资源高度协同和制造透明化，实现汽车全过程智能控制。

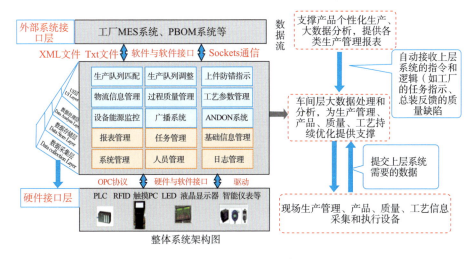

图 7　车间级执行系统

3）远程运维服务模式

本项目开发了 ECU 远程升级服务模式，打通研发、生产、售后全软件生命周期管理。通过远程刷写，将对车辆的问题处理、功能升级提供快捷方便的通道。同时，开展 TBOX、车机控制器信息安全设计工作，采取了敏感信息加密、ECU 软件升级包签名等安全防护措施，大大地增加了黑客通过远程攻击的难度，提高了车联网功能的安全性。ECU 远程刷写的应用为企业智能汽车售后服务提供的便捷，也能够使客户享受到更为优质的服务。图 8 所示为 ECU 远程升级技术架构。

4）个性化定制服务模式

个性化定制项目是长安汽车首次创新型业务改变，是 C2M（Customer – to – Manufacturer）的进一步推进与落地。该项目由长安电商项目组、制造项目组、营销项目组、BOM 项目组四个联合项目组组成，涉及研发、电商、BOM、生产计划、工厂生产、物流、销售等各领域，如图 9 所示。通过对现有的业务管理方式、操作流程以及各信息管理系统的改造升级，结合互联网＋的技术架构，实现汽车的个性化定制服务。

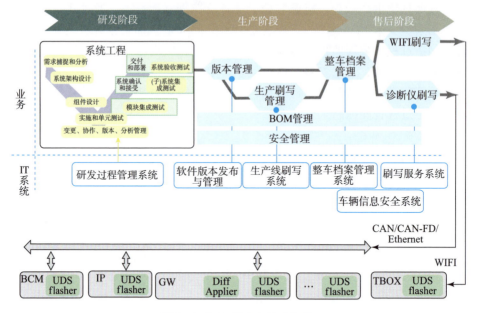

图 8 ECU 远程升级技术架构

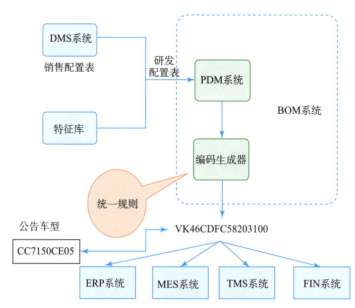

图 9 个性化用户订单整车编码

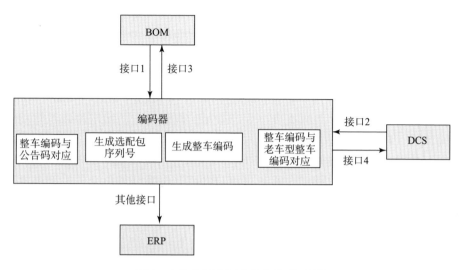

图9 个性化用户订单整车编码（续）

目前，长安鱼嘴乘用车工厂数字化工艺设计、离散型智能制造、远程运维、个性化定制的制造模式成为长安汽车柔性焊接建设的模板和标杆，并纳入长安标准化工厂建设模型，正在向商用车鱼嘴工厂、轻型车工厂、合肥长安、北京长安、南京长安等其他工厂应用，本项目建设形成的制造标准也已纳入企业标准体系，推动新能源汽车焊接智能制造新模式的推广应用。

四、经济、社会效益

本项目从技术研发、工艺/产线设计、生产制造、工厂管理、产品服务等全生命周期智能化建设，提升新能源汽车焊接智能制造能力，降低企业制造服务成本，形成离散制造、个性化定制、远程运维等智能制造新模式，带动行业智能化发展，为企业创造经济效益，也对行业和社会起到应用示范作用。

1. 经济效益

（1）通过焊接核心试验验证能力建设，打造了先进的研究及验证体系，支撑节能与新能源汽车智能柔性焊接新模式顺利实施。建立先期焊接新技术研究能力，指导新材料连接工艺设计及验证；建立核心焊接技术先进验证能力，精确高效验证工艺设计及标准合理性；将工艺开发过程中的验证工作以专业化、模块化手段提前进行，缩短工艺开发周期，降低了研发成本。

（2）通过建设生产线系统集成能力和虚拟调试集成能力，实现智能柔性焊接生产线的控制系统集成、离线编程和虚拟调试的验证与研究，建立了相关的企业级标准、规范以及模型。可以在生产线建设规划以及方案设计初期，利用生产线系统集成实验平台和虚拟调试实验平台，对生产线关键工位进行虚拟调试及下车体整线虚拟生产，并为生产线建设方案提供可行性分析与缩短调试周期，降低生产线建设成本；还可以对不同技术人员进行培训并提供能力创新的环境与平台。

（3）建设了新能源汽车智能柔性焊接生产线，实现了 V301、S201、C301 等产品柔性共线生产，大幅提升了生产效率，保证生产的稳定性以及智能设备可靠性，后期设备开工率高，大大降低了设备维护成本。

（4）建立了集成的焊接制造 ERP、MES 系统，实现工厂拉式生产模式转型，促进快速响应客户需求。通过订单拉动，严格根据订单交付时间推算销售店的交付期、配送提前期、生产交付期，在严格遵守现有交付期的同时，通过技术和管理手段降低前工艺与后工艺的运作时间，实现降低库存，提升交付能力，保证企业对市场变化的反应更加快速。基于制造执行系统的支撑，长安汽车生产完成焊接推式到总装拉式的制造模式变革，进入到大数据时代透明化过程管理及各环节效率提升的精益生产新阶段。

（5）实现了数字化工厂精益管理，提升全价值链运营效益。基于制造执行系统信息支撑，通过数据挖掘和分析，完成精细到每一辆车的生产计划执行反馈，有效提升企业对制造计划到产品交付全过程的管控能力；建立生产执行过程的透明化信息平台，建设立体式的管控体制，实现精益管理。在供应链管理方面，长安汽车通过不断修正生产执行过程和计划安排的差异，在逐渐实现准时生产的同时，降低零部件库存，减轻供应商的负担，消除交货延迟，实现零部件库存降低，提升供应链运营效益。通过本次精益制造转型，不仅提升了对客户需求的交付能力，降低了库存积压，促进了企业管理效益提升，同时还为整个制造供应链树立了精益管理的标杆，为长安汽车其他基地，为供应链上供应商乃至为国内制造业实现精益制造变革指出了方向。

（6）建立国内汽车电子标准嵌入式开发平台，在平台上进行汽车车身控制系统的开发，不仅制定了长安汽车自主的标准，还在产品开发过程中依托标准，打破国外的技术壁垒，形成了长安汽车的核心开发技术。同时，通过 ECU 远程升级能力的建设，打通研发、生产、售后等全软件生命周期管理，对车辆的问题处理、功能升级提供快捷方便的通道，有效降低开发成本、返库返修、硬件更换等费用，节约上千万的费用。

（7）通过汽车个性化配置的建设，减少了库存资金积压，并缩短 OTD 时间，提升库存周转周期效益。同时，形成的 C2M 商业模式有效结合了"互联网+"的技术架构，改变了以往的销售模式，增加用户和企业的互动性，使用户与企业的沟通更加扁平化，提高了产品的市场竞争力。

2. 社会效益

（1）通过建立设备监控及预测保养、工艺参数、设备参数、制造过程、质量控制、生产计划管理、工厂级管控指标标准等，将诸多信息系统有效集成形成协同平台，建立工艺、产品、质量、管理的持续优化及汽车制造标准，将长安的制造标准和模式向国内汽车制造企业推广与应用。

（2）数字化工艺是智能制造全价值链上不可或缺的一环，本项目通过建立三维数字化工艺设计能力，从二维工艺规划提升到三维工艺规划及仿真，实现了设计制造一体化，对制造企业推动数字化工艺提升、实施全价值链数字化管理具有示范意义。

（3）产品平台化开发作为一种通用化整合开发资源、缩短车型开发周期、简化开发过程的开发模式，可在长安汽车所有产品系列的开发过程中推广。通过这种开发策略，在现有人力、设备等资源条件下，可以更加充分地保障产品可靠性，提高产品力。另外，在保证平台共性结构的基础上，可以根据不同市场需求快速开发出可以在柔性生产线上制造的不同类型的车型产品，满足日益多样化的顾客个性需求。在产品的平台化开发过程中，通过整车企业与供应商的协同效应，实现产业链的优化升级。

（4）本项目建设的 ECU 远程刷写应用，为智能汽车的发展奠定了必要的基础。随着智能汽车的快速发展，智能化相关的控制器也越来越多，用户可通过互联网在线获取正确的软件并完成升级，快速将新的软件功能推送给用户，一方面极大地提升了用户体验；另一方面也形成了汽车产品远程运维新模式，为智能汽车的发展奠定了基础。

五、总结与展望

（1）IT 技术是智能制造的神经和大脑，负责统一协调、指挥、判断、分析制造过程和制造现场。当前，国外领先企业都具备掌握核心源代码且符合 ISA-95 层级标准的智能制造 IT 软件平台，非常有利于智能制造技术的部署、拓展、二次开发。国内智能制造 IT 层，多数针对单一业务，定制化开发，缺少一个统一的开源标准化 IT 软件平台，各大企业缺少快速部署、拓展智能制造业务的 IT 平台工具，不利于智能制造技术在各行各业中传播、交流和共享。

（2）PLC、控制器、执行电机电路、末端传感器等是智能制造的末端神经反射弧和执行肌肉。国内市场上，以上智能制造基础元器件产品中国品牌的市场竞争力和产品力较薄弱。要建设强健且领先的智能制造系统，必须掌握智能制造基础元器件产品的生产制造，国内向该部分产品的制造领域加大支持力度。

（3）自动驾驶等智能终端产品，综合应用了声、光、图像、识别等传感和数据分析技术。其中综合掌握了传感应用和数据分析的人才国内紧缺。企业很难从国内高校招聘到对口的人才，建议教育环节增设面向智能制造技术的如大数据分析等对口专业，或加强现有高校如自动化等专业的适用性。

（4）针对智能制造技术和产品，各用户企业之间跨行业跨地区的交流不畅。国内缺少一个专业、长期、稳定、开放的针对智能制造技术应用的交流平台，能够集中展示交流国内智能制造技术产品在各行各业中的应用。有智能制造技术的企业能够在平台上发布展示它们的产品，有智能制造需求的用户可以在平台上求得适宜的解决方案。

（5）智能制造进程的发展必然产生大量核心制造环节数据，在智能制造技术推进过程中，同步建设国家智能制造数据中心，完善支撑智能制造的国家大数据库，是掌握国家制造核心竞争力的关键。智能制造的所有感知、判断、处理、决策、反馈都离不开数据，大数据是智能制造的核心。产业大数据需要长期积累和总结，应提前着手布局：在国家层面集中资源建设数据中心，打破信息孤岛，促进数据交换共享。

汽车行业智能制造实现路径与解决方案

易往信息技术有限公司　万　波

一、汽车智能制造行业趋势

在经济全球化日益加深的今天，以市场营销、售后服务和服务贸易全球化为新突破点的汽车行业依然在高速发展，伴随着"中国制造2025"不断深入发展，全国制造业正在面临着一场变革，汽车行业以其高度自动化和深厚的积淀走在了各行业的前列，其中以新能源汽车和个性化定制尤其惹人注目，无论哪种都与智能制造息息相关。汽车制造业的强盛在很大程度上决定着制造业的格局，在此背景下，易往信息技术有限公司（以下简称"易往信息"）与北京汽车股份有限公司（以下简称"北汽"）展开合作，积极投身到智能制造的实践中，接下来，我们将以双方的合作为蓝本详细阐述汽车行业智能制造的实现路径，希望能抛砖引玉，带来更多的启发和思考。

北京汽车股份有限公司成立于2010年9月，位于北京顺义区，是北京汽车集团有限公司乘用车整车资源聚合和业务发展的平台。在北汽自主品牌发展过程中，易往信息与北汽形成战略合作关系，成为北汽生产执行及物流管理系统核心供应商，从2010年在北汽株洲分公司MES系统项目合作开始，易往信息先后为北汽各工厂实施了以下项目，如图1所示。

在易往信息为北汽各工厂实施的MES和WMS系统项目中，针对各公司生产过程、物流配送和质量三大领域实现了全面的管理，并贯彻了北汽精益生产和智能制造的思想理念，实现了均衡生产，不断地缩短物流供应周期、提高物流效率、降低物流成本，使得零部件配送和生产供应整个供应链实现效益最大化，并使生产线具有柔性化生产制造的功能，实现多种车型、多种配置的批量同时排产和混线生产，最大限度地提高设备、人力的使用合理性和效率，为各公司产能提升和品质提高提供了有利的信息化支撑，得到了北汽各公司上下的认可。在与北汽共同合作过程中易往信息也实现了大跨步地发展，目前已成长为国内汽车行业MES系统占有率第一的供应商，立志向汽

图 1　易往在北汽实施项目案例

车和其他制造企业提供高水平的智能制造解决方案。

以下，将以北汽株洲分公司 MES 系统为例详细说明系统实施范围与成果。

二、北汽株洲分公司 MES 项目概述

（一）项目背景

北汽株洲分公司是北汽自主品牌 2017 年重点建设项目，规划产能 24 万辆，面对汽车行业信息化发展的变化与挑战，北汽希望通过株洲分公司 MES 系统的实施，引入先进的管理理念和模式、梳理优化业务流程，并借助系统来固化、标准化业务流程，从而提升企业核心竞争力，为生产制造活动提供及时的指导和报告，并得到快速主动反应及拉动式的生产模式，使生产作业及流程更加高效。

（二）项目目标

1. 战略目标

1）柔性化制造

提供柔性化生产制造功能，通过 MES 系统的实施，使生产线具有柔性化生产制造的功能，实现多种车型、多种配置的同时排产和混线生产，最大限度地提高企业的柔性化生产制造能力。

2）高效率

提高生产效率，通过 MES 系统的使用，大幅度减少因操作不当造成的停

线，系统可迅速发现整个生产过程的瓶颈，给相关的管理人员提供不断改进的依据，从而在现有设备和人员基础上提高单班日产量。

3）以质量为导向

质量问题实时反馈和长期历史记录，在生产过程中发生质量问题准确传递和及时处理，减少解决问题的时间，从而最终实现生产过程质量问题的准确传递和及时处理。同时，对各关键点的力矩拧紧值、加注值、检测值都会自动进行记录，并建立针对每一台 VIN 码的质量档案，提供长期的质量信息历史数据查询。通过条码跟踪，对关键装配物料进行跟踪，实现关键装配物料的精确追溯。

4）可跟踪性

通过实施车间生产跟踪系统，使各部门相关人员可随时跟踪车身移动位置，将车身信息实时传递，从而保证柔性生产单元的零件装配准确，同时系统还将实现车身条码和整车装配单、分装单的自动联网打印。

5）设备可监控性

设备可监控性可保证设备有效运行。系统将通过人工记录各个设备的故障状况、停机状况和检定周期，为维修部门提供预防性维修计划，减少设备停线时间，保证产品质量。

2. 应用目标

（1）支持按订单交付的多品种小批量生产模式。

（2）实时掌控生产计划的执行情况；掌握生产数据统计分析、报表情况。

（3）实现零部件正反向质量追溯管理。

（4）品质数据实时进入系统，即时获得统计分析。

（5）实现现场目视化管理、报警管理。

（三）业务蓝图及各模块功能说明

本项目起动之后，易往信息的实施团队与北汽 IT 及业务部门一起就业务需求、系统软硬件架构等进行了调研与设计，整理出的系统业务蓝图如图 2 所示。

各业务模块概要功能说明如下：

（1）实现冲焊涂总车间生产线的管理以及与生产线关联的生产、作业等一系列内容的管理。

（2）ANDON 模块，根据生产业务需求以及上层企业管理系统要求，完成业务数据和生产控制信息的上传下达。

（3）PMC 生产过程监控模块，保证设备有效运行，对现场的停机时间进行记录、跟踪，最终分析原因，找出影响生产的最大因素。

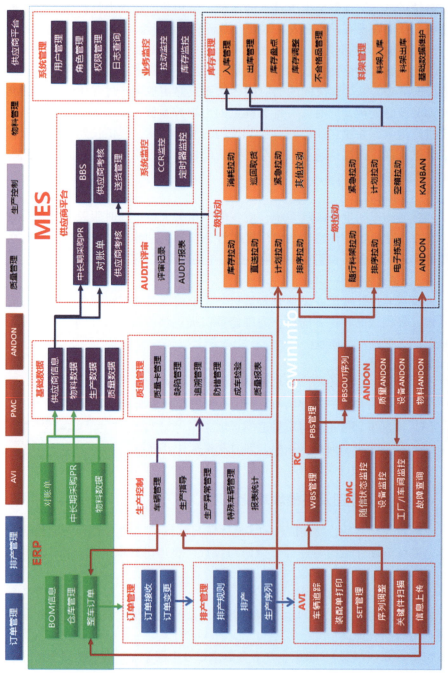

图2 北汽株洲分公司MES项目业务蓝图

（4）AVI 车辆跟踪模块，实现对车间的生产情况进行实时监控，使管理者能及时地掌握生产第一线的情况，以便尽快响应和决策。

（5）生产计划管理模块，支持实现按车型、颜色、电动机型号等车辆特征的生产计划排序。

（6）质量管理模块，质量问题实时反馈和长期历史记录。在生产过程中发生质量问题准确传递和及时处理，减少解决问题的时间，从而最终实现生产过程质量问题的准确传递和及时处理。

（7）零部件库存管理模块，对零部件出入库、库存管理及盘点管理的功能实现，实现库存的移动化、透明化管理。

（四）系统硬件及服务器架构设计

根据业务需求，考虑到系统的扩展性、可靠性，北汽株洲分公司 MES 的系统硬件架构设计如图 3 所示。图 4 所示为系统服务器架构设计。

架构设计说明如下：

（1）系统架构基于 SOA（面向服务的架构）设计，组件标准化、松散耦合，粗粒度和共享服务，便于集成现有系统，降低维护复杂度。

（2）所有硬件设备线路为冗余设计，外网防火墙隔离内外网，外网访问均通过此防火墙，有效防止来自外网网络攻击。

（3）主要服务器均采取集群设计，实现负载均衡并互为备份，具备持续服务和灾难备份能力。

（4）使用外部存储设备，部署两台存储设备：一台为主存储设备，一台为备份存储设备，通过数据复制进行数据同步。

三、北汽株洲分公司 MES 项目关键模块实施内容说明

（一）产品数据管理

（1）系统为生产准备的所有基础信息以自动接收 ERP 的整车物料编码及相应的整车特征和特征注释、销售订单、零部件信息等为系统开发的主要方式，同时根据工厂业务实际情况开发手工维护与导入功能；自动从 ERP 接收的特征与手动维护的特征进行区分存档和查询，两类数据可以进行整合对应，形成整编对应其全部特征的组合。

（2）MES 自动接收 ERP 的整车物料编码后，按照车种、车型、车系、内外饰颜色的规则自动拆解到数据字典中，形成基础数据。

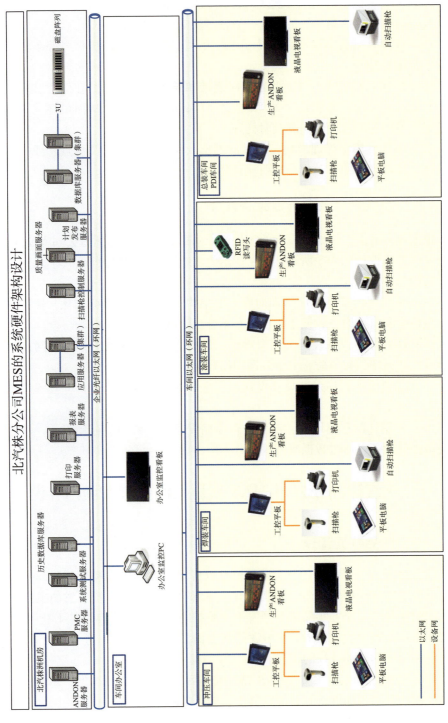

图3 北汽株洲分公司MES的系统硬件架构设计

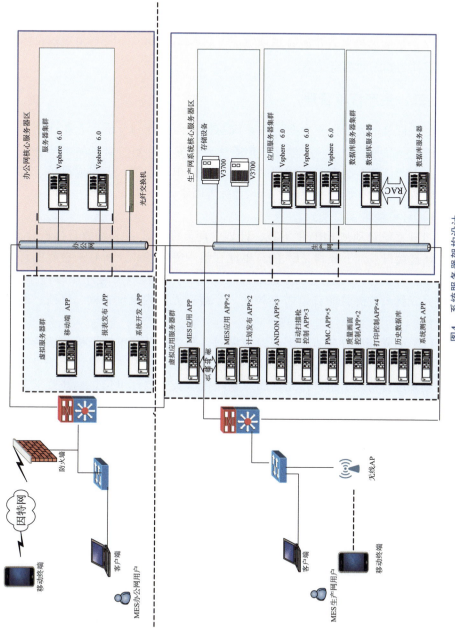

图 4 系统服务器架构设计

（3）车型特征编号、车型特征名称直接引用 ERP 中车型特征英文缩写代码及特征值描述。

（4）系统提供批量获取或手动录入关键件的功能，能够为用户提供简便的关键件与整编的绑定关系。

（二）生产订单管理

生产订单是关于企业生产运作系统总体方面的计划，是企业在计划期应达到的产品品种、质量、产量和产值等生产任务的计划与对产品生产进度的安排，生产订单在制定时必须同时考虑客户订单和预测、未完成订单、可用物料的数量、现有能力、管理方针和目标等因素。

1）订单接收（自动）

（1）系统自动从 ERP 中下载，计划管理员在 ERP 按天释放日生产计划，计划通过接口平台下载到 MES 的订单储存池中等待接收，所有未接收的订单都处于临时状态，需通过数据正确性检查后，正式接收方可用于排序生产；接收完成且未被拆分的订单需存放在一个缓存界面内，供查询、修改、删除等操作。

（2）订单完整性检查：下载订单以后，系统进行订单的正确性检查。对待下载的订单，MES 首先检查 ERP 的订单信息是否完整。如果订单信息不完整，则系统自动提示用户，允许用户删除接口表中的订单信息，并要求 ERP 重新下放。

2）特殊订单管理

（1）非销售订单接收：根据订单状态，从 ERP 系统接收非销售订单（需带有阶段标记：PP、PPV、OTS、售后白车身、售后油漆车身或其他类型）。

（2）本地订单创建：系统提供非销售订单的本地创建功能，系统中非销售订单作为生产指令指导车辆生产。创建订单支持按固定格式导入和人工编辑界面两种方式；包括以下字段：生产线、阶段、生产车种、生产车系、生产车型、整车物料号、订单计划日期、数量等。批量导入的订单也可在人工编辑界面进行核实修改。人工确认完成后，进入订单拆分。

3）订单拆分

订单进行拆分工作，即将订单中的车辆总量拆分成具体的车辆条目，进入订单排序。

4）订单排序

（1）系统具备增加线体、车型字段的柔性化配置界面（增加可配置能力，至少备用 3 条生产线以上的配置能力），以保证系统能判断不同车型订单，并将其分配到相应的生产线下，以便后续排序。

（2）日排序，具备柔性配置界面，可维护排序特征和排序规则优先级，遵循以下五项原则：

①排序属性可配置化：可以设置某个排序字段中项值的优先顺序（如颜色项，金色车优先排序，酒红色次之，用户设置排序条件和排序属性后，系统解析所选范围内的排序属性，用户可调整排序属性的次序）；

②具备均准集中复合排序可组合功能，集中和均准下配置约束条件，如电动机号、车型、配置、颜色；

③手工计划调整功能具备比例、集中、随选等条件；

④查询检索功能可配置筛选条件；

⑤车辆保留功能手工调整序列：业务人员可以对自动排序完成的日顺序计划进行干预，手工调整顺序，形成最终可下发执行的车间日顺序计划并生成车身号；排序结果分级运算，一级排序规则生成结果后，由人工确认后进行二级排序规则运算，以此类推生成排序最终结果。

（3）订单状态设定：对计划排序功能形成的最终车间上线计划，可批量或逐台设定订单状态（如已排序、已锁定、已下发、已下达 PLC、已上线等），系统可对各状态变化设置依赖关系（如对已锁定的计划才可以下发等），系统具备各订单状态的变更调整界面功能。

5）计划推算

排序完成后，推算车身上线计划、车身下线计划、涂装上线计划、涂装下线计划、总装上线计划、总装下线计划；形成每个车辆的上下线时间，计划的生成和推算时间均精确到秒。

6）计划下发

（1）计划员可批量执行下发操作；系统将用于生产所需的特征信息（包括但不限于车型、天窗、发动机、变速器、三厢两厢、手刹脚刹等）与计划绑定后下达到计划同步服务器中。

（2）针对株洲分公司的计划订单，由 MES 通过计划同步服务器将订单传输给设备 PLC，并在车身车间设立多点计划下发（计划下发点包括左侧围、右侧围、前地板、机舱、后地板、后地板总成、主线、顶盖、四门两盖）和每个下发点具备备用订单数组（3 组以上）和计划过滤功能。同时计划同步服务器上具备计划调整查询的柔性配置界面和相应功能。

7）计划调整

计划在下发至设备 PLC 前，均可进行调整。

8）订单删除

（1）请求删除：业务人员在 MES 系统中选择需要删除的生产订单，将订单状态变为冻结，由此向 ERP 触发订单删除请求，ERP 据此删除对应订单。

MES 需根据订单状态控制是否可以冻结订单（可冻结的订单状态为临时订单、已排序或已生成上线序列码的订单。不可冻结的订单状态为已打印上线序列号、已上线、已关闭的订单）。

（2）接收删除确认：从 ERP 系统中获取订单删除请求的确认信息，后续需要根据 ERP 确认信息进行相应的处理。

（3）执行删除订单：收到 ERP 订单已删除的信息后，MES 再进行订单删除处理。

9）HOLD 订单

（1）HOLD 订单：对指定的订单进行 HOLD 功能，HOLD 需要填写 HOLD 的理由。

（2）解除 HOLD 订单：对已 HOLD 的订单进行解除 HOLD 功能，解除 HOLD 需要填写解除理由。

10）紧急插单

系统提供车辆的紧急插单功能，同时具备将插单信息通过接口同步给上下游系统。

（三）生产控制与跟踪管理

1. 作业指示与跟踪 AVI

整车的生产跟踪从车身开始，经涂装、总装，最后到 PDI（实物投递业务）结束；在车辆的整个流转过程中，MES 支撑业务各项作业操作与指示。车辆的信息承载方式有两种：一种为条码，一种为 RFID（车身、WBS、涂装、PBS、总装）。

1）车身车间

（1）在车身车间主线线首布置条码打印设备，人工经过自动扫描枪检验条码质量后，粘贴在车身的固定位置处。

（2）在车身车间的过点跟踪，以采集设备 RFID 形式完成。

（3）在车身的各自动化线和四门两盖区域的人工上件工位，布置 MES 现场指示屏。MES 指示屏画面显示内容包含车身号、车型、天窗、发动机、变速器、刹车、行李架、倒车影像等车辆特征信息。

2）涂装车间

（1）车辆输送到 WBS 平台后，由设备的自动扫描枪扫描条码将车辆信息写入到 RFID 中，MES 针对涂装过点主要以采集设备的方式为主。

（2）在 WBS 库区出入口，布置自动扫描枪 2 套，2 套设备由 1 台一体机进行控制，并配置自动枪的各项参数调试界面。

（3）在精修检查入口布置一体机、以太网读写头、打印机等设备，完成过点跟踪和自动套打涂装质检单；同时，此一体机可查询涂装的车辆过点信息。

3）总装车间

（1）车辆输送到 PBS 平台后，由设备 RFID 将车辆数据进行传递，MES 针对总装过点主要以自主采集的方式为主。

（2）在 PBSOUT 处，MES 通过自动扫描条码将整车过点数据触发给 ERP 系统、物流执行系统及其他接口等，并触发打印 PDI 标签、触发打印整车装配单、车门装配单以及车辆 VIN 的生成，其中配备的一体机具备补录和自动枪参数调整功能。

（3）在内饰 1 上线，MES 自动扫描条码将车辆 VIN 传递给总装打刻设备，用于打刻校验；同时接收 PBSOUT 的触发信号打印整车装配单。

（4）在总装车门线布置 1 台固定机站，打印车门装配单，一体机具备补点补打功能。

（5）在发动机合装处，布置固定机站人工扫描发动机条码，系统进行界面弹窗等校验提示、结果记录。

（6）在最终线 2 线下线处，布置固定机站人工扫描关键件条码，系统进行界面弹窗等校验提示；系统将错漏装进行记录。

（7）在 OK 线下线处，布置固定机站人工扫描关键件条码，系统进行界面弹窗等校验提示；并复核与更新最终线 2 线下线处的检验记录，系统将新的错、漏装进行记录。

（8）检测线下线处布置 2 套自动扫描枪，将进入路试的车辆进行记录跟踪，并通过柱灯提示是否过点成功。

2. 车辆管理

1）式样变更

（1）系统具备车辆信息的变更功能，如颜色、高低配置、天窗、VIN 等信息。订单配置变更完成后，可把变更内容传递给上下游系统；针对未进行涂装的车辆还要将变更的内容传递给涂装数据库。

（2）对于要变更的车辆可根据生产线、车身上线日期、订单当前状态、整车物料号等条件进行查询；查询出的结果可以进行车种、车系、车型、物料号、颜色、天窗等可选条件进行变更设置。

（3）系统具备式样变更的操作记录及查询，记录的内容包括操作人、时间、变更前后的信息、变更原因、ERP 接收成功的信息、涂装数据库接收成功的信息等。

2）车辆完工管理

对于生产过程中，一些未正常通过完工标记站点的车辆，界面具备以车身号、最后过点站点、生产日期等条件进行查询；在人工确认后可通过系统界面进行完工标记，可单选和多选。

3）车辆报废管理

系统具备报废管理界面，由人工进行处理和确认车辆的报废；界面可根据车身号、VIN、物料整编等进行查询出可报废的车辆信息，界面提供点选和批量选取功能，并提供报废原因的录入；界面可对已报废的车辆通过车身号、VIN等进行查询，查询结果包括以下内容：车身号、VIN、物料整编、最后通过站点、最后通过时间、报废时间、报废理由等。

4）断点管理

（1）断点接收：系统接收 ERP 的断点信息。

（2）断点设置：系统根据基础数据变更自动形成断点供业务员参考，业务员确认后形成断点设置，提供人工干预功能。

（3）断点执行：断点车辆到达装配位置时，系统提供提示，人工确认后切换为新的装配信息。

（四）质量管理

基于质量管理的业务需求，质量管理业务结合生产控制业务，贯穿车辆生产的整个过程，在满足生产要求的同时提升各车型的质量水平，以达到质量的可视化管理。

1. 质量基础数据

（1）系统具备车型与质量数据自定义绑定的功能，可支持新增车型后的质量数据绑定功能，可将现有车型的数据导出进行编辑后导入到新的车型质量数据中或通过界面编辑完成新的车型质量数据建立。

（2）质量的基础数据按检测项信息、评审项信息、检查部位信息、缺陷类型信息、缺陷信息等进行分类统计，并具备信息灵活组合关系的配置功能。

（3）根据不同车间、不同业务点进行质量数据的关系匹配；支持记录人员、返修人员、路试人员及作业区域、作业内容的对应匹配。

2. 车辆缺陷管理

（1）支持现场质量问题的输入，且质量问题录入时，提供图形界面、分类式树形结构及代码等简捷的录入方式。

（2）缺陷即时通知，后续工序发现前序缺陷问题，通过提示界面选择前序问题及前序工位，系统会自动提示相应工位人员；系统将每个质检点的被提示信息进行汇总，排比出差评榜单（班组和个人），在液晶显示屏上进行展示。

（3）对质量问题进行分类汇总、统计，并对多发质量问题进行标识及提醒，以便对重点问题进行集中优先解决，通过液晶显示屏显示本车间当班各小组质量评比排名和多发质量问题的轮显。

（4）缺陷解除：解除后的缺陷，系统自动反馈到缺陷信息中，以便区分还未解除的缺陷信息。

（5）支持在线和离线返修，并且可以在系统内记录返修结果、返修人、返修时间等；可通过多个字段方式进行查询。

3. 质量工艺控制

系统支持对各车间工艺设备参数的采集与查询，查询条件可根据设备编号、设备名称、VIN、车身号、通过时间段、工位、站点等，采集的总装设备有加注、拧紧、电检、检测线、铭牌、涂胶等。

4. 质量追溯

（1）系统根据质量基础数据、装配数据、零部件更换数据、关键件采集数据给出相应的准确清单。

（2）每个车型具有相应的关键件清单；新增车型后，系统支持将原有车型关键件信息进行修改后匹配到新车型下，也可导出修改后再导入到新车型下。

（3）系统可根据事先定义好的关键件扫描规则，通过扫描当前车的 VIN 号与关键件条码进行对比，校验是否有错/漏扫描的关键件，如果有错/漏扫描，则弹出警告信息。在关键件更换时，记录原关键件厂商、批次和更换后的厂商、批次等信息到对应整车或总成上。

5. 车辆 AUDIT 管理

（1）支持 AUDIT 结果的录入和导入功能，录入的信息字段可以维护新增，并支持对已录入的 AUDIT 信息进行调整修改。

（2）根据用户要求生成整车 AUDIT 报告，支持整车质量问题的整改节点跟踪，由人工录入短期措施时间、长期措施时间等，问题到期后进行弹框等形式的提示。

（五）物流仓储管理

株洲分公司缓存库存储和供应商直送到线边的零部件物料均通过 MES 系统进行仓储物流业务标准化作业，提升库内作业效率，并支持物料一级拉动及二级拉动。实施范围包括冲压车间缓冲库、冲压成品库、车身车间缓冲库、涂装车间缓冲库和总装车间缓冲库仓储及物流业务。物流仓储模块功能管理范围包括物流主数据管理、库存管理、线旁物料拉动需求、物料自动预警、器具管理、入场协同等功能，具体如下：

（1）物流主数据管理：实现物流主数据的唯一性，所有系统都可以调用主数据信息。

（2）库存管理：关键点物料移库用条码及 RFID 进行管理，采集出入库信息，实时监控厂内库存实现供应商成品库存的监控和共享。

（3）线旁物料拉动需求：（JIT、当量补货、厂内 JIS 拉动、厂外 JIS 拉动、SPS 拉动方式、巡线补货拉动、波次拉动、消耗拉动、手工拉动功能等）根据生产信息，结合 BOM 主数据，自动生产物料的需求信息，并向物流终端定期发布需求信息。

（4）物料自动预警：在达到系统设置的 MIN/MAX 时，自动报警到各相应的计划员。

（5）器具管理：通过物流与器具的绑定关系，在收货过程中，对器具进行收货管理，出库时在系统中进行操作，实现器具的流转管理。

（6）入场协同：通过对车辆入场调度，对调度信息进行广播，加强卸货道口、暂存区的利用率。

四、系统上线及运行跟踪情况说明

1. 系统上线

北汽株洲分公司 MES 项目时间紧任务重，易往信息项目组与北汽信息部、业务部门仅花了 3 个月时间就完成了需求调研、系统设计与开发、数据收集、用户培训等工作，对 25 个生产、物流业务流程进行了梳理和优化，规范了系统内、外的业务流程，有助于生产更加精益化和标准化；同时，通过 30 余场培训，对各业务部门和 IT 部门共计 100 余人次进行了系统操作培训。与此同时，项目组制定了详细的上线切换方案与计划、应急预案，建立了硬件保管、系统运维和数据维护体制，最终在要求时间内成功实现了系统上线试运行。

2. 系统运行跟踪

系统上线运行以来，项目组与关键用户对各业务模块使用情况进行了持续跟踪，通过现场沟通、微信群和邮件等方式及时与最终用户进行沟通，第一时间解决用户在系统操作中遇到的问题；项目组根据业务部门的反馈和建议及时对系统逻辑、界面、流程、操作方式等方面进行了优化与完善，保障了北汽株洲分公司的生产、质量和物流业务的正常开展。目前系统各项功能均运行正常，问题解决率达到 98% 以上。系统运行过程中，针对业务部门常遇到的一些系统操作问题，项目组一方面前往业务现场进行操作指导；另一方面也编制了常见问题处理材料，并组织了业务部门进行系统操作培训。

为避免系统运行过程中存在的基础和业务数据维护职责不清晰、维护不及时的情况，易往信息协助北汽共同制定了 MES 系统管理办法，明确了后续项目群运行过程中涉及的基础数据和业务数据的维护部门,并制定了考核措施。

3. 移动端应用

本项目的一大特点是智能移动终端的大范围应用,在车辆过点扫描、工废料废提报、物料拉动、配送、成品管理等生产和物流环节使用了工业安卓系统手持终端进行业务操作,在来料检验、质量门检查等质量操作环节应用了工业平板进行质量问题的录入,减少了有线网络布线和工控机等部署,便于业务人员现场录入数据,也方便后续终端点的扩容。

此外,系统上线后,项目组针对需求为北汽株洲分公司开发的手机 APP 报表也成功上线,使得北汽株洲分公司中高层管理人员可以方便地了解企业计划、生产、物流、质量等业务运行情况和宏观指标数据,方便领导实时掌握现场情况,发生异常情况时可以第一时间进行处理,得到了客户的一致好评,是项目的一大亮点。图 5 所示为移动端报表界面。

图 5　移动端报表界面

五、项目实施后效果

通过北汽株洲分公司 MES 系统项目的实施,对计划、生产、质量和物流的业务运作有了极大的支撑,各业务模块系统实施后管理改善点如下:

(1) 制造过程信息化、透明化、自动化。通过 MES 系统和设备控制技术,均衡工作负荷并消除作业流程瓶颈,精益排产制造、实时跟踪车辆状态,实时采集如工序信息、采集设备信息、生产过程不良率、在制车辆信息及移转状况、装配防错控制、生产及时响应销售需求、现场流程控制和监控，通过现场电子看板实现视觉管理，并提供汇总分析报表工具，为公司不同层面管理者的生产管理决策提供了有效依据。

（2）物流配送的准确化、零库存化、看板化。通过 MES 系统物流模块的实施，实现了 JIT 配送、JIS 配送、SPS 分拣配送、ANDON、纸质和电子看板配送，一、二级拉动配送方式，可以应对混线生产、并线生产等多种生产模式的物流配送，全物流配送过程通过系统指令进行调度，实现了趋于零库存管理，降低了物流成本和库存成本，使现场物流配送准确率达到 99%。

（3）质量管理的全程化、标准化、体系化。通过 MES 系统质量管理模块的实施，实现了生产全过程整车及零件质量进行采集、跟踪、预警、防错、分析、统计、追溯，并结合 TS 16949 体系进行制造管理，到目前为止所有量产各阶段生产的车辆都建立了一车一档式的完整质量档案，通过对质量数据的分析提高了整车制造一次合格率，也提高了供应商零件配送合格率，同时为售后质量追溯提供了精确数据，全厂质量系统管理精度达 100%。

MES 系统从上线至今一直运行稳定，未曾因系统问题影响到制造相关业务，用户满意度较高。现有系统能应对现有的生产业务需要，同时系统对将来可能出现的业务形式也做了预计，具备快速应对产量扩大、厂房增加等必然发展趋势的系统扩展能力。在项目实施过程中易往信息实施团队有详细周密的项目实施计划和完善的项目管理方法，能深入准确地把握业务需求、对不合理的业务流程进行有效的梳理和规划，面对业务部门提出的要求和问题能及时认真耐心地解答处理，对一些项目范围外的变更能积极主动应对，为项目的迅速成功上线扫除了诸多障碍，上线跟踪也是尽心尽力尽职尽责地去处理每一个问题和需求，IT 和用户单位包括公司高层对易往信息服务都给予了相当高的评价。

汽车产业是规模产业，北汽如果要在中国目前激烈的汽车竞争环境下，取得经济效益，站稳市场，除了有良好的品牌、卓越的销售技能外，也需要制造出过硬质量、低成本的产品。这就要求作为旗下制造单元株洲分公司对制造过程进行精细化管理，在快速的流水线生产节拍下，也能有条不紊地协调设备、物料、人员的作业关系，控制生产过程中的质量缺陷，降低生产过程中的库存。ERP 系统解决的是财务、人事、仓库、工艺、产品数据的问题，而对各企业大相径庭的车间制造过程，ERP 无法有效解决制造中的管理，因此株洲分公司成功应用 MES 为北汽自主品牌在行业中迅速争夺一席之位意义十分重大。

六、项目实施总结

北汽株洲分公司 MES 系统针对生产计划、制造过程、生产物流配送、生产制造质量和成品管控五大领域实现了全面的管理，通过系统的实施，贯彻了北汽株洲分公司精益生产的思想理念，实现了均衡生产，不断地缩短物流供应周期、提高物流效率、降低物流成本，使得零部件配送和生产供应整个供应链实现效益最大化，并使生产线具有柔性化生产制造的功能，实现多种车型、多种配置的批量同时排产和混线生产，最大限度地提高设备、人力的使用合理性和效率；此外通过计划推动和生产拉动的方式实现精益化物流，通过同步供货与半同步供货方式拉动零部件需求，使物流系统运转更加流畅，各工位物料使用情况应被时时监视并能迅速响应，物料系统应能够支撑多车型混线生产，并减少因物料短缺而造成的停线。最后，制造物流系统将生产、物流、质量等过程中的各种设备和工控系统与制造物流系统进行有机的结合，做到数据传输与控制，并将 MES 系统与 ERP、SRM 等系统进行数据集成，从而加强了工控系统与信息系统的整合，实现了信息的一处录入、多处使用，消除了信息孤岛。易往信息在该项目的成功实施和创新得到了北汽各部门与分公司的一致认可，以此项目和北汽新能源 MES 项目为主题的课题论文参与了北汽股份第三届生产技术研讨会并得到了评委会的高度评价，并授予本届研讨会获奖课题中唯一的信息系统类技术领先奖，如图 6 所示。

图 6　荣誉证书

我国汽车行业的智能制造发展依旧任重而道远，先进的理论和思想不应该被束之高阁，行业需要大量的先行者勇敢地投入到实践的行列中，只有这样整个汽车制造行业才能保持良性发展。

新松机器人在汽车智能制造中的应用

沈阳新松机器人自动化股份有限公司　王金涛

一、项目背景与目标任务

1. 项目背景

经过50多年的艰苦创业、巩固、调整与发展，中国已经连续几年成为世界上最大的汽车产销国，汽车产业是中国国民经济的支柱产业，已占到中国GDP（国内生产总值）的10%左右。中国车企利润同比国外车企高5%以上，中国汽车制造业中的智能转型升级已是大势所趋。

1）机器人助力汽车产业智能制造升级

几乎中国所有的制造业，现在都开始大批量地使用机器人，这在过去5年是完全不可想象的。汽车工业在智能制造的改革热潮中核心竞争力正在发生深刻的变化，这种变化离不开智能设备、装备的支持：机器人减轻了人的劳动强度，提高了汽车生产作业的安全性与制造中的一致性，克服了空间狭小、环境恶劣等因素，保障了品质和产量，并可以安全高速地完成汽车制造中所需要的点焊、弧焊、搬运、装配、喷涂等应用任务，目前中国汽车市场的机器人保有量已超过10万台。随着汽车行业的迅猛发展，预计工业机器人的装配量将会稳固上升，特别是在汽车智能制造中的重要性也越来越凸显。基于机器人的汽车智能制造是实现汽车工业可持续型生态的驱动力。

2）加强国产机器人核心竞争力

国内汽车合资品牌自动化程度基本达到了90%以上，机器人普及率较高，但多数依赖于进口设备，历史和环境因素导致了汽车领域的用户对中国机器人的技术发展还不了解，对设备的认知度、信任度等方面均存在疑虑，导致市场认同度较低，使得中国机器人应用机会受限，在汽车工业高端市场占有率较低，阻碍了中国机器人在汽车领域的发展。然而事实证明，国内机器人在设计开发应用方面具有与国外机器人相抗衡的能力。近年来由于中国机器人的自主创新与飞速发展，国内多数合资汽车厂及民族品牌汽车厂已相继开始尝试国产机器人在主机厂应用的想法与行动,这为中国机器人在汽车领域的发展带来了新契机,也加强了国产机器人的核心竞争力。

3) 打通下游国产机器人系统规模化集成

作为机器人产品的下游单元,机器人集成是普及机器人大规模使用的关键。制造工艺是门槛,只有深入理解及运用,才能给客户提供定制式的解决方案。现阶段,汽车焊装线中虽然大多数采用国外品牌机器人进行生产,但是大多数生产线都是依靠国内系统集成商来设计完成的,国内系统集成商在工程设计、开发、实施方面已经具有与国外系统集成商抗衡的能力,生产监控、大数据技术、主动质量控制等技术手段也在日益完善,项目智能化、领域的细分化及标准化的程度正持续提高。作为中国工业机器人市场的主力军,刺激国内系统集成商在提供解决方案时优先考虑国产机器人,将大力带动中国机器人的市场推广。与此同时,国产机器人除了学习简单、接口丰富之外,机器人产品工程师和系统集成工程师之间的深度沟通与技术支持能更好地发挥其全部功能和特点。

2. 目标任务

我国民族汽车品牌在汽车制造新技术、新装备应用上相对落后,对于正致力于依靠自主创新提升民族汽车品牌的中国汽车业来说,无疑是一个致命的短板。针对我国自主品牌汽车制造对机器人自动化焊装生产线的迫切需求,建立国内首条将规模化高性能国产工业机器人用于国产汽车制造业中的白车身焊接自动化生产线,以提升生产效率并优化焊接质量,实现运行可靠性和稳定性达到国际先进水平,提升我国工业机器人在汽车高端行业的市场占有率和全球市场竞争力。

二、建设内容与主要技术指标

1. 建设内容

新松机器人目前服务于华晨汽车多个装焊车间。华晨整个工厂焊装生产线全线投入国产工业机器人近百台。采用国产装备新松机器人助力国产汽车华晨智能制造试点车间,从工厂整体为用户规划并验证实现了包括车身输送和升降系统在内的高精度、高速成型智能焊装生产线。

以华晨最新建设的智能制造车间为例(图1),占地面积达2.5万 m^2,建设了覆盖多车型的柔性生产线,用以灵活生产SUV、MPV等多种车型。车间设计能力为年产12万辆,正式投产后最终生产目标达年产19.8万辆。整个车间内全部185个工位,都充分展示了先进的智能制造技术。整个智能制造车间实现了汽车发动机舱、下车身、主车身等的自动化生产;实现了攻克复杂工况下的国产机器人高端智能控制系统；实现了数据联网与大数据应用，对生产线运行、焊接质量等数据进行收集、监控与分析，初步达到智能化制造与管理的目标。

图1　华晨汽车智能制造车间

2. 主要技术指标

满足华晨汽车某车型的产品工艺与节拍要求，保证加工精度，优化焊接质量，生产线小时产能 34 JPH，设备开动率 95%，自动化率达 75%，这间智能工厂计划于 2017 年年底正式投产，在这里每 105 s 就会有一辆汽车下线。

三、案例详述

项目中智能焊装生产线主要实现发动机舱总成、前地板总成、后地板总成以及下车身合身。核心设备包括国产工业机器人、焊机与焊钳设备、工装夹具、车身输送系统、外部十字滑台系统、控制系统、信息化生产系统、安全防护系统等。由新松公司提供并负责系统总体方案与实施。由于白车身所涉及的零件多、工艺复杂且设备类型繁多，因此车身规划对生产线中设备选择、焊接工艺、装焊夹具以及质量控制等方面都有较高的要求。本项目从点焊机器人与机器人系统规模化集成上都进行了技术创新及实践，并取得了一系列成果。

1. 点焊机器人系统

复杂工况下的高端智能控制系统，核心技术一直被国外所垄断，为了满足汽车生产作业中的特殊性要求，新松工业机器人在性能上进行了全面提升。

（1）掌握核心的气动点焊及伺服点焊技术，实现机器人一体化焊钳。

(2) 外部 TCP 技术。通常机器人 TCP 是指跟随机器人本体一起运动的工具坐标系，但是对于机器人夹持工件需要到点焊专机或涂胶专机上进行工作，往往需要将 TCP 定义为机器人本体以外的工具上，坐标系由用户自己定义，增加了机器人工作的柔性，减少了示教及作业时间。

(3) 立体干涉区保护。干涉区是指在机器人周边构建一个虚拟的作业保护区域。通过两点确定立方体三维空间而形成的立体干涉区（图2），可以实现单工位上多台机器人工作时的避让，对于作业空间狭小的点焊生产线中作用尤为突出，它能够保护多台机器人工作时无干预，作业范围无干涉，避免发生机器人间的碰撞。

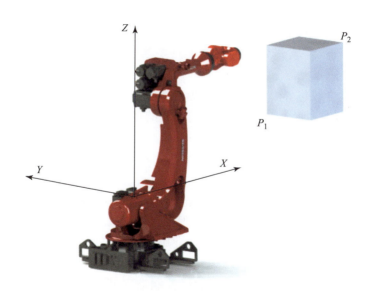

图 2　机器人干立体干涉区示意

(4) 碰撞保护。碰撞保护是机器人安全检测功能的一部分，机器人在遇到一定外力的情况下，通过算法实时读取电流或反馈的力矩实现碰撞检测，控制机器人当前动作，及时起动自身安全性保护，在点焊作业中，考虑到多数采用 200 kg 或以上级机器人加机器人焊钳的实际情况，项目中工业机器人在所有模式下都具备碰撞保护功能。通过软件命令能调整预先定义的有效载荷，并由程序控制的灵敏度参数，旨在防止对机器人、机器人末端执行器及机器人运动轨迹内其他设备的破坏。机器人碰撞保护功能密切关乎着使用者和机器人的安全，同时也从某种程度上提高了机器人的耐用度。

(5) 工具快换机构。210 kg 机器人是汽车制造业使用频率最高的工业机器人产品，应用涉及点焊、搬运、涂胶、检测等多种应用，因此通用化与高柔性成为机器人的主要要求之一。项目中工具快换机构采用高强碳钢或铝合金材质，并做防锈处理，在水平和垂直方向都能进行工具的放置，通过接近开关能够直接检测锁紧系统的活塞位置显示锁紧与松开状态。新松机器人工具自动更换技术方面在汽车制造业中已成熟应用，有效提高工业机器人作业时的灵活性与使用效率，实现焊钳、夹具、胶枪等末端工具之间灵活的快速切换。

(6) 连续轨迹控制。每辆汽车的车身上有 4 000～5 000 个焊点。对于一些非直线运动类的焊点轨迹，如果在执行时对位移及速度同时连续进行相关控制，可提升机器人的轨迹精度及工作效率。连续规划在机器人控制中具有重要地位。新松机器人现已实现连续轨迹过程中对单个焊点之间的切换，对于复杂的干涉区域开启连续轨迹单点切换功能可提升机器人操作的安全性。

(7) 高柔管线包。由于机器人点焊工作时的复杂姿态与快速作业，一般都会增加专业的点焊管线包，将水、电、气的保护管路集中到一起进行设计及安装，采用高柔线缆，外观整洁、方便维护，项目中管线包具备弹性回拉机构，减少焊接管线对焊接空间的占用，最大限度地避免点焊管路的磨损，延长管路的使用寿命。

(8) 外部轴联动。新松工业机器人支持 12 轴联动功能，对伺服焊钳、机器人滑台等外部设备实现集中控制，方便操作及调试。

(9) 点焊工艺软件包。针对点焊作业中的工艺要求，专业的点焊机器人需要具备焊钳加压、焊接、电极修磨、焊钳参数设定等功能。经过多年的汽车制造业应用经验，新松机器人与焊钳控制器之间深度融合，在焊接过程中掌握焊钳行程、压力等标定技术，电极帽修复技术，并拥有多种补偿技术与压力控制技术，大幅提升焊点质量，有效保证了机器人的在线稳定运行。

(10) 基于 CAM 技术的路径仿真。对于汽车车身内部的某些狭小空间作业，人工很难进入实施示教工作，距离较近的工位之间又经常发生干涉。以发动机舱焊接为例。发动机舱曲面多，结构复杂，手臂穿过缝隙时，余量只有 10 mm。工业机器人的离线编程与在线模拟可采用仿真的方式解决这类示教难度大、轨迹复杂一类特殊工位的现场操作，通过使用 RobotCad 软件对机器人路径进行可达性验证，在仿真的过程中不断修改以达到最优路径（图 3），节省调试时间，提高作业节拍，保证了高精度作业，实现车身焊接中复杂轨迹的优化与效率的优化。

图 3　机器人路径仿真

2. 车身往复杆输送系统

车身输送系统的作用是实现车身各总成的工序间输送,是焊装生产线上常用的输送方式之一,如图 4 所示。项目中车身输送设备采用往复杆输送方式。往复杆输送距离精度 0.5 mm,提升距离 0.5~0.7 m,提升总质量 1~1.5 t,设计达到行业高标准。往复杆输送位于夹具平台上,包括升降机构、同步机构、往复杆、定位机构、安全结构、电控系统等,整体机构中采用高柔性、耐疲劳、抗弯曲电缆。往复杆及升降机均采用电驱变频调速,可根据需要设

图 4　车身输送系统

定各部分速度，满足当前焊装线输送的高节拍要求，能够实现同步升降，并具有较高的输送定位精度，降低车间噪声，同时配备行程锁紧装置，提升整个系统的安全性。

3. 柔性驱动输送系统

作为汽车工厂的新一代机械化输送设备，有效利用空间资源，项目中在下车身合车工位上率先使用了空中行走系统（摩擦式传动输送线系统 FDS），它由轨道、车组、摩擦驱动装置、定位装置、制动装置、电控系统、吊具等部件组成（图5），通过一个个的空中驱动站完成工件的传递和输送，项目中的发动机舱通过空中 FDS 输送到位，机器人在空中抓取工件并放置到位，最终实现下车身部件的定位焊合。FDS 输送系统减少了人工工作强度，柔性好、减少了工作环境中的机械噪声、输送量大、输送距离长、对线路适应性强、总成时定位精度高，经济环保。

图5 FDS 输送系统

4. 基于环岛模式的防火墙焊装线

汽车防火墙作为发动机舱的关键组成部分，焊装时需要人工辅助进行上下料。为了提高焊接质量及产能，在防火墙焊装环节采用了环岛模式布局，如图6所示。汽车焊装生产线中的各个工作站并不是个体，而是相互连接、相互牵制的群体，对比传统的直线布局而言，项目中采用了基于环岛模式的作业生产，结构紧凑，节省空间，缩短人工上下件时间，减少设备在线等候时间，有效提高生产效率与设备利用率。

图 6　基于环岛模式的焊装线

5. 基于规划系统的数字化工厂模型

项目中采用先进的数字化工厂技术软件进行工艺规划与工艺仿真,以产品全生命周期的相关数据为基础,在虚拟环境中对整个生产过程进行仿真、评估和优化。通过将制造信息模型与工艺过程模型的无缝集成,实现了白车身焊装生产线的计算机辅助工艺规划。具体实施在进行柔性生产线设计时,通过导入车型,以 Process Designer 为平台,对生产线上所有涉及的安装调试资源进行三维建模仿真分析,资源包括工装、机器人设备、焊接设备、电控柜、钢结构、输送设备等,并对整个自动化生产线做整体仿真工作,确保自动生产线工艺可行,焊点无不可达情况。通过创建制造信息模型和工艺过程模型,实现对白车身焊装生产线的生产信息管理和工艺过程规划,构建了白车身焊装生产线工艺快速、高效、准确的规划系统,缩短了工艺规划时间,提高了工艺规划的准确性。

6. 模块化十字滑台系统

十字滑台是汽车生产中被广泛使用的辅助设备之一,通常采用模块化设计,易于安装及维护,如图 7 所示。它可以灵活快速切换机器人作业方向,实现机器人的准确定位及精密作业,本项目是将新松机器人与十字滑台系统在汽车生产中首次融合到一起。十字滑台系统中的 XY 轴滑台有效行程均达到 10 m,实现长距离运作,速度可调至最大 1 m/s,2 t 的负载能力可以使其配合大负载机器人进行快速移载,整体作业效率得到了大幅改善。

图 7　模块化十字滑台

7. 激光在线检测系统

在主车身合车完毕后，为了保证车身质量，使用激光探头对车身尺寸、关键位置及关键轮廓进行非接触式激光测量，系统采用 Vector 平台开发，每车检测 100~110 个特征点，通过对比合格数据的质量问题及缺陷，及时进行解决及修复。在线检测系统的使用便于用户对生产过程的工艺状态实时掌握，对产品质量实现理想的控制。同时通过信息化控制中心可以查看到每辆车的质量状态。

8. 信息化生产系统

信息化规划是汽车智能制造神经系统，项目中搭载了生产线信息化管理系统 ANDON 来实现车间的基础管理。通过对大数据的把控，可以实时监控记录生产线及生产设备的运行状态，及时、准确、自动地采集生产线上车身产量、质量及设备的状态、能耗等信息。从计划排产、生产监控、生产追溯、工艺管理、质量管理、设备管理、整体运营等方面进行综合分析，能够对生产过程及时反应、报告，并用当前的准确数据对它们进行指导和处理，自动选择最优解决方案，从而构建一个具有高度灵活性、个性化、利用最少资源进行最高效率生产的工业生产体系，实现生产过程的可视化与透明化管理。

四、效益分析

从长远上讲，机器人智能制造给我国的汽车制造业带来了巨大的变革，并显现出巨大的经济效益和社会效益。

就本项目而言，经济效益可观：可以为企业实现每年 12 万辆车的制造产能，投产后预计为华晨创造销售收入达千亿元，年利税总额或将超过百亿元。对比华晨工厂内国外同类机器人的使用而言，新松机器人在使用及维护成本上可节省至少 70%，综合成本节省近 50%。除此之外，机器人焊接带来的车身质量的提升加上信息化管理系统的引入降低了质量控制的管理成本；布局合理紧凑，节省空间及占地成本；减少了用工成本，改善了人工作业强度及工作环境，并间接提高了员工的能力及综合素质。从社会效益上讲，汽车制造中程式化的生产模式提高了资源利用率，拉动国产汽车的产业竞争力、企业在智能制造理念、技术、管理等方面的探索与实践，影响及推动了我国其他车企的健康发展；国产化装备在高端车企的批量应用推动了我国智能装备创新发展，为企业树立了优质的品牌形象以及业内示范效应；智能化制造水平的提高加速了车企发展，也从一定程度上促进了地方经济的发展。

五、归纳总结

新松作为智能制造整体解决方案的专家，掌握智能制造领域的关键技术与核心技术。新松机器人在华晨汽车智能制造车间的成功实践与"中国红"的大面积呈现，是国产机器人在中国汽车工业历史上的第一次大规模使用。国产机器人能够进入汽车生产线，助力智能制造，实现高端车型的生产，标志着中国机器人已经进入了高端行列，产品的竞争力及表现力日益增强，引领了汽车制造的新航向，对国产机器人的发展及汽车制造的国产化都有着积极意义与示范作用。

汽车工业是制造业的中流砥柱，以新松机器人为代表的国产机器人作为探路先锋，在汽车工业的国际竞争力正在凸显，并致力于引导汽车工业由"传统制造"向"智能制造"转变。智能制造的道路发展任重而道远，只有继续克服各种技术及成本难题，协同创新，抢占制高点，才能加速中国机器人成为汽车智能制造中的中坚力量，不忘初心，砥砺前行，带动中国制造业的腾飞。

第三篇

汽车智能制造案例与技术应用

汽车精密阀类部件的智能装配与检测

机科发展科技股份有限公司

樊 悦 邓 媞 赵 奇 刘 昆 檀学莹 刘国状

一、前言

汽车产业是国民经济的重要支柱产业,在国民经济和社会发展中发挥着重要作用。2011年12月30号印发的《工业转型升级规划》中明确提出了提高汽车安全水平为汽车领域发展的重点之一。

车身电子稳定系统(Electronic Stability Program,ESP)是目前国际上汽车主动安全电控系统中一项关键技术,它集合了汽车防抱死制动系统(Anti-locked Braking System,ABS)、牵引力控制系统(Traction Control System,TCS)、驱动轮防滑系统(Acceleration Slip Regulation,ASR)、电子制动力分配系统(Electronic Brakeforce Distribution,EBD)、主动横摆力偶矩控制(Active Yaw Control,AYC)、主动转向控制技术(Active Front Control,AFC)等诸多汽车安全电控系统的基础功能单元,并在此基础上增加了更多的传感器,可以主动控制四轮的制动力和牵引力,大幅度提升汽车安全性能,图1所示为电子稳定系统零件位置及其组成。

液压控制装置正常情况下执行制动助力功能,在车辆加速和减速出现滑移、侧滑时,将受控的制动液加载到每个车轮上。阀类部件作为执行机构,在系统中起到了非常重要的作用。例如,ABS系统中的增、减压阀就是其中的典型,如图2所示。液压控制总成需要4个增压阀和4个减压阀协同工作,以达到控制制动力和牵引力的目的。

以增压阀为例,增压阀通过线圈通电与断电来实现增压阀的关闭和开启功能,推杆高出高度和行程,是增压阀最重要的两个参数,直接影响增压阀的电磁性能,推杆高出高度要求精度控制在 ±0.015 mm 以内,行程要求精度控制在 ±0.02 mm 以内,如图3所示。

随着汽车智能驾驶技术的发展,汽车安全电控产品已经成为国际汽车的法定标配产品,市场需求量飞速增长,作为大批量使用的汽车安全部件,制

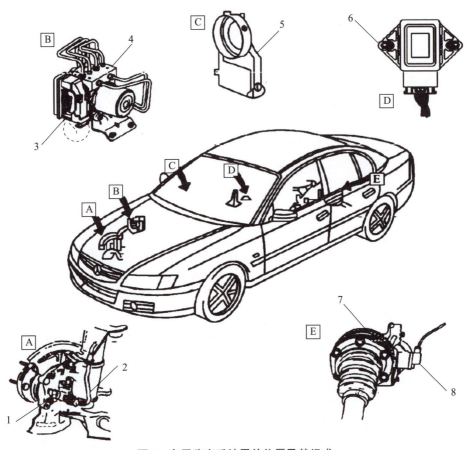

图1 电子稳定系统零件位置及其组成

A—前轮速度检测系统；B—液压调节总成；C—方向盘转向检测系统；
D—横向偏摆传感系统；E—后轮速度检测系统
1，7—制动压力传感器；2，8—制动助力系统；3—电子控制单元；
4—液压调节系统；5—转向角传感系统；6—横向加速度传感器

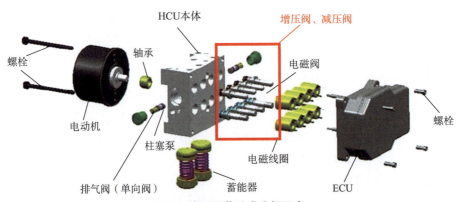

图2 液压调节总成分解示意

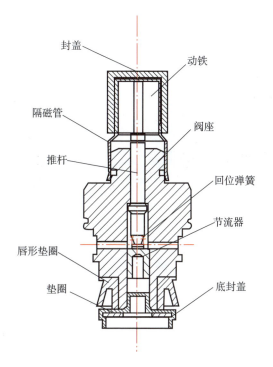

图 3 增压阀结构

造的可靠性和一致性至关重要。手工或者半自动的装配方式一方面无法保证100%产品的一致性和可靠性,另一方面制造成本和生产效率与人工关联度较高。本项目针对增压阀和减压阀的大批量制造,开发研制了一种智能检测装配系统,融合了自动化物料传送、精密伺服压装、机器视觉防错、激光焊接、自动打码/扫码、智能料库等多种智能制造技术,实现了增/减压阀的数字化、自动化、智能化生产。

二、系统架构

自动检测装配线运行时,操作者在设备上确认产品型号即可开始生产。在生产过程中只负责为自动上料机构补充零件物料,并按照提示取走下线产品,无须参与零件的测量与装配。设备会智能完成物料的传送、防错、自动检测、精密装配等功能,并记录测量和装配数据,合格的产品进行焊接、打标、下料等操作,不合格的产品自动丢弃至废料盒中。图 4 所示为增压阀自动检测装配线。该设备尺寸为 6.1 m×1.1 m×1.7 m,布局精巧合理。不同于传统机加工设备,自动检测装配线可放置于实验室级别的无尘车间进行清洁生产,保证了精密装配的精度。

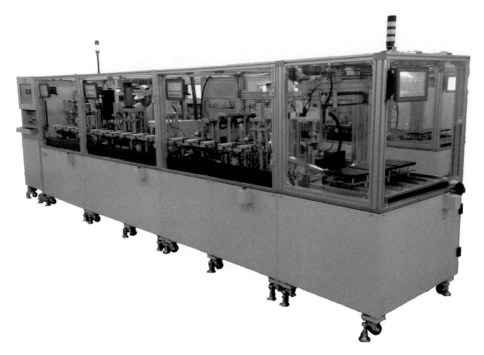

图 4 增压阀自动检测装配线

自动检测装配线由 4 个子系统构成，各子系统间的数据传递通过 EtherCAT 总线实现，每个子系统配置一个 PLC 分站与各执行机构进行通信和数据传输。所有分站顺序串联在控制柜内 PLC 主站的后端，数据在主站汇总后，供工控机读取和显示。各子系统通过滑台和移料机械手进行物料传送。图 5 所示为增压阀控制示意。

自动检测装配线中的各子系统相对独立，具有很好的开放性，方便与未来设备进行互联和数据通信，为未来工厂进行数字化升级提供了接口；设备运行时，每个工件在每个工位的装配数据都可在各子系统的触摸屏上进行监测，各个传感器、位置开关的状态也可实时地数字化显示；同时高度模块化的设计也将系统可能发生的故障降到最低，方便后期维护与管理。

基于这种总线控制的分布式设计，设备各个功能组件独立工作，互不制约，大大提高了生产节拍；设备使用自主研发的精密伺服压装系统，可精确控制增/减压阀的关键尺寸，保证了下线产品的特性一致。自动检测装配线可以在保证系统维持高精度、高效率工作状态的同时具有高的抗干扰、抗冲击能力。本项目中的增减压阀自动生产线已经投产 3 年，在产量较大时连续 7×24 h 不间断生产，至今仍可保证一次下线工件的高合格率和产品一致性。

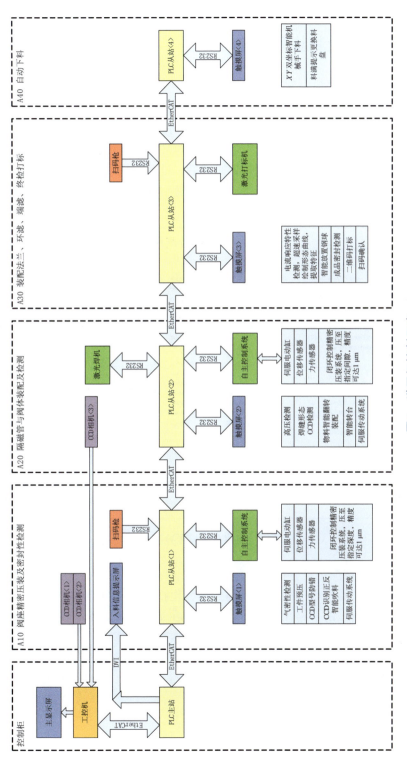

图 5 增压阀控控制示意

三、智能检测装配系统的特点

1. 数字化

1）工序参数设置灵活

对于工件装配的各项工序中，相应的控制参数包括目标值、修正值、判定阈值以及激光焊接、精密压配等过程参数全部可以灵活设置，如图6所示。工艺人员将工件型号与配套参数设置完成后，设备会按照设置进行智能生产，还可根据生产需要开启或关闭某些功能，实现一机多用。

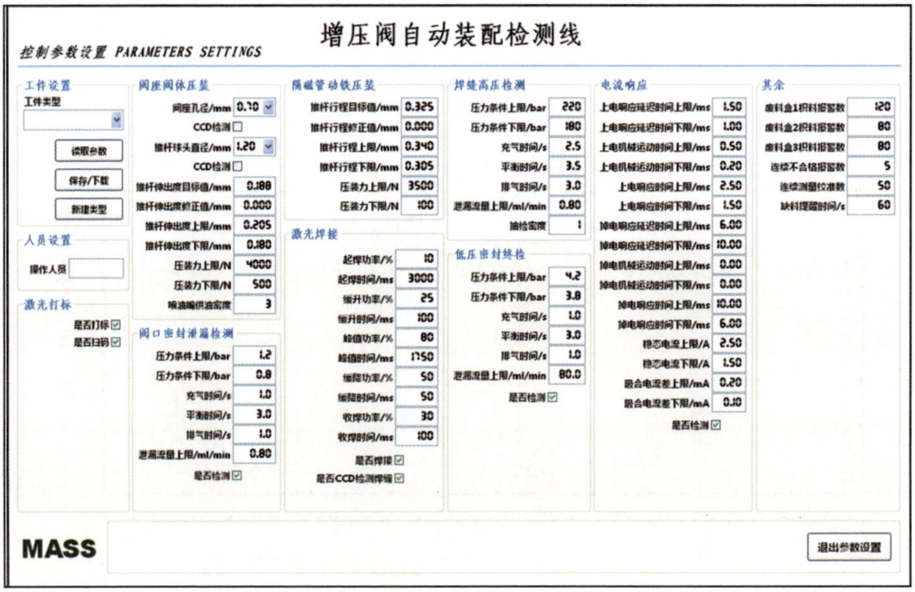

图6 工序参数设置界面

2）全面的数据统计分析

装配线生产的过程中产生的过程数据，包括每个工件在每个流水工位的装配数据、整条线的合格率等，均自动记录在工业控制计算机的硬盘中，以供日后查阅和分析。对于选定的需要查阅的数据，计算机软件中提供了散点图（控制图）、直方图等形象且必需的曲线和概率分布形式，同时可计算极差值、标准差、CPK（过程能力指数）等工业过程控制的必要参数，如图7所示。

汽车精密阀类部件的智能装配与检测

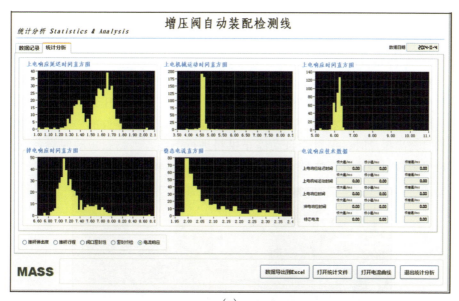

(a)

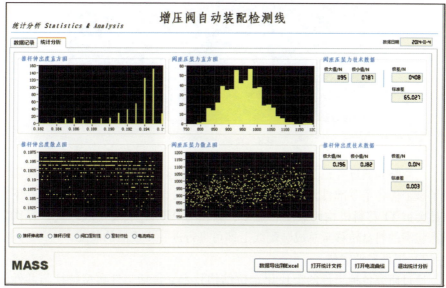

(b)

图 7　设备数据统计功能

3）动态频响性能测量技术

增/减压阀的阀芯从通电开始运动到停止运动的响应时间的检测。设备使用了信号超采样技术，捕捉到了阀芯通电瞬间线圈内的电流波动状态，通过编写算法对电流波动曲线进行数据处理，提取电流波动曲线特征，得到增/减压阀的机械响应时间和上电延迟时间等关键参数，直观地反映出工件特性，对改善产品质量有着极大帮助。

2. 自动化

1)零件物料自动上下料

整条装配线所需的零件物料全部可自动上料。物料经振动上料器至传送待料位,通过气爪或真空吸盘运送至组装工位进行测量、压装等工序。物料运送期间会经过防错检测、工件形状整形等工序,确保零件的一致性。物料足够且充满振盘时,振盘会自动停止供料进行节能,当物料短缺时设备会进行声光报警,提醒补充物料。自动上料单元如图 8 所示。

图 8　自动上料单元

产品顺利通过各道工序后,会通过激光打标打上二维码下线。二维码记录了该工件各个零部件及每个工序的过程数据,方便后期的数据追溯。下线产品会被 XY 移料机构码放至料盘中,料盘与 ABS 总成装配线匹配,操作者只需将满的料盘转移至总成装配线上即可进行进一步成品的装配。

2)工件自动定位

通过研究各种组件的模块化定位结构技术,包括工件典型特征与共性结构设计的结合技术,各压配组件压配前的可靠上料技术、定位与装夹技术,确保在压装过程中工件没有任何形变损伤,并保证工件承力的合理性;针对指定零件,设备还设计了自动整形功能,保证装配所用零件的特性一致;针对物料传输,每对传输夹爪都设计了扶正和防漏功能。

3. 智能化

1)高度智能化的生产过程

在生产过程中,操作人员设定好装配控制参数,并将所有物料零件上料到位后，即可在下料工位收取完成合格的成品总成，整个过程无须人员干预。对于生产过程中可能出现的缺料、卡料、连续生产不合格、条码扫描失败等异常情况，设备自身会做出声光提示，并暂停生产以便操作人员处理。即生产过程在无须人员干预的同时，也无须人员监控。

在生产过程中，可以通过上位机生产监控界面对各个工序进行状态检测，并观察当前工件的测量结果，如图9（a）所示。设备的安全防护装置采用高可靠性的4级安全光栅，避免意外的误操作造成人员伤害，同时在激光焊接等危险工序中，还加装了防爆玻璃和安全门进行隔离，确保生产过程和操作人员的安全，如图9（b）、（c）所示。

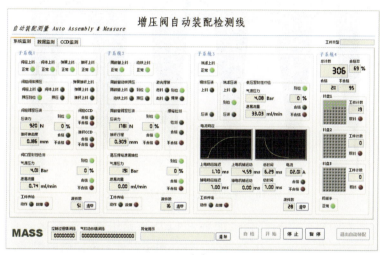

（a）

（b）

（c）

图9　自动生产监控界面、安全光栅、激光焊接安全玻璃

2) CCD 视觉防错

对于增/减阀的不同型号的产品，个别零件会有不同型号的物料。以增压阀推杆为例，由于各型号差别极小，采用 CCD（电荷耦合器件）视觉型号甄选防错功能，可识别的推杆按照球头直径分为 $\phi 1.2$ mm、$\phi 1.5$ mm 两种，如图 10 所示。根据参数设置，设备可智能筛选出对应的推杆物料，自动将混料弃至废料盒中。

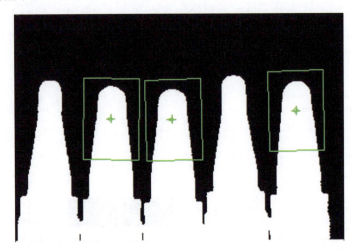

图 10　物料 CCD 防错处理示意图

装配线在阀座的上料部分也加装了 CCD 防错组件，按照阀芯直径分为 $\phi 0.70$ mm、$\phi 0.75$ mm 和 $\phi 0.95$ mm 三种；对于阀体与隔磁管的焊接，同样具有 CCD 视觉焊缝质量检查功能，可以有效检测出表面有细小坑洞的焊缝，免去了采用高压检测焊缝泄漏所带来的气源和时间的耗费。同时装配线中也可以配以高压抽检的方式来强化和补充焊缝 CCD 视觉检测。

3) 智能化精密压装

装配制造过程中的最重要压装工艺环节包括：增压阀的阀座与阀体精密压装；增压阀的隔磁管与阀体精密压装；减压阀的定铁与隔磁管精密压装；减压阀的隔磁管与阀座精密压装。

在压配过程中，针对不同部件的特点和各工艺环节对应的尺寸要求，设计具有针对性的压配过程，由多传感器所构成的在线实时测量系统与伺服压机组成了闭环的精密压配系统。系统通过实时监控压配过程中力、位移的变化，及时调整压配策略，针对每个不同的工件个体，压配出相同的尺寸特征，保证了工件的一致性。

智能化精密压装技术现已广泛应用于各类零件的智能化生产，如高频柱塞泵精密压装、单向阀小钢球精密压装、单向阀总成精密压装、蓄能器精密压装、高频开关阀精密压装、比例阀端盖精密压装、压缩机定子与转子精密压装，等等。

4）智能化密封检测

密封性能检测包括了低压和高压综合性能检测。通过研究，设计出合理的测量气路，模拟工件真实工况，采用了低压稳压技术及高效数据采集与处理技术，高效地实现了100%工件的密封性能测试。高压检测的目的是测量激光焊接后阀体外壳的密封性是否依然满足要求。设备集成了可以在200 bar状态下进行密封检测的测量气路，在绝对安全的环境下实现高低压气路分离，满足效率的条件下，实现了100%工件全检。

密封性测量技术适用于除阀类零件外多类工件的密封性检测，高频柱塞泵泵体锥面真空密封性检测、单向阀密封性检测、比例阀密封性检测、单体泵/共轨泵等泵类工件密封性检测都已采用该技术进行检测，并形成专机。

四、结语

增/减压阀自动检测装配线的研制成功，解决了增/减压阀性能参数100%在线自动检测智能装配的系统设计问题，组建了ABS/ESP多种阀类部件的智能在线性能检测系统。目前两条自动检测装配线已在武汉元丰汽车零部件有限公司投产使用，并且将元丰用于生产的人员投入由原来手工生产时的16人/班减少至2人/班，生产效率由1 000件/班提升至1 700/班，在解放了生产力、提高生产效率的同时，还极大地提升了产品的一致性，也使增/减压阀的生产完成了由手工生产到数字化、自动化、智能化生产的完美转型。

增/减压阀的智能化自动检测与装配技术，属于典型的高精度、高一致性、高产品可靠性要求的汽车电子电控产品生产工艺与技术，其生产装备和自动检测装配理念可以向汽车发动机电控系统、自动变速器等相关领域拓展。本项目设备的成功应用，为汽车精密液压系统自主产业化生产提供了关键制造装备及智能化装配线的保障，增强了国内厂商与国际公司竞争过程中的市场响应速度，提高了产品竞争力，证明了智能制造升级的可行性与必要性。

智能仓储物流系统在离散制造业中的应用

北京机械工业自动化研究所有限公司　吴　双　杨　骁　武名虎

一、引言

物流是根据实际需要，将运输、储存、采购、装卸、搬运、包装、流通加工、配送、信息处理等功能有机结合起来实现用户要求的过程。传统制造业生产车间的物流系统具有活动分散、规划设计格局不清晰、扩建及流程优化难等特点，进而导致企业物流成本增加、运作效率长期低下，甚至导致运营发展受损。

随着生产技术的增强和生产规模的扩大，制造业生产车间如何整合物流资源以提高其生产能力和仓储利用率，如何提升自身快速反应和交付能力实现对车间原材料、半成品和成品的智能储运与调配，如何与供应链上下游协同发展实现物流与生产之间的完美对接，已经成为制约企业发展的关键所在。

美国、日本"再工业化"、德国"工业4.0"和"中国制造2025"中均提出了"智能物流"的概念[1]，所谓智能物流，即通过智能技术（包括智能规划技术、智能控制技术、智能管理技术、智能集成技术等）使物流系统实现具有智能化、一体化、层次化、柔性化和社会化的决策，进而影响生产，最终达到优化资源配置的效果。

智能物流与仓储技术结合而成的系统称为智能仓储物流系统，它通常由自动化立体仓库、分拣及输送与配送系统、自动控制系统、仓库监控系统（WCS）、仓库管理系统（WMS）、WMS与ERP系统接口、WMS与MES系统接口、服务器系统、工业网络系统、周转箱和托盘等组成，它提供了生产车间中零部件的分类仓储、按生产订单分拣和输配送的解决方案，实现了车间零部件管理的信息化，生产订单对接和管理的智能化，零部件分拣和配送的自动化，节省人力资源并降低成本，提高生产效率和空间利用率，使得车间的管理水平和智能化程度得到大幅提升。

二、案例背景

北京机械工业自动化研究所有限公司（以下简称"北自所"）的主营产品掘进机、特种装备的生产是典型的离散制造行业，其特点如下：

（1）产品形态较为复杂，包含多个零部件，具有较为固定的产品结构。

（2）产品种类多样、品种多、系列多，决定了企业物料的多样性。

（3）物料形态分为原材料、半成品、产成品、废品等，同时物料规格、大小及环境要求都无法统一管理，需满足按需求配盘、及时配送的物流需求。

以往北自所仓储物流系统包括掘进机装配总厂电气液压库房、特种机械装配总厂电气液压库房、综合库房和大件露天库房。四大仓库都是平库，品种多，难管理，多个装配库房服务不同的装配车间，库房之间没有相互联系，不同库房的管理没有统一的管理平台，责任划分较为混乱，进而形成信息"孤岛"。仓库中的作业采用了最原始的简单的机械搬运形式，库房空间利用率低、账目管理水平低、信息化程度低。

三、解决方案

针对该仓储物流系统现状及生产特点，北自所提供了智能仓储物流的解决方案。

如图1所示，决策层根据生产计划，从供应商组织采购原材料，供应商将原材料配送至企业物流中心，物流中心根据生产计划将各原材料配送至各

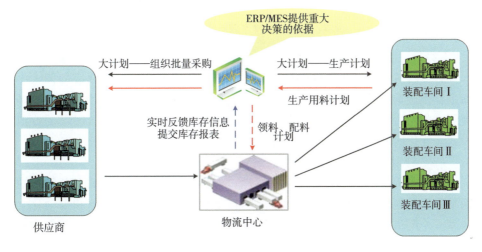

图1　项目需求分析

车间，这是自上而下"推"进计划的过程，然而"推"得不当将会造成"积疙瘩"，解决之道是消除堆积的处所——物流中心。与自上而下推进计划同步进行的是决策层向装配车间下发生产计划，装配车间将生产用料反馈至决策层后，决策层向物流中心下发配料计划，这是由下而上的"拉"进计划的过程，"拉"得不当会造成"断流"。解决之道是物资储备处所——物流中心。

下面将从四个方面具体分析智能仓储物流系统的解决方案。

（1）重新搭建物流信息管理系统层级。

北自所为企业重新搭建物流信息管理系统层级如图 2 所示。通过统一平台，可以对实际业务需求进行集中式管理。针对厂间物流、库间物流的实时信息，构建了一体化的物流配送体系。同时各库房可以进行独立维护，差异化管理保证了系统实务操作的灵活性。

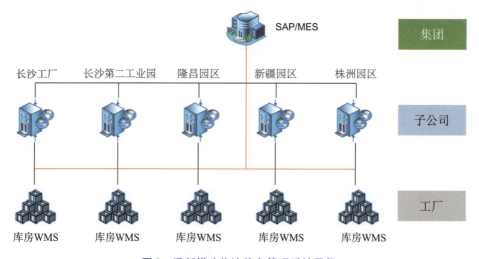

图 2　重新搭建物流信息管理系统层级

（2）优化原有库房体系结构。

针对离散制造行业零部件的种类、规格、形态等特征，将原有的四大平库进行优化重组后，分为托盘立体库、料箱立体库、超大超重物品库。重新规划仓库周边配套设施布局，设置"收货区＋立体库存储＋配送区"的物流模式。优化后的库房体系如图 3 所示。

（3）针对物料进行仓储分类。

如图 4 所示，针对物料的不同特性，将其分为四种存储模式，分别是地面平置库、高架叉车库——超大件库、自动化立体库——托盘库和自动化立体库——料箱库。按照图 5 所示将各物料进行分类后，可在 WMS 系统对物料进行定义，实施信息化管理。

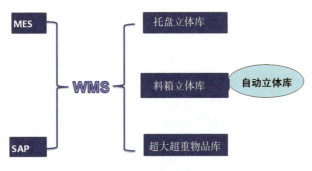

图 3　优化后的库房体系

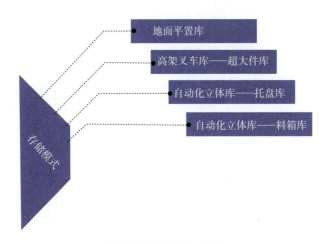

图 4　物料的存储模式

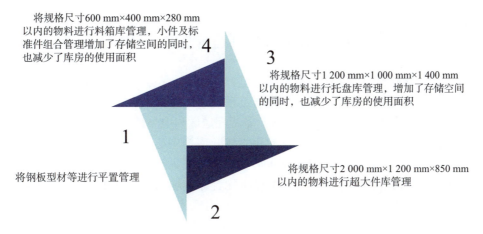

图 5　物料的仓库分类原则

这样的设计，使得各库房职责更加明确。四个库房使用了同一套 WMS 系统，可以有效保证库房信息的一致性和时效性。对库房管理人员和企业管理人员来说，WMS 系统可以提供最有实时效的信息；对全公司各个工厂各个库房来说，WMS 系统的统一管理方式使得库房账务更加清晰明确，减少了呆滞库存。分类管理后，有效地降低了现场管理难度，提高了生产配送的效率和准确性[2]。

（4）根据离散制造业特点，进行软硬件架构优化。

智能仓储物流系统的软硬件架构由上而下分为四个层级：业务管理层、物流执行层、物流控制层和物流设备层，如图 6 所示。四个层级之间通过共享数据资源实时建立信息连接，作业任务由上层下发至下层，作业信息由下层反馈至上层。

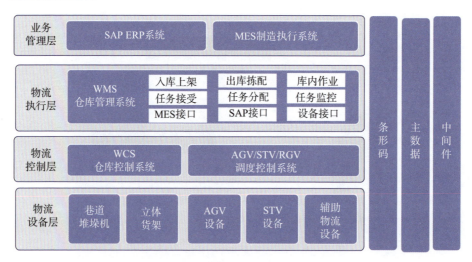

图 6　智能仓储物流系统软硬件架构

四、智能仓储物流在离散制造业中的应用

1. 智能仓储物流系统方案布局

图 7 所示为某分公司智能仓储物流系统平面布局图，主要包括货架存储区、收货待检区、上线区、拣选区、备货配送区和中央控制室等。

智能仓储物流系统布局以自动化立体仓库为中心，仓库分为托盘库、料箱库、超大超重物品库（包含地面平置库）等三大存储区域。其中，托盘库和料箱库货物的存取任务是通过堆垛机配合库端输送机完成的，同时仓库管理系统（WMS）和仓库监控系统（WCS）对仓库的物流信息进行实时监控、调度和信息流的维护[3]；超大超重物品库货物的存取任务是通过 WMS 进行账目管理，人工叉车执行出入库作业。

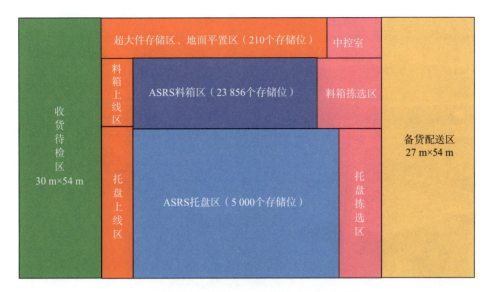

图 7 某分公司智能仓储物流系统平面布局图

在库房西侧是收货待检区和上线区。供应商提供的零部件在收货待检区卸料后，库房管理人员根据 MES 系统下发的取料计划进行收货盘点后，根据《物料的仓库分类原则》对物料进行分类。适用于托盘库的零部件码垛完毕后，将货物名称、数量与托盘信息绑定后会上传至 WMS，叉车将入库货物叉放在托盘上线区的输送机上，准备入库。适用于料箱库的零部件上线，WMS 根据 MES 系统导入的入库单据及其零部件的种类、规格，自动规划所需料箱个数和各零部件在料箱中的存放区域。采用机器人抓取料箱自动上线的方式，提高入库效率，降低人工劳动强度。适用于超大超重物品库的零部件，组盘完成后，提交至 WMS，由 WMS 分配入库货位，并在条屏上进行入库货位提示，人工叉车执行入库作业。

在库房东侧是拣选区、备货收货区。拣选区和备货收货区与装车平台直接相连，WMS 和 WCS 根据出库订单的要求，按照先进先出、指定日期等原则自动分配出库作业，并下发至堆垛机执行。托盘和料箱既可直接出库，也可拣选后回库。托盘的拣选直接在出库输送机上进行，料箱内零部件的拣选是在料箱拣选区进行的，如图 8 所示。料箱拣选区设有两个拣选工位，操作人员根据系统提示，对料箱内货物进行拣选，拣选后的料箱将会自动回库，大大降低了人为出错率。

2. 智能仓储物流系统设备层

智能仓储物流系统设备层主要包括巷道堆垛机（图 9）、AGV 设备托盘（图 10）、机器人和输送设备等辅助物流设备。巷道堆垛机接收并执行 WCS 下

图 8 料箱拣选区

发的作业任务进行出入库作业,是智能仓储物流系统的重要执行环节。AGV设备可能沿规定的导引路径行驶,将货物搬运至指定位置。机器人可以实现拆垛和码垛功能,极大程度上减少人力并且增加了效率。输送设备连接了各物流区域,是决定物流方向的重要因素。

图 9 料箱库及其巷道堆垛机　　　　图 10 AGV 设备托盘

3. 智能仓储物流系统执行层和控制层

智能仓储物流系统执行层是仓库管理系统（WMS），它是智能仓储物流系统纽带。WMS 接收业务管理层（EPR/MES）下发的作业任务后，又将任务下发给物流系统控制层——仓库控制和调度系统（WCS）。同时，WMS 通过对物资的信息采集，物资信息报表的实时更新，物资收发信息的跟踪，有效衔接采购物流和生产及销售物流，确保生产和售后所需零部件物资的准时化供应，使物流中心具有精益化、智能化、自动化、信息化程度高等特点。图 11 所示为仓库管理系统的库存查询功能。

入库时间	仓库	工厂	地点	物料代号	物料名称	规格型号	数量	可用数量	占用数量
2016/8/23 15:07:32	铁建重工	1010	1102	80241440201	"19"""滚刀浮动密封0型胶圈O形圈 205*9.4/NBR/HS60-65"		100	100	0
2016/8/23 15:07:32	铁建重工	1010	1102	80241440201	"19"""滚刀浮动密封0型胶圈O形圈 205*9.4/NBR/HS60-65"		150	150	0
2016/8/23 15:07:32	铁建重工	1010	1102	80241440201	"19"""滚刀浮动密封0型胶圈O形圈 205*9.4/NBR/HS60-65"		110	110	0
2016/9/26 15:06:14	铁建重工	1020	3002	80122011039	"3/4"""系列六角风动长套筒34607-19mm"		1	1	0
2016/9/26 15:06:14	铁建重工	1020	3002	80122011040	"3/4"""系列六角风动长套筒34609-21mm"		2	2	0
2016/9/26 15:06:14	铁建重工	1020	3002	80122011041	"3/4"""系列六角风动长套筒34610-22mm"		2	2	0
2016/9/26 15:06:14	铁建重工	1020	3002	80122011042	"3/4"""系列六角风动长套筒34612-24mm"		1	1	0

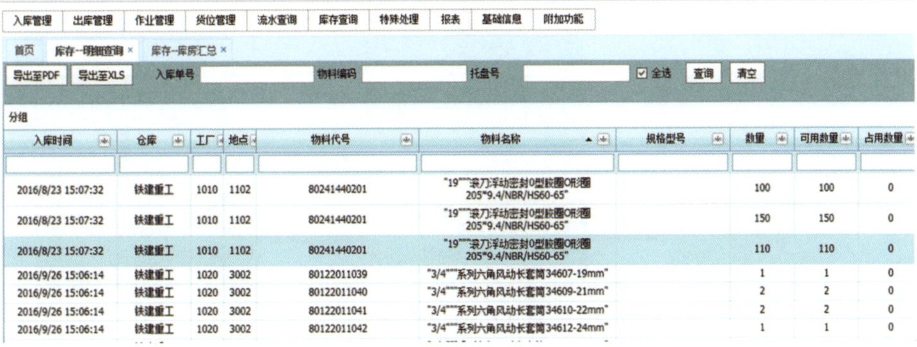

图 11　仓库管理系统的库存查询功能

采用 WMS 系统可替代人工对订单物料进行分类存放的工作量，WMS 系统将相应类型订单的物料暂存至相应区域，待订单完成后，人工无须核对订单完成信息，系统会自动提醒订单完成信息。WMS 系统具有模糊分析大数据的功能，它能将一段时间内的出库物料信息进行统计分析，并达到一定匹配程度的物料进行组合；当相匹配组合中的某种物料缺货时，系统会自动提示进行优先补货。

4. 入库流程

入库流程如图 12 所示。

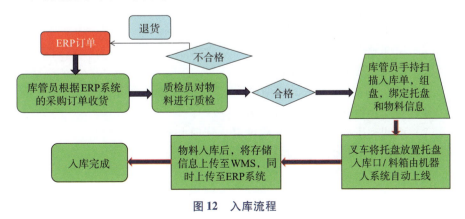

图 12　入库流程

仓库管理员根据业务管理层（EPR/MES）所下发的采购订单进行收货盘点后，由质检人员对物料进行质检。如果质检不合格，则将不合格信息返回给 ERP 并进入退货流程；如果质检合格，则将物料组盘绑定后入库，入库成功后，WMS 系统记账。

5. 出库流程

出库流程如图 13 所示。

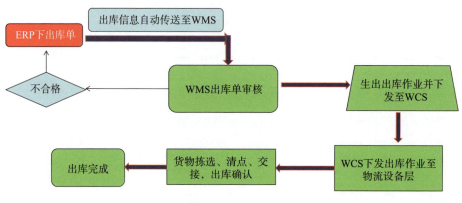

图 13　出库流程

WMS 系统对业务管理层（EPR/MES）所下发的出库订单进行审核。如果审核不合格，则将不合格信息返回给 ERP，ERP 管理人员接收到不合格信息，调查原因后重新下订单；如果审核合格，WMS 将生成出库作业并下发给 WCS，进而下发至物流设备层执行出库作业。货物出库后，进行拣选、清点和交接等工作[4]。

6. 系统应用效果及特点

北自所智能仓储物流系统项目工程综合性强，方案完善，实现了自动化仓储及分拣物流系统的应用效果，它解决了传统离散制造业物流中心的以下问题：

（1）简单的机械搬运的物流模式，人力成本高。

（2）空间利用率低，货物杂乱，难以查找。

（3）信息化程度低，管理水平低。

基于智能仓储物流系统的离散制造业物流中心具有以下新特点：

（1）自动化程度高，人力成本低。

（2）空间利用率高，信息化程度高，管理水平高。

（3）货物分类存储，排放有序，账目清晰。

（4）按需配送，作业流程高效。

五、其他智能仓储物流在汽车智能制造中的解决方案

1. 重庆力帆移峰能源项目

重庆力帆移峰能源首座集中式能源站的启用标志着力帆新能源智蓝战略取得阶段性重大成果,构建了新能源汽车完整产业链。该能源站采用分箱换电技术,3 min 之内就可以为电动汽车换好电池,每天可满足 2 000 辆新能源车的换电需求,如图 14 所示。

图 14　换电工位在助力机械臂的辅助下将快速地进行电池更换

重庆力帆移峰能源站为三层楼建筑,各楼层功能分区清晰。一层是电池仓储区,采用自动化立体仓库存放待充电电池,每一个货位均有充电装置,该区域主要用于汽车电池的储备与电池的智能化管控充电;二层为电池更换区,同时也是服务区,主要为新能源汽车电池更换的工作区域;三层作为能源收集储备区,在楼顶铺设有太阳能采集设备,实现太阳能的采集和储存。

存放在一层电池仓储区的满电量电池通过堆垛机出库并由输送系统输送至二层电池更换区。只要汽车驾驶员进行简单的配合操作,换电工就可在助力机械臂的辅助下,快速地进行电池更换,如图 14 所示。每台新能源车换电时间平均只需 2 分 15 秒,与传统汽车加油一样快捷。目前,该站可进行 2 个

车位的换电工作，未来将可同时进行 6 个车位的换电工作。更换下来的待充电电池通过输送系统重新回到一层电池仓储区，WMS 和 WCS 系统调度高精度伺服堆垛机，将电池搬运至被分配的指定货位上重新进行充电。

项目的总体设计思路为"集中管理、综合与分片监控相结合、分散控制、减少人工"。底层设备控制系统可向 WMS 和 WCS 系统上传设备状态、工艺数据和传递信息。WMS 和 WCS 系统可向下发布物流调度信息，可采集生产现场的各种数据。控制系统采用集中 – 分散型工业总线控制方式，使用了方便灵活的硬件和软件模块组合设计，以适应系统中不同特点的工艺控制要求和管理要求，使之成为既满足工艺要求的精确控制，又满足管理现代化的智能物流系统。

2. 嘉兴润通汽车配件有限公司自动化立体仓库项目

嘉兴润通汽车配件有限公司自动化立体仓库是作为各装配车间的枢纽所存在的（图 15），自动化立体仓库作为整个装配车间的核心，承担着储存整个装配车间外购件、半成品、成品、标准件、辅料等的任务。整个装配线围绕立体库展开，所有的装配线，其装配原料都要从立体库发放，其装配成品也进入立体库进行存放，根据销售订单及出口的船期进行比较规律的出库作业。用户对自动化立体仓库的定位是一个螺丝钉也要存入立体库进行管理，以保证生产的计划性和准确性。

图 15　嘉兴润通汽车配件有限公司自动化立体仓库一角

该自动化立体仓库总共有两个巷道，高度约 13 m，巷道长度约 45 m，总货位数为 10 × 2 × 13.5 × 2 × 3 = 1 620（货位）。设备主要包括高层货架、堆垛机、链式输送机、移动链式机、计算机监控管理调度系统及其硬件等。整个系统通过一维码进行管理，在一层东侧、一层西侧和二层东侧均有入出库系统，能够管理调度和协调各装配线之间的生产任务，并统一进行入出库管理。仓库管理系统 WMS 与企业 ERP 系统对接，方便企业进行生产、销售等决策。

自 2015 年 1 月投入生产运营以来，嘉兴润通汽车配件有限公司自动化立体仓库每周运行 6 d 以上，每天运行超过 10 h，保障了生产的可靠和持续进行，通过对易损件的备货、维护人员的培训和北自所的支持，保障了生产，同时也对销售订单的签订和供货提供了可靠依据，得到了用户的好评。

3. 上汽青岛分公司轮胎排序系统

上汽青岛分公司轮胎排序系统是为总装车间 B、C 线按照生产排序单的顺序自动提供轮胎的系统，如图 16 所示。它取代了以往人工搬运排序上线的操作过程，减少设备与人工交叉作业的可能性，提高了轮胎排序工作的效率。

图 16　上汽青岛分公司轮胎排序系统

本项目共包含 B、C 线两套轮胎排序设备，设备整体包含龙门机械手及其框架 2 套、输送设备 18 套、空托盘下线搬运穿梭车及其轨道 1 套。单套设备抓取效率约为 24.5 s/次，单次可抓取 1~2 个轮胎，每台车按照 1 备胎 4 主胎的抓取顺序，每台每小时能满足58.8不同型号辆车的生产任务，项目整体运行效率充分满足了生产要求。设备投入生产后，节省现场排序操作员6人/班次，减少了人员作业强度，改善了人员作业环境。

轮胎排序系统的 WMS 接收 ERP 所下发的排序生产信息后，自动分解排序单任务。根据排序单顺序和库存情况，在条屏上提示上线信息，轮胎上线后更新库存数据。当库存满足抓取要求时，WCS 将作业下发至龙门机械手，龙门机械手根据指令抓取指定型号和个数的轮胎后，将轮胎投放至指定输送带上，输送带将轮胎依次运送至总装车间进行装配。同时，WMS 汇总轮胎消耗信息，下发空托盘下线指令；WMS 也将轮胎消耗信息反馈至供应商，供应商再提供新轮胎卸货至暂存区后，又进行下一轮上线抓取。

六、智能仓储物流系统在汽车智能制造中的前景分析

离散制造行业的物流中心是连接企业内部车间各个节点的核心环节，合理的物流中心能够降低企业成本、提高企业内部管理效率、提升市场竞争力和增加经济效益等。自动化仓储及分拣物流系统是智能物流的重要组成部分，智能物流体现在以物流管理为核心，实现物流过程中运输、存储、包装、装卸等环节的一体化和智能化，是实现制造业车间资源优化配置和信息化的重要解决手段。

随着汽车制造业水平和时代的发展，汽车零部件工厂需要实现对更多小批量多品种的生产的支持，这将导致企业从以质量为中心的阶段走向以物流为导向的阶段。从订单录入到生产出库，从产品设计到产品诞生，都需要实现一个可视化、低碳化、柔性化和最优化的目标。因此，智能仓储物流系统对汽车制造业来说拥有非常好的应用前景。

参考文献

[1] 刘现允. 中国制造2025下的专用车产业智能制造现状及发展趋势[J]. 现代职业教育，2017（1）.

[2] 汪祥余，吴双，赵剑道，等. 自动化仓储系统在岩心存储管理系统中的应用[J]. 制造业自动化，2014（2）.

[3] 杨骁，徐汉均，蔡靖，等. 穿梭式自动化立体仓库在梦牌瓷业的应用研究[J]. 物流技术与应用，2017（5）.

[4] 李斌，魏鑫，张敬敏，等. 货到人自动拣选系统研发及其工程应用[J]. 制造业自动化，2017（9）.

自主研发的双离合自动变速器（DCT）装配测试数字化车间

安徽巨一自动化装备有限公司　王淑旺　屠庆松　汪　波　王　瑞

一、导言

　　双离合自动变速器（DCT）具有换挡快、省油、舒适等优点，是变速器行业主流发展方向，作为汽车动力总成的重要环节，已经成为国内外汽车行业竞争的焦点，自动变速器国产化和产业化是我国汽车行业的呼声，更是中国走汽车强国之路的探路石[1,2]。双离合自动变速器（DCT）装配测试数字化车间主要包括总成装测线、主壳体装测线、轴系分总成装测线、液压模块（HCU）分总成装测线、总成下线数控测试线、生产过程数据采集与分析系统[3]、生产制造执行系统（MES）、资源计划管理系统（ERP）等模块，车间通过集成应用工业机器人、自动拧紧机器人、智能识别系统、在线检测系统、智能传感器、PLC、信息化生产管理系统等关键智能单元，实现了产品多品种柔性共线生产，实现了制造过程现场数据实时采集与可视化，制造过程数据与管理软件实现高效协同与信息集成；采用数字化工艺规划仿真技术[4]，实现了产品数字化开发、生产过程模拟仿真和验证、生产过程实时监控和产品质量追溯、在线智能检测[5]、设备故障自诊断、智能防错/漏装、车间制造资源合理调配和车间精益生产管理[6]等智能功能，实现了DCT产品的智能化生产，确保了产品一致性，提高了生产效率，降低了生产成本和资源消耗，促进汽车零部件制造业向智能化方向转型升级，加速我国智能制造装备产业的技术进步[7]。

　　安徽巨一自动化装备有限公司是国家重点高新技术企业、国家创新型试点企业，致力于成为中国的世界品牌，为客户提供世界一流的数字化车间整体解决方案和新能源汽车电驱动系统产品。公司主要业务涵盖汽车动力总成装测系统、汽车白车身焊装系统及新能源汽车电驱动系统的研发、生产与服务等，为汽车、军工、航空航天、动力电池等行业提供先进的成套智能制造装备与产品支持。本项目为我国汽车主机厂建立数字化车间提供了借鉴，产品技术达到国际先进水平,填补了国内相关领域的空白。

二、项目背景

1. 研制的意义

1)双离合自动变速器(DCT)数字化车间研制的意义

(1)打造DCT装配测试数字化车间是汽车自动变速器产业升级的必由之路。

DCT由于其结构与技术复杂,对生产制造技术与装备提出了更高的要求,其装配生产过程对于自动变速器产品的质量和精度有着至关重要的影响。研发具有自主知识产权的双离合自动变速器(DCT)装配测试数字化车间,能够从数字化工艺设计、工艺试验、生产组织和管理等方面入手,将DCT制造车间的数字化设备与工艺设计及生产管理的信息进行集成,形成基于数字化设备、信息集成及信息流自动化的集成制造系统,从整体上改善DCT生产的组织与管理,提高制造系统的柔性和数字化设备的效率,满足DCT装配生产的要求,是汽车自动变速器产业整体技术进步的内在要求。

欧盟委员会提出了"新工业革命"理念,强调技术创新、结构改革,改变碳氢化合物为主的能源结构,更有效和可持续地利用资源,同时大力推进新的生产方式——包括机器人、数字技术、先进材料、可循环能源等产业。我国制造业的发展模式正在发生转变,提高生产效率及产品质量,降低成本,实现精细化管理和敏捷化生产满足市场个性化的需求,这些都形成了对数字化智能工厂技术的特别需求,众所周知,我国已处于"刘易斯拐点",人口红利即将到期,"民工荒"一次次爆发,招工难和劳动力成本上升困扰着制造业。在这样的背景下,采用智能化、无人化、数字化制造模式,是我国制造业转型升级的必由之路。

同样,我国汽车产业快速发展,正步入由汽车大国到汽车强国的转变历程中,生产制造模式也在发生转变,对汽车装备制造业而言,既是巨大的挑战又是前所未有的机遇。通过建立企业信息化,以信息化促进工业化,以信息化整合企业资源、优化管理流程,辅助提高企业整体能力。而作为制造类企业的核心环节——制造车间,则是企业能力提升的关键所在。在经历了手工作坊、流水线规模生产等阶段后,以信息技术为依托,践行两化融合的数字化车间建设已成为当前制造业车间的发展方向。数字化车间将以各种数字化技术的应用为手段,融合先进管理思想,提高生产效率、降低企业成本,切实提升车间管理水平。

上述可见,实现生产过程的工业化和信息化相互融合是汽车制造业自身发展的需求；因此，提升生产车间的数字化、自动化和智能化水平，也是汽车零部件生产企业转型升级的必由之路。

（2）打造数字化车间有利于替代进口，彻底扭转自动变速器高端装备依靠进口的不良局面。

本项目立足自主创新，通过引进、吸收、消化基础上的技术再创新相结合，研发具有自主知识产权的双离合自动变速器（DCT）装配测试数字化车间，掌握核心装配技术及数字化车间关键技术，并推进示范应用，对打造和支撑国内汽车行业高端制造装备品牌、提升装备水平具有重要意义。

双离合自动变速器（DCT）装配测试数字化车间在示范应用的基础上，已推广到国内外多家DCT生产企业，替代进口，并逐步扭转高端装配线技术依靠进口的不良局面，提升国内整车及变速器生产企业的核心制造能力和国际市场竞争力，推动我国汽车装备制造业技术进步，同时大大减少劳动力、降低企业生产成本和能耗，企业生产效率显著提升。

2）项目研制对关键智能部件产业发展的意义

自动化、智能化是汽车零部件生产线装备的总体发展趋势。工业机器人、上下料机械手、智能传感器、智能识别系统、在线检测装置等关键智能部件是现代制造业重要的自动化装备，发达国家以机器人机械手、智能传感器、在线检测装置等为核心的汽车装配数字化车间已成为一种趋势，尤其在汽车行业、电子电气行业、物流仓储行业，都大大保证和提高了企业产品的质量和生产效率，推动了这些行业的快速发展，使其制造技术水平和产品质量得到了迅速提升。

经过20多年的探索，我国的工业机器人、上下料机械手、智能识别系统等关键智能部件技术取得了长足的发展，但是与世界发达国家相比，还有不小的差距，尤其表现在工业化市场应用方面。由于相关基础零部件和元器件研发能力及核心技术缺失等问题，尤其是不能通过批量化生产应用解决关键智能部件可靠性以及成本等问题的存在，严重制约了我国智能部件产业的发展。

我国在从制造业大国向强国转变的过程中，需要不断提高其关键智能制造设备的技术和装备的数字化、自动化和智能化水平。但由于工业机器人、智能检测装置等国外智能产品在工业应用中的垄断地位，我国自主智能设备发展还存在以下问题：

（1）没有形成具有一定规模的关键智能部件产业，关键智能部件产品和关键零配件长期大量依靠从国外进口；

（2）在进口设备关键技术的掌握方面存在欠缺；

（3）我国经过多年关键智能部件技术的研究，已经具备一定技术基础，但是缺少批量应用、不断改进、再推广应用持续反复的产品化过程，以上造成了我国关键智能部件在技术的先进性、市场应变能力和运行成本等方面处于劣势的不利局面。

本项目通过集成装配工业机器人、桁架机械手、在线试验检测装置、MES系统、智能识别系统及智能传感器等诸多智能单元,是变速器生产线高端装备与信息技术相互融合的典型代表,体现了制造车间数字化产品工艺设计、工艺试验、生产组织及生产过程管理的一体化。本项目通过在国内汽车及零部件生产企业的推广应用,通过装备研制方和应用方的应用拉动,促进装配工业机器人、上下料机械手、智能传感器、在线检测装置及车间生产管理控制系统等自主智能部件的创新发展,解决相关智能部件产业化过程中的技术优化、系统集成、成本优化等关键技术问题,通过小批量生产应用进而实现产业化,逐步创造我国自主智能装备一流品牌,促进我国关键智能部件的技术创新和产业化。

同时,本项目的实施,对提升自动变速器行业领域制造过程的自动化和智能化水平及关键智能制造装备的开发制造水平,实现生产过程的智能化,降低生产成本和资源消耗,促进汽车零部件制造业向数字化、网络化、智能化升级转型;带动智能制造部件和装置的创新,并加快产业化步伐,壮大智能制造装备产业等方面具有重要意义。

2. 市场前景与需求分析

随着科技水平及管理思想的不断发展,当前汽车及零部件制造企业也在经历一场涉及工艺流程和管理方法的变革,伴随科技手段的快速引入,正在从传统的以经验为主的管理模式向以信息为基础的管理模式转型,即以信息化为支撑、追求可持续发展、坚持科学发展的两化融合模式。为提高生产效率、降低汽车零部件企业生产成本,同时满足我国汽车制造业产业升级的需要,高自动化、信息化、智能化的数字化生产制造车间将越来越多地应用在汽车关键零部件装配生产中。汽车自动化生产高端装备严重依赖进口,目前,国外汽车及零部件生产商大批进入中国,已经造成我国汽车零部件及高端装备市场被国外垄断的局面。据统计,近几年我国设备投资的2/3依赖进口,而轿车工业设备、数控机床的70%来自进口产品,这种现象在汽车自动变速器制造领域更是如此。

双离合自动变速器(DCT)技术的快速发展源于20世纪末,世界上首款量产的DCT产品为德国大众公司的DQ250,于2003年开始投放市场,最初匹配在大众的Golf和奥迪TT上;世界上知名的整车厂和变速器厂都在积极开发DCT,如欧洲的大众、沃尔沃、雷诺、菲亚特、格特拉克、采埃孚;亚洲的日产、三菱、现代;北美洲的通用、福特、克莱斯勒等。DCT产品仅问世不到5年的时间就能以难以置信的速度横扫全球,显示DCT产品强大的技术优势。DCT 与现有的 AT（自动变速器）、AMT（电控机械式自动变速箱）、CVT（汽车变速器）以及机械变速器 MT 相比具有以下优势。

（1）燃油经济性好：相同级别的车辆，DCT 的燃油经济性与 AMT 相当，高于 AT 和 CVT，各类变速器燃油经济性比较如图 1 所示。

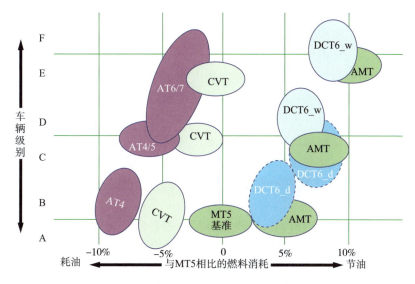

图 1　各类变速器燃油经济性比较

由图 1 可以看出：相同级别车型中，DCT 的燃油消耗比 AT 低 10% 左右，比 CVT 低 5%～8%，比 5 挡 MT 要省油 5% 左右。

（2）制造成本优势：据统计，相同产量情况下，7DCT 的生产成本较 CVT 和 6AT 都要低，7DCT 比 6AT 自动变速器的制造成本低 20%～30%。图 2 所示为各类变速器的制造成本比较。

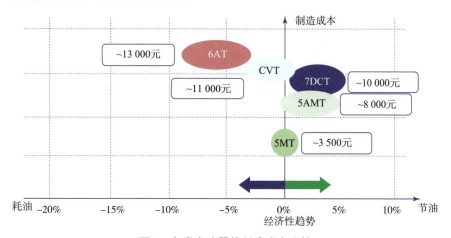

图 2　各类变速器的制造成本比较

DCT 的生产制造能最大限度地利用现有 MT 的生产资源,并与 AMT、MT 共平台开发,DCT 和 MT 及 AMT 在零部件加工制造方面具有很好的通用性,可以同步规划开发,即开发 DCT 作为高端平台,以获得较好的动力性、经济性和换挡舒适性;在开发 DCT 的基础上,统筹开发 MT 作为低端平台,以获得良好的经济性;同时考虑开发 AMT 作为中端平台,以提供较为经济的自动变速实现方式,实现了自动变速器生产设备的柔性化,因此 DCT 非常符合目前中国国情,未来市场空间巨大。

自动变速器与汽车发动机一样,是汽车主机厂国际市场竞争的最主要核心竞争力之一,各主机厂必然会通过各自的努力,实现自动变速器产品的自主化,如一汽、东风、长城、吉利、江淮、奇瑞等企业在 AT、CVT、DCT 等产品方面已经在做积极的努力,然而走产业化道路,自动变速器生产设备依然需要依靠进口,花费了大量的外汇,降低了企业的市场竞争力。因此,自主开发 DCT 装配测试数字化车间替代进口,具有广阔的市场前景。

3. 国内外发展现状

在汽车产业发达的国家,双离合自动变速器已经成为标准配置,而国内自动变速器的配备还相对落后,自动变速器的自主研发能力不能匹配日新月异的汽车发展速度,同时我国 DCT 智能装配测试技术也远远落后国外高端装备企业,缺乏自动变速器智能装配测试相关核心技术。

国外大众汽车公司迈腾、高尔夫、速腾、新宝来等多种车型都采用的 DCT 双离合变速器,预计未来大众其他车型都将装配此款动力总成技术,装配比例将达到 50%。福特汽车公司新一代福特福克斯、蒙迪欧、致胜、S-MAX、Galaxy 和 Kuga,沃尔沃 C30、XC60、S60 等车型选用的是 PowerShift 双离合器自动变速器。国外相关自动变速器生产企业在产品开发的同时,同步进行相关生产制造装备的开发,并形成了以德国蒂森克虏伯、AVL 为主的高端装备制造企业,积累了丰富的试验数据和装备开发经验,培养了一批一流的汽车自动化装备开发人才。

与国外相比,中国汽车起步较晚,目前在汽车整车和零部件产品品质与品牌力方面无法同国际品牌或合资品牌相抗衡,自动变速器表现尤为突出。国外对自动变速器产品技术的隔绝和垄断,包括对自动变速器设计和制造技术的封锁,加之零部件配套体系的不成熟和不健全,使得国内自动变速器产品的开发和产业化尤其困难。在 DCT 产品领域,2008 年底,在国家发改委推动下,由 12 家中国车企联合成立的中发联实业有限公司,联合全球顶级自动变速器企业博格华纳成立合资公司,生产和开发双离合自动变速器中的核心产品:双离合器模块、扭振减震器模块和控制模块。与此同时,上汽同德国 GIF 公司合作在开发生产的 350 N·m 湿式 DCT,五大关键部件采用 BORG-

WARNER 产品，目前已经开始走产业化道路，但其核心生产设备仍需依赖进口。

随着汽车自动变速器产品技术的进步，变速器制造装测技术也迎来了自主开发的春天。汽车自动装配线技术随着汽车工业的发展而不断地改进和提升，从原始手工设备到自动化设备，再到工业机器人技术的引入，如今汽车生产线智能装配技术已经成为整车生产自动化装备中最为关键的技术之一。随着汽车工业的全球化发展，汽车装备集成制造商也在不断地开拓国际市场，并将其先进的制造技术和制造理念向国内渗透，同时自身的发展也在不断地壮大，新技术也在迅速地推广应用。就目前国外先进的汽车零部件装配制造技术分析，汽车零部件装配制造车间在向网络化、数字化、自动化、智能化方向发展，通过信息化技术与先进制造技术的相互融合，实现整个数字化车间的高效率生产，进而降低企业成本，提高产品的市场竞争力。

国内汽车自动化制造装备开发，经历了初期手动变速器装配的手工操作为主，局部实现了机械化生产，生产规模较小，自动化程度较低；进而于 20 世纪 80 年代中期，我国的部分汽车生产厂家逐渐接触到国外先进的汽车生产技术，并将一部分技术应用到了生产中，使国内汽车装配技术在一定程度上得到提高；进入 21 世纪受到国外汽车生产技术的冲击和国外汽车装备集成制造商的引入，国内汽车装备集成商不断地对汽车装配自动化技术进行引进、吸收、创新，国内汽车装备技术最近几年得到了很好的发展，促进了安徽巨一自动化装备有限公司等自主装备制造企业的成长。在手动变速器自动化装配领域中，当前已经形成自主装备与进口装备分庭抗争的局面，如安徽巨一自动化装备有限公司为六安星瑞齿轮、青山齿轮、綦齿提供的汽车变速器自动化装配生产线，具有生产节拍高、柔性好、自动化程度高等特点，已能部分满足自主品牌汽车生产企业的要求。但是，随着国内汽车企业的发展和壮大，国内汽车对生产节拍和生产线的高柔性也在向国际看齐，这样就要求国内装备技术必须跟上自动变速器批量化生产的需求，必然要打造出高自动化、高智能化的 DCT 柔性装配测试数字化车间，以满足变速器生产企业 SOP（批量生产）的要求。

三、双离合自动变速器装配测试数字化车间

1. 数字化车间构成

双离合自动变速器（DCT）装配测试数字化车间按功能结构总体分为 ERP 层、生产管理系统 MES 层和设备层，如图 3 所示。

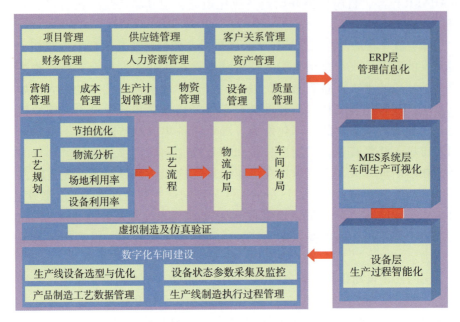

图3 数字化车间总体功能结构图

双离合自动变速器（DCT）装配测试数字化车间包括总成装测线、主壳体装测线、轴系分总成装测线、液压模块（HCU）分总成装测线、总成下线数控测试线、生产过程数据采集与分析系统、生产制造执行系统（MES）、资源计划管理系统（ERP）等模块，主要功能包括DCT各组成模块装配生产过程中的上下料、输送、在线压装、拧紧、涂胶、检测、返修、部件及总成转轨、试验及下线等全部装配测试生产工作，车间现场如图4所示。

(a)　　　　　　　　　　(b)

图4 双离合自动变速器装配测试数字化车间现场

2. 数字化车间关键技术与系统

1）数字化工艺规划与仿真分析技术

项目应用整线数字化虚拟制造技术，在虚拟环境中进行自动化设备工艺过程和物流仿真验证，及时发现瓶颈工序并优化，最大程度减少后期工程更改量，极大地缩短现场装调时间。通过对生产线的工艺流程、物流布局、生产节拍、设备利用率、场地利用率等进行有效分析，提出了最优化生产线工艺流程和工艺布局。图 5 所示为生产节拍与节拍平衡分析。

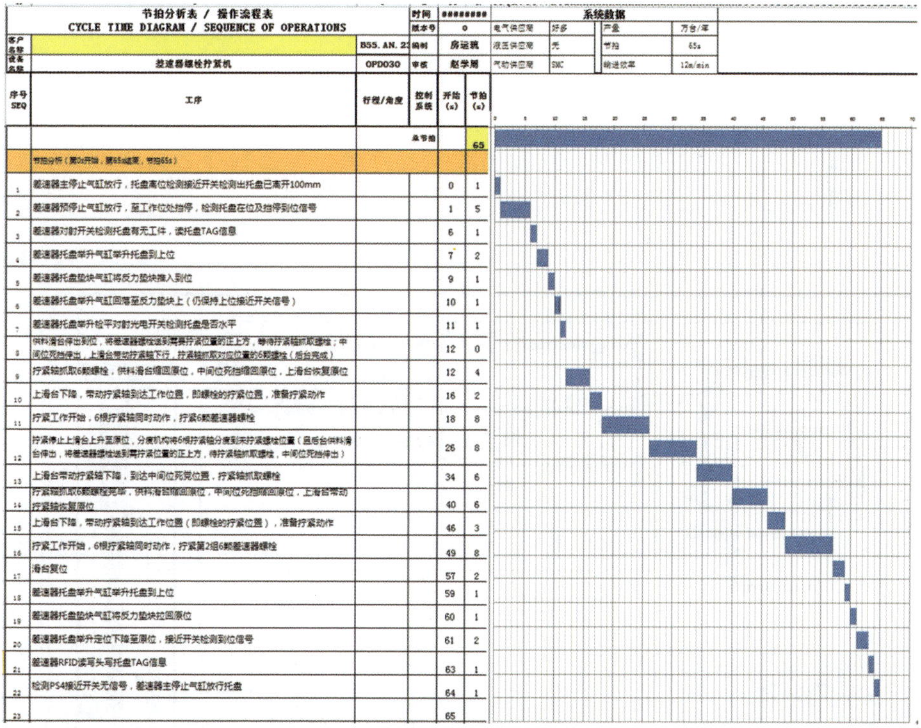

图 5　生产节拍与节拍平衡分析

通过可视化软件等比例建立设备三维模型，进行设备布局与物流仿真，及时发现瓶颈工序并优化，设备设计阶段广泛应用三维设计，包括参数化的草图设计、三维造型技术、零部件装配、工程图输出、钣金设计以及对构件进行有限元分析、进行机构设计与运动仿真等内容，对设备进行动作流程仿真，干涉检查和受力分析，在最大程度上减少设备故障率，如图 6 所示。

在分析 DCT 产品结构和零部件组成的基础上，结合对工艺程序分析，改善整个生产过程中不合理的工艺内容、工艺方法、工艺程序和作业现场的空

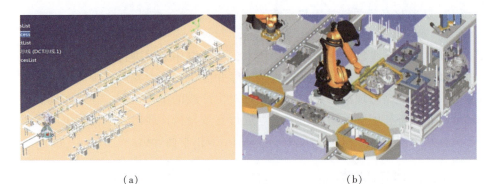

(a)　　　　　　　　　　　　　　　(b)

图 6　三维整线及系统动作流程仿真

（a）三维整线；（b）系统动作流程仿真

间配置，设计出最经济合理、最优化的工艺方法、工艺程序、空间配置，形成了车间工艺布局，如图 7 所示。

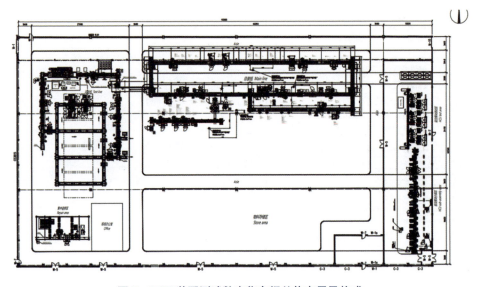

图 7　DCT 装配测试数字化车间总体布局及构成

2）高精度伺服压装系统

基于高精度压装力与位移压装工艺分析的基础上，采用了数控伺服压装技术来应对 DCT 输出 1/2 轴的轴系零件以及主壳体离合器铝合金壳体零件的压入装配。该设备技术特点是精度高、速度快、安全可靠性强、合格率高，具备防错/漏装、压装力-位移过程监控、重要数据的存储/管理/统计分析功能，高精度数控伺服压装机如图 8 所示。整机具有压装力-位移过程监控功能，采集伺服电缸力-位移信号，通过显示屏直观显示出力-位移曲线，控制压装终止位置、过载保护以及设置压装过程评价窗口；具有防错/漏装功能，通过光电传感器，光纤传感器，接近开关检、取料确认开关，压头或工装仿形设计等实现防错/漏装功能；拥有数据库管理系统软件，可以对压力－位移曲线、最大力－位移等信息进行存储和管理并具有进行质量管理的统计分析功能。设备设置RFID读写装置负责工位装配信息和零件信息读写并上传到服务器，以便产品质量追溯。

(a)　　　　　　　　　　　　　　(b)

图8　高精度数控伺服压装机

3）智能垫片测量系统

智能垫片数控测量系统主要包括三轴高精度预紧力调整垫片测量设备、内输入轴垫片数控检测设备。

三轴高精度预紧力调整垫片测量设备具备同时测量变速器主壳体中两输出轴、差速器轴的轴承孔底面至壳体分型面的高度，同时对轴系总成拼装上线的离合器壳体总成中两输出轴及差速器轴后端轴承外圈端面至分型面的高度进行测量；该设备主要包括工件进出辊道（含停止器）、RFID读写装置、工件定位与装夹机构、可控变速旋转机构、锥轴承外圈伺服控制压力及行程连锁的压紧机构、壳体端面精密定位及轴承外圈扶正的定位机构、数控自动测量与控制及通信系统/识别系统、垫片自动选定系统、垫片复检防错机构等。

内输入轴垫片数控检测设备用于测量变速器的重要组成部件——双离合卡环垫片厚度，调整离合器安装空间，对于变速器换挡顺畅性有至关重要的作用，如图9所示。该设备由测量工装、垫片复测仪、智能料架、数控系统等部分组成，测量值将直接在工位PLC中保存并显示在HMI上，HMI开放式参数设备窗口，可实现温度补偿值更改、标定件数，实时显示装配信息和设备故障报错信息；垫片复测仪具备防压手功能，垫片复检精度为 0.003 mm；智能料架左侧测量工装可以实现自动标定功能，检测工装是否在位，根据测量结果指示选出垫片并确保拿取垫片的唯一性。

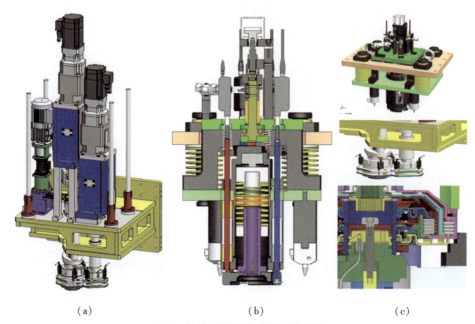

(a)   (b)   (c)

图 9　数控测量设备关键测量部件

4）复杂多工位机器人集成工作站

多工位机器人集成工作站针对 DCT 输入轴总成、输出轴总成、差速器总成、同步器拨叉、喷射油管等进行拼装并送入变速器箱体。一般介于轴系分装线与总成装配线之间，起到零部件承接传递的作用，同时又有一定的装配功能，如图 10 所示。

图 10　复杂多工位机器人工作站

多工位机器人集成工作站主要由一个四工位回转台和一台机器人组成,四工位回转台在分度机构的驱动下绕回转中心旋转,在数字控制系统控制下,每次旋转 90°固定角度,旋转产生的角度误差在 ±10″之内,机器人的重复定位精度≤0.06 mm;机器人手臂前端配有专用夹具,将拼装后的轴系抓起,轴与轴之间的相互位置偏差不超过 0.5 mm;工作站配备数据库管理系统软件,可以对零部件的身份信息、分装过程需记录的质量数据等进行存储和管理,并具有进行质量管理的统计分析功能,设备设置 RFID 读写装置。

5) 高速智能桁架机械手

高速智能桁架机械手针对变速器从总装线到试验线的自动转线并完成变速器姿态的变化,在转线过程中将总成装配线产生的数据传递到试验线,保证整个装配过程数据的完整性和可追溯性,如图 11 所示。桁架机械手通过应用高效传动系统、高精度机械手抓手、长距离输送缓冲防振系统,使用自主开发的数控系统合理控制桁架机械手加速和减速,实现变速器从距地面 0.8 m 的高度提升到 3 m 左右的空中,然后平移 9 m 至另外一侧,平移过程中将零部件翻转 90°,再将变速器放到距地面 0.8 m 的位置。零部件在转线过程中的数据,通过电气控制系统自动上传至上位机,并传到试验线,设备设置 RFID 读写装置。

(a)

(b)

图 11 高速智能桁架机械手

6) 在线智能加载测试系统

在线加载测试系统配备自动换挡机构,按预定程序对换挡杆进行自动操作,并对换挡力和换挡位移进行测量;设备具有扩展性,装夹部分具有更换或调整功能,柔性强;具有故障诊断功能,可通过台架自带分析软件自动分析总成故障部位和 TCU 的自检功能;具备 NVH(噪声、振动与声振粗糙度)振动噪声测试和分析系统,测试的目的用于寻找变速器装配中的错误,如错误的轴承、加工不好的齿轮、齿轮与轴的形状和偏心错误；能够实现试验检测过程中的电动机控制及加载应用分析，满足变速器空载、加载检测试验的要求；能够进行变速器常规故障的试验分析。

7）生产制造执行系统

MES 系统主要采用主流的网页语言 HTML5、前端脚本语言 JAVASCRIPT、JQUERY，前后台交互数据结构 JSON 以及结合后台微软 .net 平台、数据库等技术进行开发实施。MES 系统功能主要包括生产计划与排程管理，变速器识别跟踪，品质管理系统（质量数据收集、SPC 分析、质量追溯），生产过程监控，车间内物流信息系统，信息发布，系统维护等模块，如图 12 所示。

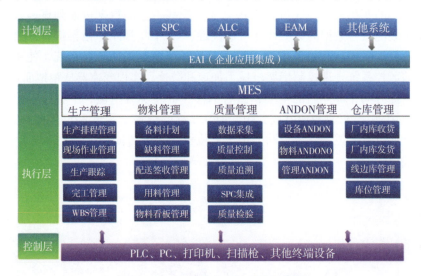

图 12　生产制造执行系统功能架构图

8）企业资源计划管理系统

ERP 系统包括计划模块、生产管理模块、基础数据管理模块、采购管理模块、仓储管理模块、销售管理模块、财务管理模块等。

ERP 系统实现了与 SCM、MES、DMS、财务系统等的全面集成。计划管理模块中，生产订单的直送工位物料要料信息与 SCM 系统集成，实现生产订单拉动物料信息的传递；采购管理模块中，ERP 系统采购订单与 SCM 系统集成，实现 ERP 系统采购订单与 SCM 系统采购订单的集成，ERP 开票通知与 SCM 系统集成；销售管理模块实现与 DMS 系统的集成；财务管理模块中，实现金税系统与 ERP 系统集成，实现 ERP 应付系统与 SCM 系统结算信息集成。企业资源计划管理系统（ERP）架构及与其他管理系统集成情况如图 13 所示。

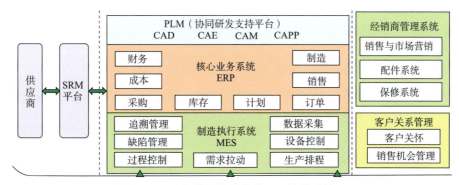

图 13　ERP 架构及与其他管理系统集成情况

3. 主要技术参数及先进性

1) 主要技术参数

项目自主研发了双离合自动变速器（DCT）装配测试数字化车间，替代进口，实现了 DCT 生产过程的智能化，满足年产 15 万台 DCT 生产制造的总体目标，提高了生产效率和产品质量。

项目主要技术参数如下：

（1）生产纲领：15 万台/年；生产节拍：56 s/台。

（2）设备开动率≥90%。

（3）DCT 生产线下线合格率≥98%。

（4）实现多个品种 DCT 产品混流生产，具备液压模块（HCU）总成下线测试及 DCT 总成下线测试功能。

（5）产品装配过程实现在线检测、压力在线监测、故障自动预警等功能，同时具有智能识别功能，防止产品装配过程中的错漏装。

2) 技术先进性

项目集成应用了高精度伺服压装技术、高精度智能垫片测量技术、智能防错技术、复杂多工位机器人集成应用技术、伺服控制高速输送技术、在线加载测试技术及 ERP、MES 系统等，多项技术达到国际先进水平，大大提高了生产线的智能化程度。与传统变速器装测生产线相比，在技术指标方面有了显著进步，见表 1。

表 1　本项目的技术指标比较

	主要比较内容	本项目研究成果	国内相关技术	国外相关技术
1	高精度伺服压装	共计实现 20 套高精度伺服压装单元集成应用，位移精度 ±0.01 mm，压装精度 ±1% FS（全量程）	主要应用气液增压和液压压装技术，压装精度差	采用气液增压方式，位移精度 ±0.01 mm，压装精度 ±1% FS（全量程）

续表

	主要比较内容	本项目研究成果	国内相关技术	国外相关技术
2	高速移栽技术	应用高速伺服移栽技术,跨距9 m,最高速度 $v = 5$ m/s,加速度 $a = 4$ m/s²	长距离高速移栽技术,国内应用较少	$v = 5$ m/s,$a = 4$ m/s²,但无跨距9 m应用案例
3	防错漏装识别系统	通过物料防错、人员防错、研究图像识别及无线射频技术应用、装配参数检测等手段进行防错防漏验证	一般应用一套视觉识别对涂胶进行防错漏装验证,在物料防错上做得较少	应用物料防错、人员防错、研究图像识别及无线射频技术应用、装配参数检测,技术领先
4	复杂功能多工位集成	通过四工位机器人集成工作站,完成多轴系移栽、拼装、合抱,提升整线节拍,提高生产效率	无应用案例	蒂森克虏伯有四工位机器人集成工作站案例
5	网络化信息管理系统	以FTPC平台为系统开发平台,实现网络化、信息化、可视化制造执行技术和物资管理系统,更加稳定和智能化,国内领先	部分自主开发的信息平台,其稳定性差,功能模块需要优化和进一步深入研究	GM(通用汽车公司)等专业网络化信息管理系统智能化程度高
6	设备交互标准化	系统与设备PLC采用一套标准、稳定的通信、交互协议,便于设备接口的统一管理和配置	部分自主平台,交互、通信协议错综复杂,稳定性差、适用范围窄	国外信息系统平台与底层PLC的交互协议统一,稳定性好、兼容性强
7	信息系统与企业系统集成	实现装配线MES与企业ERP等管理系统的对接,消除信息孤岛。提高各部门、层级之间信息交流效率,提高生产力	国内部分自主系统暂时无法实现企业/工厂之间的信息互通互流,导致部分部门之间信息不透明,影响生产力	国外信息系统平台具有丰富的系统接口,可快速高效地与企业管理系统进行对接和交互

四、主要成果及效益分析

本项目在实施过程中,获得了国家发明专利9项,登记软件著作权2项;相关技术成果获得安徽省新产品5项;结合有关国内外的试验标准,本项目制定了装测生产线关键设备的相关标准规范 5 项；在人才培养方面，引进了 1 名外籍专家，培养工艺规划技术人员 5 名，专业设计、装配及调试技术人员 17 名，项目管理的高端人才 1 名，组建了一支从产品方案制定、设计、装配、调试为一体的国内一流的技术团队。

双离合自动变速器（DCT）装配测试数字化车间已推广至多家汽车及零部件制造企业，作为典型的高技术和高附加值产品，每年为项目研发企业新增产值 2.5 亿~4 亿元，有力提升自动变速器行业制造过程的自动化和智能化水平，增强用户产品的市场竞争力，每年为应用企业新增产值 100 亿~140 亿元，带来了巨大的经济效益。本项目显著提高主机厂的生产效率和生产力，促进汽车零部件制造业向数字化、网络化、智能化转型升级，改善工人环境，降低劳动强度；生产效率较传统生产线提升 30% 以上，人员减少 50% 以上，资源综合利用率提升 20% 以上，能耗降低超过 30%；同时，大大提高了汽车自动变速器的产品质量，增强了汽车及零部件生产企业的国际市场竞争力。

五、示范带动作用

本项目基于新一代信息通信技术与先进制造技术深度融合，将高速信息传输、I/O、无纸化订单管理、车间智能物流、多维度信息集成、网络互联互通、自诊断纠错的自动化设备系统等设计思路进行集成，贯穿于自动变速器产品设计、生产、管理、服务等制造活动的各个环节，支持多品种小批量生产模式，符合当下"工业 4.0"的发展思路，是未来变速器制造的发展趋势，其制造技术先进性与产能提升对于国内自动变速器行业发展意义重大。

本项目在开展过程中，引入与吸收了业界最佳实践与解决方案，实现了离散型制造从资源计划管理到生产制造各方面全覆盖，通过与研发系统的集成，打通企业研发、经营管理和生产制造的信息流，打破信息孤岛，实现数据与信息共享。通过实施数字化制造系统，建立智能制造体系，为变速器行业由传统制造模式转化为智能制造新模式探索出一条有益的路径和解决方案，大大提升汽车变速器行业智能制造水平和产品市场竞争力，促进汽车产业的转型发展。另外，项目在实施过程中，将已有成熟的子系统（光电传感器、数据采集系统、智能专机等）进行集成，这些子系统在其所在领域，已是非常成熟的产品，但在双离合自动变速器制造过程中很少应用。项目的实施，扩大了上下料机械手、传感器、装配机器人、智能检测装置等智能制造核心技术装备在我国变速器制造生产中的应用，推动了我国智能制造装备产业的创新发展。

本项目采用的智能制造体系设计、产品 100% 信息可追溯、高效能源利用等设计思路，对我国汽车变速器行业的进步具有良好的示范引导作用；基于网络化技术、大数据技术的实现，在汽车变速器制造领域，项目积累的数据及经验具有很强的可复制性，并不存在任何的技术风险和侵权风险；项目通过提升产能、提高资源利用率、降低单位产值能耗等策略，符合当下创建环境友好型生产模式、实现中国制造向中国"智造"转型的政策导向。同时，工业机器人、智能物流、智能管理系统等装备与系统具有良好的通用性，除应用于汽车变速器制造领域之外，在动力电池、家电制造、航空航天等领域也有非常广阔的应用空间。因此，项目的实施为国内其他制造业实现智能制造新模式提供了良好的示范作用。

六、总结

继国内乘用车整车设计和制造技术实现自主开发、发动机总成设计和制造能力突破后，自动变速器已经成为中国自主品牌高档车型匹配应用的瓶颈，其产品竞争力主要源于产品技术及生产工艺、生产装备的先进性及生产过程的质量控制体系。双离合自动变速器（DCT）装配测试数字化车间实现了产品的智能化生产，提高了生产效率，降低了生产成本和资源消耗，具有良好的示范作用和巨大的市场空间。同时，依托数字化车间的带动作用，促进我国智能制造装备产业链的完善及其产业化，积极构建产品全生命周期的智能工厂，培育新的经济增长点。

参考文献

[1] 孟兆辉，苏铁熊．双离合自动变速器应用前景分析 [J]．机械工程与自动化，2010（4）：212-213，216．

[2] 吴佐铭，褚超美，顾健华，等．双离合自动变速器技术现状及应用前景 [J]．机械科学与技术，2008（11）：1351-1355．

[3] 邓宇浩．装配过程质量信息采集与统计过程分析 [D]．武汉：华中科技大学，2012．

[4] 石炳坤，贾晓亮，白雪涛，等．复杂产品数字化装配工艺规划与仿真优化技术研究 [J]．航空精密制造技术，2014（1）：46-48，60．

[5] 史红卫，史慧，孙洁，等．服务于智能制造的智能检测技术探索与应用 [J]．计算机测量与控制，2017（1）：1-4，8．

[6] 刘一帆，陶泽，郝永平，等．精益生产式装配车间管理系统的研究 [J]．成组技术与生产现代化，2016（4）：1-4，29．

[7] 杨明．从"制造"到"智造"，试论智能化生产模式 [J]．现代国企研究，2015（18）：65．

新能源汽车锂电池模组线和 PACK 线智能制造新模式

北京机械工业自动化研究所

曹云翔　王明睿　刘振国　金武飞　郭　瑞　谢兵兵

一、引言

在 2015 年 5 月国务院发布的《中国制造 2025》中确定把汽车列为制造强国的国家战略性竞争产业,并将节能与新能源汽车列为十大重点发展领域之一。近年来我国汽车行业高速发展,2016 年国内汽车销量突破 2 800 万辆;同年,新能源汽车产销量均突破 50 万辆。虽然在国家相关政策带动下,新能源汽车发展取得了可喜的成绩,但面对国内庞大的汽车市场,新能源汽车仍有很大的发展空间。发展新能源汽车是提高汽车产业竞争力、保障能源安全和发展低碳经济的重要途径,未来将是新能源汽车研发与产业化的战略机遇期。

随着市场需求的增加,实现新能源汽车锂电池智能装配与在线检测已经成为新能源汽车发展的必然趋势。但到目前为止,国内仍没有成熟的电池模组 PACK 智能制造生产线,基本上都是靠人工或者专机在装配,工人劳动强度大,物流运转速度慢,信息处理不及时,更不能实现智能化管理,生产处于较低的作坊式水平,致使生产出来的产品一致性差、产品质量得不到可靠保证,严重制约我国新能源产业发展的进步,影响新能源汽车推广的进度。

二、开展新能源汽车锂电池模组线和 PACK 线智能制造新模式的必要性

目前,新能源汽车锂电池模组线和 PACK 线装配设备很不成熟,主要原因是新能源汽车厂及储能电站企业的要求五花八门,没有统一的标准,再加上新能源汽车锂电池的尺寸也不标准、不规范,产能低,导致很难形成批量,也就很难在装备方面有所突破,很多企业只能使用一些专机,替代手工生产,

满足新能源汽车厂和储能的临时需求；整个制造过程信息化不足，数据记录在纸质文档上，难以管理。生产过程无数字化的数据采集，无法进行生产过程分析和预测，也无法建立制造过程的质量追溯，越来越难以适应高可靠性工业产品的苛刻要求。

新能源汽车锂电池 PACK 在装配过程中也存在很多问题：电池单体一致性很难保证，需要配组使用；测试过程复杂麻烦、耗时费力、低效率，无法避免人为失误；焊接、装配和包装基本上以人工为主，效率低、孤岛式作业；物流搬运过程依赖人工，浪费人力，效率低；设备缺乏自动化控制手段，难以保证设备的稳定运行；生产过程缺乏自动防错和预警措施，问题处理滞后，难以及时定位和分析；数据分析、需求预测、问题预警困难；生产过程不透明，管理人员不能实时掌控生产进度，问题响应慢、效率低，管理决策难度大；过程数据很难追溯，不能全面、及时、准确采集，数据存储分散，难以有效利用，数据利用率低，无法避免人为失误。

新能源汽车锂电池是新能源汽车的核心产品，新能源汽车锂电池模组线和 PACK 线智能制造新模式的应用可以实现新能源汽车锂电池的生产流程智能化、制造过程智能化、生产管理可视化，减少传统工艺流程和手工作业过程中的能源与资源的浪费，缩短产品制造周期和物流流转环节，提高装备利用率，提高产品质量。

因此，新能源汽车锂电池模组线和 PACK 线智能制造新模式对电池装配及检测具有重要意义。本模式能够集柔性化制造、智能化物流、数字化信息自动采集与集成等关键技术于一体，实现电池模组智能装配、电池 PACK 智能装配及电池 PACK 集成在线检测等功能。完成包括中控系统、电池模组装配产线、电池 PACK 总装线以及电池 PACK 全自动检测线在内的一整套设计与制造，实现了 MES 系统订单下发生产线、电池包组件条码层层绑定、关键数据参数存储与质量追溯的智能化信息管理、电子看板生产实时信息与生产线运行状态智能监控以及 AGV 智能车物料装配与输送等功能，为新能源汽车锂电池厂家的批量化生产、智能化装配、一致性管理，提供了可靠的软硬件保证。

针对新能源电池模组及 PACK 线的主要工序，进行国内外现有水平的调研对比，见表1。

表1 新能源电池模组国内外现有水平的调研对比

名称	国内现有水平	国外先进水平	本模式技术先进性
模组段	少数企业物料自动配送，多数企业人工配料；实力较强企业可全自动连线生产	物料自动配送全自动生产	物料自动配送全自动生产

续表

名称	国内现有水平	国外先进水平	本模式技术先进性
Pack 段	人工生产为主	半自动生产	半自动生产
检测段	线束人工对接 检测过程自动	线束自动对接 检测过程自动	线束自动对接 检测过程自动
信息管理	多数企业具备信息管理的能力，但数据采集方式手动与自动均有，对于数据分析挖掘能力不够	自动采集，数据集中管理，可用于工艺优化	自动采集，数据集中管理，可用于工艺优化

目前，新能源汽车锂电池生产厂家主要有两种规格：软包电池和硬包电池，如图1所示。针对不同的电池规格，需要有不同的生产工艺进行装配，还要对不同的单体电池进行配组，以实现汽车生产厂家对电池模组线和PACK线的需求。新能源汽车锂电池单体仅为电能量储存的载体，并不能直接为新能源汽车的驱动系统提供能量，只有将类别庞大的电池单体及电池管理系统良好地整合在一起才能为电驱系统提供稳定的能量。对汽车产品来说，其使用环境复杂，对零部件可靠性要求极高，因此除了要将电池单体及电池管理系统良好地整合在一起，还需要对电池系统做到良好的防护和充分的系统验证。所以需要针对软包电池和硬包电池不同的工艺流程，量身打造合适的智能制造系统。

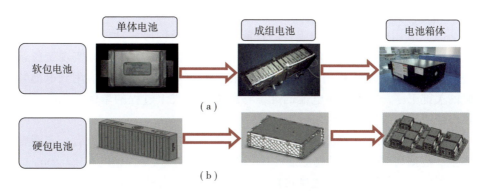

图1 软包电池、硬包电池的规格

三、软包电池模组 PACK 线智能制造模式的技术方案

新能源汽车软包电池模组线和 PACK 线全线采用可编程控制器 PLC 进行

系统集成,由上位机进行生产线状态监控,采用高精度伺服电动机、机器人及自动读码器等进口设备,整线结构合理,节拍连贯,柔性化生产,智能化程度高,装配精度与检测精度高,工作稳定可靠,具有强大的数据处理、存储能力,满足企业信息化管理的需求。软包电池系统工艺流程如图2所示。

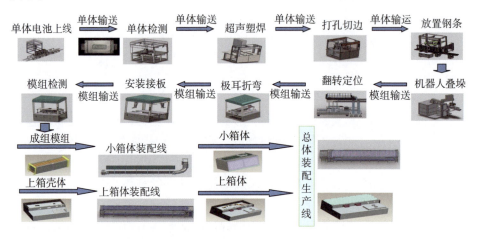

图2 软包电池系统工艺流程

1. 本模式的技术先进性

(1) 将机器人技术与视觉技术相结合,首次应用到电池装配领域,能够保证从单体电池到成组电池以及电池箱体整个组装过程的精确定位,实现新能源汽车锂电池的智能化装配。

(2) 利用机器人、柔性组合的智能机械手爪及伺服联动控制,即可以生产同类型不同功率容量的电池PACK供不同车型使用。其中伺服实现定位精度≤±0.1 mm。本线将伺服技术与定位传感技术相结合,首次应用到电池装配的关键工序,实现单体电池的准确移载搬运、成组过程的单体准确叠垛入位、成组模组的折极耳纠偏功能。

(3) 将移载输送物流系统、线体输送系统与生产工序紧密配合,实现整体生产节拍约15 s,移动物流速度4~12 m/min,在线定位精度≤±1 mm。

目前,一般物流设备速度可调范围小,采用齿轮传动结构,运行有时产生跳动现象且调速范围不会很大,而且由于线体跳动、运行不平稳等因素定位很难保证。

本模式采用同步带加离合变速机构不仅使线体在运输过程中平稳、可靠、噪声小,而且速度可调范围能够达到4~12 m/min,在每工位定位采用专用停止器定位,由于线体运行过程中平稳等因素作用,使单工位定位精度能够达到≤±1 mm。

(4)应用过程级 PLC 控制技术,实现整个生产线的联动、上位管理系统的监控及整个系统的集中控制,并使整个成组生产车间实现全过程自动监控。结合上位机管理系统,首次应用到整个电池装配生产车间,实现电池成组全过程的监控、管理,保证了电池装配的全过程可控,实现新能源汽车锂电池的智能化管理、柔性化生产。

2. 本模式的主要创新点

(1)每个工位的制具和手爪全部根据新能源汽车锂电池的生产工艺要求,自行设计、加工,国内没有相同或相似的制具可以应用,属于国内创新。

每个工位的制具都经过单独的精心设计考虑,如上料工位:为了实现新能源汽车单体电池上料的连续性,特别设计了上料小车工装,采用铝材支撑、绝缘材料内嵌的方式放置电池;单体检测工位采用 POM(聚甲醛)材料放置电池,使电池在检测过程中与周围金属不发生反应,且检测内阻及电压的过程中隔绝外界金属对电池检测参数的影响;塑焊工位采用铝材为主材,在加工过程中充分考虑电池的焊接变形使电池隔板材料边缘充分焊接,并使隔板焊接牢固无变形,达到结实、美观、耐用的功能。

上料工位(图 3)主要分为上料车、小车架体及分离机构、伺服升降机构、移载机构和小车移动机构五组机构。共采用三套伺服机构,采用位置控制模式完成小车的移动、电池成组的升降、单体电池的移载等功能,具体如图 3~图 8 所示。

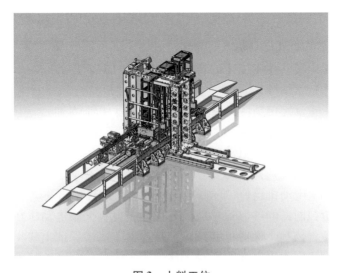

图 3 上料工位

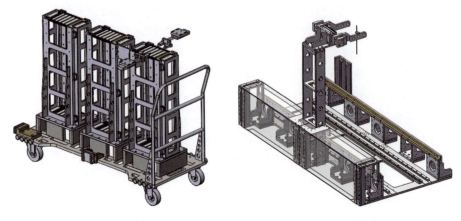

图4 上料小车　　　　图5 小车架体及分离机构

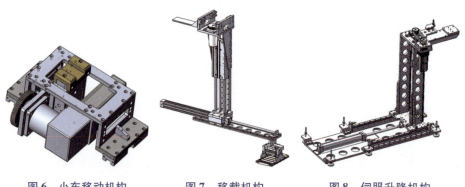

图6 小车移动机构　　图7 移载机构　　图8 伺服升降机构

（2）伺服电动机及驱动器的应用，能够保证单体电池在各个工序上平稳运行，特别是上料、叠垛工位的自动提升机在自动下降的同时保证电池叠放的精度。其中技术指标如下：

①机器人重复定位精度≤±0.1 mm，自由度4轴/6轴。

②移动物流设备速度4~12 m/min，定位精度≤±1 mm。

本模式应用大量伺服电动机及驱动器。电池模组PACK线智能制造系统所有传送移载机构均应用伺服电动机驱动，上线、叠垛、折极耳等一系列关键工位应用伺服电动机定位，伺服电动机在移载过程中由驱动器及PLC联合进行精确位置控制，能够保证移载及定位的精度；伺服电动机在上线过程中应用速度及位置控制，保证上线位置的准确性、能够保证上线小车运行的速度；伺服电动机应用于电池组叠垛工序，通过位置控制能够精确地保证叠垛位置的准确性及稳定性；伺服电动机应用于折极耳工位，为了保证折极耳的效果，必须通过多台伺服电动机的前后轴配合保证伺服电动机按固定轨迹及固定尺寸移动定位。

通过伺服电动机及驱动器的应用,能够保证电池装配的精度及质量。

(3) 可编程控制系统既需要连接机器人、伺服及传感器等终端设备,又需要与上位机管理系统相连,对主控系统的处理速度、控制精度、逻辑动作等要求极高,并且还要进行多工位并联等配置试验。

本模式主要采用可编程控制系统(PLC),通过远程子站采集现场信号;通过触摸屏监视设备的运行状态和对设备进行状态选择、参数设置;通过现场总线(PROFIBUS)与变频器进行通信,完成线体的变频调速功能。由于与工业控制现场广泛应用 PLC 技术标准统一,给维护带来很多便利,也有利于其他后续功能的扩展。

主站通过现场总线(PROFIBUS)与视觉从站、机器人从站、触摸屏和变频器从站进行通信,通过工业以太网与上位工控机及服务器进行通信;机器人通过工业以太网与视觉系统进行通信。

本方案不仅解决了主控系统的要求,而且解决了多工位并联带来的通信、布线等问题,如图 9 所示。

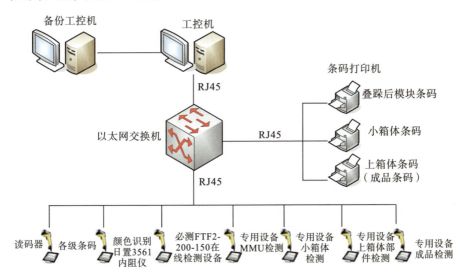

图 9 主控系统通信图

(4) 电池检测系统是该生产线的核心关键设备,不仅要求电池检测单机的抗干扰能力提高、信号接口与主控系统匹配,同时要求在线的外围检测信号同时配合主控系统联动检测电池设备。

电池检测共包括单体电池检测装置、模组电池检测装置、MMU(内存管理单元)成组电池管理检测装置、小箱体性能检测装置、上箱体数据检测装置、总检测装置等。

该创新点主要应用以下五种装置来共同完成电池的检测。

①单体电池检测装置：采用机械结构由夹紧装置、定位装置、日本日置公司的电池检测仪表组成，当系统由单体装配输送系统移动到检测工位时，检测系统自动识别工件，并把检测好的电压、内阻值等数据上传到总控系统进行处理。

②模组电池检测装置：采用方案为在线运行、在线检测方式。当电池模组经过此工位时，位置传感器感应到信号传给主控 PLC 并由主控发出信号同时驱动探针与模组相连，进行在线充放电及压差检测等工作。

③成组电池管理检测装置：采用方案为电池管理控制板通过程序改动控制与主控系统相连，同时检测电池成组后的综合参数，在线检测数据传给主控系统。

④小箱体性能检测装置：通过这道检测工序可以判断小箱体装配完成后的状态及判断小箱体的装配质量是否可靠。采用方案为小箱体控制板通过辅助触点完成于小箱体连接通信，同时检测参数，在线检测数据传给主控系统。

⑤总检测装置：评价电池系统完成组装后是否正常。通过对整个电池箱体的综合检测可以判断整个电池箱体通信、装配质量是否可靠，以及可以根据具体数据进行是否合格下线的判断。采用检测方案为离线检测，人工辅助上料及下料，同时将电池总检测数据汇总并传给总控制器。

3. 本模式在新能源汽车锂电池生产现场的应用

新能源汽车软包电池模组线和 PACK 线智能制造模式全线采用了机器人技术、机器视觉技术、计算机及可编程控制技术、条码识别技术、精密机械及气动技术等，使整条生产线系统实现自动化、柔性化、智能化和信息化。该生产线是国内首创的电池模组 PACK 自动化智能装配线，达到国内外同类产品的先进水平。软包电池现场应用如图 10 所示。

4. 本模式的社会效益和经济效益

目前，针对由单体电池到电池成组的装配及测试，国外有些厂家在电池成组装配方面制作了部分专机，但还没有形成全自动装配生产线，也不能进行全自动的检测。国内还停留在手工装配阶段，致使生产效率低、产品一致性差、产品质量得不到可靠保证。

在本模式中设计开发多台智能装配和检测专机，采用伺服定位、机器人装配、数码扫描、PLC 控制等自动化技术。生产线装配精度高，生产节拍短，是国内首创的新能源汽车锂电池模组及 PACK 自动化、智能化装配生产线。

本模式中涉及的智能测控技术和装置，如机器人、自动小车、叠垛系统、PLC 系统、管理系统等，国内都具备了一定的技术基础、装备准备和工程经验，能够满足实用自动化、智能化装配生产线，并达到国际先进水平。

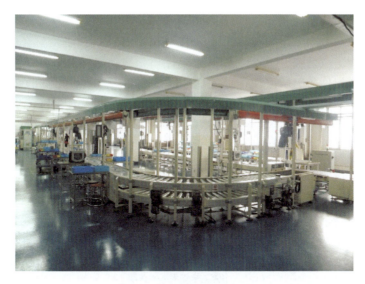

图 10　软包电池现场应用

本模式的应用，能够使厂家节约大量的工人，使效率大大提高，工人劳动强度大大减少；通过本套生产线的投产，能够规范厂家产品的生产流程，保证产品的精度及质量；同时通过本套生产线的投产，能够带动企业的技术进步，提高企业的核心竞争力，也提高企业本身的价值，提高企业的国际竞争力，在国内同行业中掌握了先机。同时也改善和提高管理水平，与以前的手工作业相比大大提高生产效率和产品灵活性，做到生产过程可监控和管理，保证生产效率最高、产品质量最好。

本模式的应用，能够为制造商带来实在的经济效益，按国家的发展规划至 2025 年，单纯以动力电池生产为主线的专用装配生产线就能拉动至少 180 亿元的投资规模，为制造商提供了可靠的经济基础，此外，在动力锂电池柔性自动化装配与检测生产线的研制过程中，也能够带动企业的技术进步，提高企业的核心竞争力，也提高企业本身的价值，提高企业的国际竞争力，使企业在国内外同行业中掌握先机。

四、硬包电池模组线和 PACK 线智能制造模式的技术方案

新能源汽车硬包电池模组线和 PACK 线智能制造模式全线采用可编程控制器 PLC 进行系统集成，采用机器人进行装配工作，通过智能工业视觉系统配合机器人进行工件定位修正，采用智能自动条码阅读器与 RFID 进行产品及物料条码与电子标签的识别，运用运动控制系统实现总装线自动码垛与自动

入箱功能，中控系统通过 Schneider CiTect 平台开发，进行生产线状态监控、信息管理以及数据上传与存储，通过 LabVIEW 开发平台研发整套电池 PACK 自动化检测集成系统，实现了 MES 系统计划分解、物料入库与订单下发生产线、电池包组件条码层层绑定、关键数据参数存储与质量追溯的智能化信息管理、电子看板生产实时信息与生产线运行状态智能监控以及 AGV 智能车物料装配与输送等功能。整线结构紧凑，物流通道合理，满足产能节拍需求。硬包电池系统工艺流程如图 11 所示。

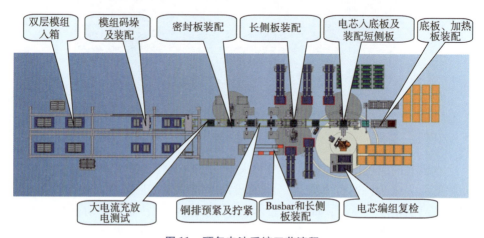

图 11　硬包电池系统工艺流程

1. 该模式的技术先进性

（1）采用机器人视觉技术及自动送钉拧紧技术结合完成单体电池编组及侧板装配工作，实现电池模组的智能化装配，如图 12 和图 13 所示。

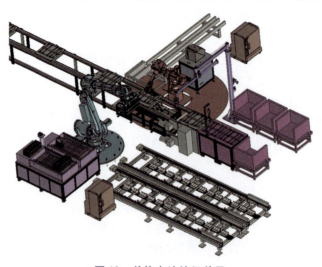

图 12　单体电池编组单元

新能源汽车锂电池模组线和 PACK 线智能制造新模式 | 263

图 13　单体电池编组实物

  由六轴机器人从上料输送线的物料箱中一次抓取 15 块电芯，放置到一侧编组检测线上。六轴机器人同样抓取另外 15 块电芯放置在另一编组检测线上。编组线进行单体电芯的检测，检测后按照程序设定进行编组，完成后机器人将编组的 15 块电芯放到底板上，同样完成另外 15 块电芯的放置。短侧板机器人同时抓取安装短侧板到磁吸夹具上，线上安装的夹紧装置带动短侧板夹紧到位，两套电动扳手系统拧紧配合完成短侧板的装配。装配过程中的单体电池电压内阻及侧板拧紧数据与模组条码绑定同步录入 MES 系统。

  （2）采用智能拧紧机构、工业机器人，配置工业智能视觉系统和自动送钉装置完成铜排预拧紧与铜排锁紧两个阶段的拧紧工作，实现铜排组件的智能化组装，如图 14 和图 15 所示。

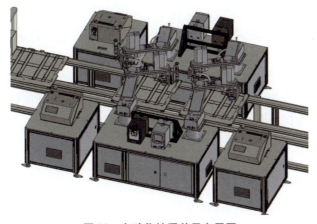

图 14　自动化拧紧单元布局图

图 15　自动化拧紧单元实物

其中自动送钉拧紧工序的技术指标为：
①机器人重复定位精度 ±0.07 mm。
②视觉系统分辨率 ±0.005 mm。

工装板到铜排拧紧工位时，通过阻挡器和顶升定位机构定位，一台机器人带动视觉对模组进行视觉定位，另一台机器人带动电动扳手通过螺钉自动吹送系统，对模组进行拧紧螺钉。先对螺钉进行预拧紧，主要消除应力。预拧紧后再将螺钉按照扭矩设定进行锁紧。拧紧方式采用四轴机器人带动电动扳手进行装配，电动扳手具备扭矩数值上传记录功能。装配过程中铜排拧紧数据与模组条码绑定同步录入 MES 系统。

（3）针对电池模组特点，定制适用于电池模组的专用焊接夹具，每个压头对铝排焊接面的两侧区域进行大面积压紧，并且压头采用弹簧浮动式的压紧方案，保证每个压头都能够压紧到位，当浮动位移达到死限位点时，可输出最大压紧力。焊接夹具形式如图 16 所示。

同时，采用激光测距进行引导跟踪，实时检测待焊极柱的平面度，并将此数据反馈到 Z 轴伺服机构，借此调整焊接焦距。

极柱激光焊接工序技术指标如下：
①焊接一次优率≥95%，二次优率≥93.5%（含补焊、返修）（注：不合格率统计仅包含因设备问题引起的不合格品，不损坏电芯）。
②设备稼动率 95%。
③焊前有 CCD 定位，激光测距仪测距，激光焊接有连续焊接和脉冲焊接两种模式可供选择。
④系统配置振镜，可实现高效焊接，单个极柱平均焊接时间≤1.5 s。
⑤适用焊缝形式有方形、圆形、椭圆形、W 形等，可实现焊接参数的可

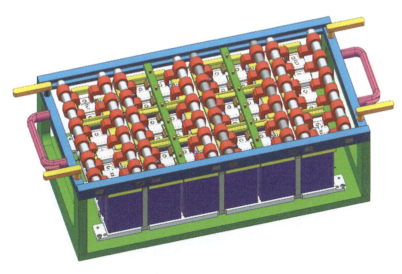

图 16　焊接夹具形式

视化编辑、修改功能。

（4）采用四自由度柔性移载机械手、AGV 精确定位技术、移载机械手与 AGV 自动对接技术和多品种柔性化生产技术实现电池 PACK 双层模组自动入箱，如图 17 和图 18 所示。

图 17　模组自动入箱设计图

其中电芯码垛工序技术指标如下：
①实现电芯取放精确定位，精度 ±0.05 mm。

图 18　模组自动入箱实物

②码垛节拍达到 2.5 s/单体电芯。

③模组自动倾斜变位。

电池模组自动入箱工序技术指标如下：

①电池模组入箱精度，XY 方向精度 ±1.5 mm，沿 Z 轴角度精度 ±1.5°。

②可兼容三种以上电池模组的自动入箱。

电池模组自动入箱即把码垛好的双层模组，按照工艺要求将其从 AGV 小车取下后自动放入电池包底箱内，必须保证入箱精度与准确度。要求 2 台 AGV 小车精确定位停车和码垛机械手高精度放置，入箱的形式采用自动识别安装，入箱后操作完成相应的装配。自动入箱机构由伺服驱动系统、自动吊钩机构、直线模组等组成。入箱时，AGV 小车进行车体定位，两轴桁架系统根据 AGV 位置判断将双层模组自动吊起放入到箱体内。电池包底箱空间狭小、深度较大，设计时需要找到合适的抓取位置和抓取方式，避免干涉。该工序中采用定制手爪抱夹双层模组上层模组长侧板的弯板，手指设有缓冲功能，能使双层模组入箱时准确而稳定，避免硬性碰撞，合理选定平行开闭手爪的气缸行程。线边工作台采用铝合金框架制作，台面铺防静电胶皮，线边设有静电手环支座，将电路板装配操作人员产生的静电进行消除。

（5）电池包成品自动检测系统。将装配好的电池 PACK 通过移载设备，放置到测试输送 AGV 的平台上，由 AGV 小车进行输送，运至成品充放电检测房间，在 AGV 小车上设计一套辅助线束，将高压航插线束延长后集中在一个位置，并设计一套高压大电流自动对插装置，该装置具有导向和浮动修正功能以弥补对接时 AGV 带来的精度误差，采用电动缸进行高精度推进并施加一定的压力，保证可靠连接；将多芯的低压信号线束延长后集中在一个位置，并设计一套多芯矩形自动对插装置,该装置也具有导向和浮动修正功能,采用电动缸进行高精度推进并施加一定的压力,保证可靠连接。大电流电极自动对接,以此可以在测试房自动进行测试。系统具备对接失败报警功能,自动检测电池包直流内阻、放电压差、通电过程中铜排温升、绝缘内阻等参数,并与电池包条码绑定,录入 MES 系统数据库中,如图 19 所示。

图 19　成品电池自动检测系统

其中电池 PACK 充放电技术指标如下:

①通过麦克纳姆轮 AGV 实现与高低压检测机械手的自动对接,对接精度 ±1.5 mm,对接成功率≥95%。

②分析了德国迪卡龙、美国 AV 和美国必测测试柜的接口特点,结合用户的测试工艺,实现了对进口检测柜的远程控制和数据采集。

③根据最终用户的测试工艺,设计全自动测试工艺流程,形成了一套完整的电池检测解决方案。

2. 本模式的主要创新点

(1) 单体电池存在厚度、电压和内阻不一致的情况,在电池装配过程中会直接影响到电池的安全稳定、整体性能和使用寿命。

在新能源汽车锂电池智能装配成组过程中,必须兼顾单体电池的厚度公差且必须保证电池 PACK 的尺寸一致,保证最终电池的装配尺寸及质量是需要攻克的技术难题。在电池成组过程中,需要通过电池测厚仪、复合电压内阻测试仪对单体电池的厚度、电压和内阻进行复检,并剔除不合格的单体电池,从而保证单体电池的一致性。将测厚仪和内阻测试仪集成到电池编组设备中,机器人在拾取单体后先进行复检,根据复检结果判定对单体电池进行剔除和进一步编组处理。

(2) 电池 PACK 在最终检测过程中进行大电流充放电测试。按照传统方法手动测试需要经过复杂的人工接线及保证大电流通过的相应保护措施。目前,国内外并没有此类的自动检测专机,为实现电池 PACK 在最终检测过程中的工业化与智能化,本工序采用自动对接的方法,技术难度大,不仅需要精确定位电池箱体,而且还要保证大电流对接的可靠性。电池检测过程中承载电池的 AGV 采用激光定位形式,保证极高的定位精度,同时自动对接系统采用伺服电缸控制系统,保证对位电极稳定可靠同时保证对位精度。电池检测系统还兼具有报警功能,能够检测对位不准、电池不到位、通电异常等几十种报警信息,保证了电池自动检测系统的可靠性及电池本体的安全性。

(3) 为了兼容电池厚度的公差尺寸,单体电池串并联连接铜排采用软铜排形式。采用软铜排不仅兼容了单体电池厚度公差而且对软铜排的自动焊接和紧固连接提高了可靠性。在装配过程中,装配和焊接机器人中搭配视觉系统对每个单体电池电极的焊接点与紧固点进行位置定位和修正,达到保证装配与焊接的质量可靠和装配的精度。

针对电池模组的特点,定制适合于电池模组的专用焊接夹具,每个压头对铜排焊接面的两侧区域进行大面积压紧,并且压头采用弹簧浮动式的压紧方案,保证每个压头都能够压紧到位,当浮动位移达到死限位点时,可输出最大压紧力。同时,采用激光测距进行引导跟踪,实时检测待焊极耳的平面度,并将此数据反馈到 Z 轴伺服机构,借此调整焊接焦距。

(4) 新能源汽车锂电池模组 PACK 车间制造执行系统(MES)的应用。针对新能源汽车锂电池 PACK 安全及高效生产的需要,本模式集成在线检测、机器视觉、RFID 等智能检测及物流技术,开发电池 PACK 车间数字化制造管理系统(专用 MES),实现电池包生产计划与现场制造装备的高效协同及品质管控。车间 MES 的应用,提高了本模式的智能化管理程度,能够实现从单体电池上线、模组装配、不合格品处理、电池 PACK 装配和测试、成品入库等整个生产过程实时数据的采集、控制、分析和历史追溯。MES 系统是企业内部计划、物流、生产、品质部门取得第一手生产信息的保障系统。实现智能远程终端生产线和组装线的有限能力排产、计划的下达和过程监控,车间在制物料的管理、车间设备的运维和监控,车间可视化管理,实现预期的项目目标,即质量检测智能化、产品档案信息化、设备数据实时化、生产过程透明化、物料流转自动化、异常问题目视化、装配工艺信息化、系统平台开放化,如图 20 所示。

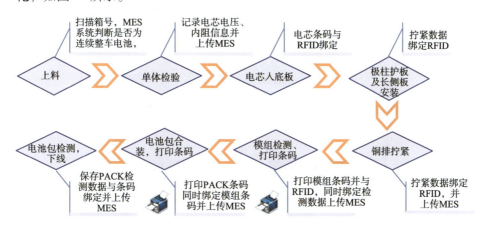

图 20　MES 工艺流程图

3. 本模式在新能源汽车锂电池生产现场的应用

本模式新能源汽车锂电池模组线和 PACK 线主要由电池模组装配线、电池 PACK 装配线、检测线、MES 系统等组成。同时包括了电芯编组复检入底板及短侧板智能化装配单元、自动化铜排拧紧单元、双层模组自动入箱和电池包成品在线检测等智能化生产单元。其中车间 MES 系统可对电池的组装,实现全过程的质量可追溯管理,能够实时显示产品在各个装配过程中的产品状态和设备状态,并与相应装配过程的部件条码进行绑定,建立产品数据管理系统,实现电池 PACK 车间产品的制造、物流、质量控制全流程的数字化、智能化,如图 21 和图 22 所示。

图 21　硬包电池现场应用图

图 22　硬包电池自动入箱应用图

4. 本模式的社会效益和经济效益

（1）推动国产新能源汽车制造产业技术跨越式发展和可持续发展。

该模式以新能源汽车锂电池制造关键工艺装备和系统的研制为引导，以具有自主知识产权的正向研发技术为基础，采用柔性化、自动化、信息化、数字化和智能化方式生产制造新能源汽车锂电池模组及 PACK，高度整合产品的信息化平台，实现智能化产品、智能化生产及智能化运维的完美融合。通过该模式的实施，将在国内新能源汽车锂电池的研发和制造方面起到引领示范作用，提升具有自主品牌的新能源汽车锂电池模组及 PACK 的生产能力和产品竞争力，推动国产新能源汽车制造产业技术跨越式发展和可持续发展。

（2）对国产智能化制造装备和集成能力起到积极推广作用。

新能源汽车锂电池模组 PACK 线的核心生产环节均由国产化系统集成商进行工艺规划和系统集成实施，采用国产化智能制造装备，同时智能制造信息化集成系统和新能源汽车锂电池模组及 PACK 全生命周期管控服务平台也是采用国产化的软件功能模块。通过本模式的应用，对国产智能化制造装备和集成能力起到积极推广作用。

（3）带动新能源汽车全产业链良性发展。

本模式的应用，将形成满足年产 10 万台新能源汽车的锂电池模组及 PACK 的生产制造能力，成为世界先进、国内一流的新能源汽车锂电池 PACK 生产车间。本模式的应用，将拉动新能源汽车上下游企业的快速增长，带动全产业链自动化和智能化水平。

五、结语

新能源汽车锂电池模组线和 PACK 线智能制造新模式采用柔性化、自动化、信息化、数字化和智能化生产制造技术，以及物流智能配送、制造过程信息自动采集与管控、质量追溯等核心技术，将培育和带动我国智能制造设备生产、系统集成和软件开发企业的自主创新能力。新能源汽车锂电池模组线和 PACK 线智能制造新模式的应用，将在新能源汽车行业具有广泛的示范意义。

据有关资料统计，新能源汽车工业涉及 40 多个子行业，可以带动数千万个就业机会，其产业的发展也可以反映出一个国家科技发展的水平、自主创新能力和国际竞争力。新能源汽车锂电池模组线和 PACK 线智能制造新模式的应用，有助于推动我国新能源汽车的发展。

生产线智能管理系统的开发

东风设备制造有限公司　樊峻杉　宋　阳　索　强

一、立项背景

随着"中国制造2025"战略及两化融合的提出，在制造业逐渐形成以信息化带动工业化、以工业化促进信息化新的工业模式，其核心就是信息化支撑，追求可持续发展。信息化与工业化业务融合意味着信息技术应用到企业研发设计、生产制造、经营管理、市场营销等各个环节，推动企业业务创新和管理升级。

与此同时，随着制造业自动化技术得到广泛应用和提高，各工厂面临产业升级。如何最大限度地利用设备，及时了解生产线运转情况，提高生产线能力，是目前众多发动机等汽车零部件厂家的迫切要求。为此，许多企业提出了信息化的需求，一是对现有旧设备进行自动化改造，同时植入信息管理系统，以提高设备的利用率、减少人工成本；二是在新投资项目中提出信息管理的要求。需要以产品数据的标准化为基础，即自下而上的数据要准确翔实，在生产数据标准化的基础上，公司内外部生产、销售、服务及管理网络要实现信息集成与共享，消除设备"信息孤岛"的局面，常规的解决方法是企业引进MES系统来解决问题。

1. 国内外该类产品现状

国内外有很多类似的MES产品，但MES系统应用存在以下几个问题：

（1）MES系统体系庞大。

MES系统需涉及库存、采购、生产调度、工具等环节，在目前生产模式和条件下，很难将这些环节纳入MES体系中，出现MES系统应用受到制约，所以企业在投入MES系统时比较谨慎。

（2）MES系统依赖于现场机加工艺的掌握程度。

通常MES系统集成商在现场机加工工艺领域为短板，所以存在功能并不能完全贴近客户需求，在个性化定制方面难以达成一致意见；同时存在调试周期过长、数据应用分析不尽合理等问题。

（3）MES 系统投入较大。

一般为百万甚至上千万，比较成熟的 MES 系统以进口软件居多，投入的成本更多。

（4）MES 系统软件本身庞大、设置及操作复杂。

主流产品多采用 Oracle 数据库，安装使用复杂。实际上很多 MES 系统实施后，由于操作、维护复杂导致没有完全运转起来，特别是数据库出现问题，项目实施单位没有技术人员能立即解决问题，导致数据记录的缺失，故障次数增多，系统闲置的现象时有发生。

基于以上问题，企业急需一种能够不依赖外部条件，真实、实时地反映生产实况，并能智能识别数据且通过数据指导现生产的信息系统。

2. 生产线智能管理系统要解决的问题

每个企业每条生产线都有自己的特色，存在管理难点，把一些共性问题归纳起来并提出针对性的应对措施，见表1。

表 1　生产线的共性问题及应对措施

序号	生产线的共性问题	应对措施
1	生产数据采集量大、处理复杂；典型的多品种混流制造模式，多品种小批量的订单式生产，数控加工设备众多	先进的数据采集手段：网卡接口；针对机械行业的机加工工艺自动制订生产计划，如单双班等，特殊情况时人为进行生产计划的更改
2	生产过程涉及的物料、设备、工装夹具、图纸、工艺文件等资源，分布在不同地方且状态变化频繁，导致工人获取资料困难	通过软件客户端，可随时查看工作任务、图纸、工艺文件、3D 数据及数据报表等，为车间提供强大的数据支持
3	质量管理的数据采集要求很高：零部件的加工工艺复杂多样、质量要求高，需要对质量进行全面管理	质量管理的数据自动生成，人为审核后，自动进行后续大数据的处理，生成指导全部的指导性文件
4	机械行业生产管理工作量大、工作复杂、效率低、成本高，难以实现有效的生产管控	生产管控看板：实时显示生产进度及任务完成情况，实时监控/显示生产设备的运行状态；车间管控：自动发现进度、质量、设备等异常，进行红灯警告并跟踪处理过程，超出时限没处理完成的，自动给责任人发出罚单
5	系统的初始数据量大，员工不愿输入	采用多种数据导入的方式，减少工人的劳动强度

二、系统设计要求

本项目整个系统总体是进行数据的流通与交换，对系统的整体性能要求比较高。

1. 设计原则

1）数据的可靠性与稳定性

由于本系统面对的是生产应用领域，任何失误都可能造成极其严重的后果。服务器作为整个系统正常运行的核心，对保证整个系统长期可靠的运行，具有非常重大的意义，并具有强大的容错能力。

2）软件的先进性

不注重先进性原则的系统往往在短短数年内便不能适应系统扩充的要求，造成系统的投资不能得到有效的保护。本系统的设计思想应体现超前性，使本系统能够与业务需求同步增长，并能够顺利、平稳地向更新的技术过渡。

3）硬件的可扩充性

硬件平台应易于扩充，以满足今后不断增加的用户端的需求和可能出现的较大任务负载，当需要时可通过新的计算机设备同原有计算机设备一起工作，以提高系统的处理能力。

4）系统易维护与操作性

充分考虑系统的易维护性，尽量采用易于维护的系统平台，保证维护成本较低。同时保证界面简洁、操作简单。

5）投资保护

在保证系统能够安全、可靠正常运行的前提下，应最大限度地降低系统造价，保护原有的计算机设备投资。所以在设备选型时，应将投资与目前的应用紧密结合起来，并保留向更高的技术和应用过渡的途径。

2. 系统拓扑结构

本系统通过控制系统控制各种机床，并通过数据服务器与控制系统通信，实时采集车间机床的各种状态数据与生产数据，然后通过交换机将采集到的数据保存在数据库集群中；应用服务器定时与ERP系统、工艺卡系统、SPC工作站等其他业务系统进行数据交换，对其他业务系统数据融合，并通过Web（全球广域网）的方式，为企业各层次人员提供服务。应用服务器以Web Service的方式，给安卓APP程序提供数据，安卓APP程序对获取的数据进行各种展示。其系统拓扑结构如图1所示。

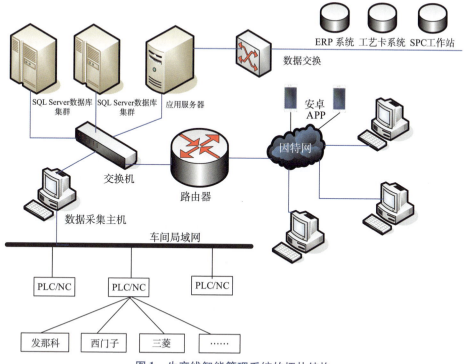

图1 生产线智能管理系统的拓扑结构

3. 数据库的选择

SQL Server 2012 是一种应用广泛的数据库管理系统，具有许多显著的优点：易用性、适合分布式组织的可伸缩性、用于决策支持的数据仓库功能、与许多其他服务器软件紧密关联的集成性、良好的性价比等。SQL Server 2012 还为数据管理与分析带来了灵活性，允许单位在快速变化的环境中从容响应，从而获得竞争优势。从数据管理和分析角度看，将原始数据转化为商业智能和充分利用 Web 带来的机会非常重要。

二、系统总体设计

1. 系统达成的目标

本项目重点研究智能化数据采集及处理过程，以及网络化分布式生产设施的联动，如图1所示。该"生产线智能管理系统"可提供真实、实时、可视的数据，实现数据驱动管理，以协助工厂达成智慧工厂的布局。

本系统只针对现场层数据，最终达成的目标有以下几个：

（1）实时了解设备运转情况。

（2）实时了解生产线产出情况。

(3) 实时了解被加工零件信息和生产线 OEE（测量工具）情况。

(4) 实时了解刀具、动能等消耗情况。

(5) 实时了解设备维护保养和易损件更换情况。

(6) 为设备健康管理提供大数据分析。

(7) 为产能提升或优化提供大数据分析。

2. 系统总体构架设计

"生产线智能管理系统"是在吸收国际、国内先进制造管理经验，针对国内装备制造、机械零件生产行业的实际需求，基于最新的 IT 硬件及软件技术开发的一套效果卓著的车间生产线信息化管理软件。本系统为自主研发平台+可深入定制的软硬件一体化系统，不单纯是软件，更重要的是与生产线设备配合使用，并且能根据行业特征进行深入的定制开发，在解决问题上不受限于他人的平台。

1) 生产线智能管理系统的软、硬件平台规划

（1）软件。

服务器 PC 端：Windows Server 2008 或以上；Microsoft SQL Server 2012 标准版。

客户 PC 端：Windows 7 或以上。

（2）硬件。

除常用 PC 机外，需用交换机、网线。

2) 生产线智能管理系统的数据库设计

数据库软件采用 Microsoft SQL Server 2012 标准版，根据管理模型中的各子项进行细化，并在数据库的设计当中预留将来的需求空间。

3) 生产线智能管理系统服务器端软件开发

进行客户化定制开发，主要数据库的设置及从控制系统中取得数据。

4) 生产线智能管理系统客户端软件开发

进行客户化定制开发，基本包括电子看板、生产日志、统计图表、效率对比等内容，或远端对服务器进行操作。

5) 生产线智能管理系统的数据处理

由于 OEE 模型比较复杂，后期输出数据表格比较多，前期做到细致规划。结合系统自带的近多种专用计算、分析和统计方法，以多种报告和图表直观反映当前或过去某段时间的生产状况，帮助企业生产部门通过反馈信息做出科学和有效的决策。

大部分数据是从控制系统中读取的，具体见控制系统数据表，但也部分进行机床数控系统的对话交流。同时对生产线智能管理系统而言，主要是导入数据种类多，存储数据量比较大，数据交互复杂。

6）生产线智能管理系统的层次结构

生产线智能管理系统层次结构相对简单，包括用户层、功能层、数据层和网络层，具体形式可以不同。

7）生产线智能管理系统的功能结构

生产线智能管理系统包含系统管理、数据标准化转化、数据驱动快速建模、驱动模型运行、可视化监控结果与统计等功能模块，具体形式可以不同。

8）生产线智能管理系统的运行模式

通过对生产线生产任务执行情况的实时可视化监控，根据生产计划，充分利用各种生产资源、生产方法和丰富的实时现场信息，快速、低成本地制造出高质量的产品。描述系统的运行模式，具体形式可以不同。

3. 服务器端软件功能描述

生产线智能管理系统——"智星 Start 1.0"信息主要跟随的是产品（零件）。产品是信息载体，产品在整个完整的供应链和生命周期中都一直带有自身信息。产品是一个媒介，产品会影响其所在环境，产品具有自监测功能，产品会对其自身状态和环境进行监测。

4. 客户端软件功能描述

生产线智能管理系统是专门为机械制造行业开发的生产线数字化执行系统，其主要包含六大功能类：机床管理、图表展示、机床统计、报警统计、现生产管理和基本管理。15 大模块：实现工艺规格管理、作业计划/排程、数据采集/看板、车间现场管理、产品跟踪/物流、质量控制与分析、按灯管理、车间设备管理、人力管理/执行监督等，并与 ERP 可无缝连接。

四、生产线智能管理系统功能展现

生产线智能管理系统客户端主界面功能展示如图 2 所示。

图 2　生产线智能管理系统客户端主界面功能展示

五、主要创新点

1. 开发出不依赖于外加传感器的通用全数据采集技术

该技术的开发，实现了工业级的控制系统与通用计算机 PC 之间的数据实时通信，其充分利用现有的控制系统资源，研究其数据通信机理和协议，建立数据软接口标准、统一硬件接口平台，开发出全数据采集技术，该技术不需要在现有设备上增加传感器，适用于市场主流控制系统，并可根据项目实际情况进行定制开发，采集数据零硬件成本，保证设备的可靠性，降低设备后期维护的风险和成本。

2. 开发出高效、大数据的分析与处理技术

50 台数控设备同时连线时读写数据的速度为 16 ms，可保障实时记录现场生产数据。主要通过 100 G 交换机及数据模型算法、数据库的优化来实现，数据库内部也采用先进指令及函数调用的方法，现单日千万级数据量不影响运行速度。

3. 开发出智能生产指导性文件

除生产计划前期导入或修订后，所有记录的产生都由系统自动生成，只能后续为记录进行内容的补充、审核等操作。通过数据的收集、整理、分析，自动地生成常用报表后，依据最常见问题智能推断下一步需进行保全的相关工作，给出 QCD（质量、成本和交付期）整改任务书，要求车间进行当前问题的 QCD 改善。

4. 开发出设备健康管理功能

设备健康管理把设备分为三类状态：健康——亚健康——故障。

设备健康管理和维修人一机（主动与被动）结合的预见性管理。它以设备的健康管理为核心，重点锁定设备的"健康和亚健康"阶段，以保持健康状态的持久性和稳定性为评价标准，研究设备动态损伤规律并建立专家库；设计和实施预防保健、健康监测、平衡调整、动态养护维修对策和健康保健制度，使设备全寿命周期保持健康、高效、低成本的运用，创造显著的能源、备件、人力、时间的节约效益，安全和环保事半功倍，生产效率倍增。

把设备状态信息的采集、分析、诊断和调整、保养、维修决策延伸到设备应用第一线，改变企业缺乏监测设备，依赖经验和"不病不看"的现状，提高设备健康监控水平和维修保养的效率及质量。

通过建立设备档案，了解掌握设备关键部件的应用情况，自动提示设备预保全信息，同时，设置设备保养计划，将设备健康档案与保养计划进行关联，自动进行保养计划调整，等等。

六、项目应用案例

1. 生产线智能管理系统

生产线智能管理系统在公司为惠州本田设计制造的轴承座加工自动线上得到了应用。图 3 所示为生产线现场实况。该生产线由 12 台加工中心、4 台地轨机器人组成。整线布局如图 4 所示。现场按灯系统板如图 5 所示。

图 3　生产线现场实况

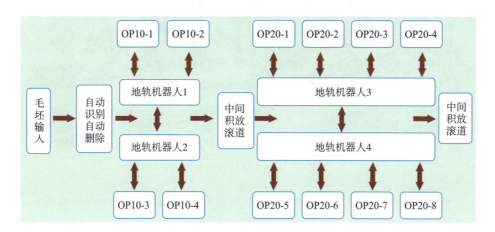

图 4　整线布局

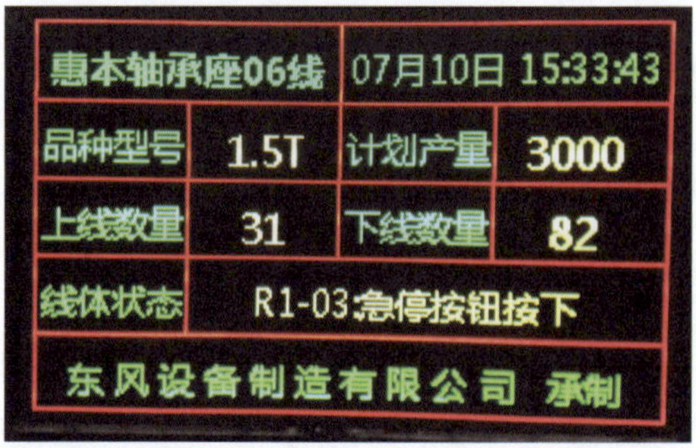

图 5　现场按灯系统板

该系统通过自动采集现场设备运行数据及统计分析，自动生成各种报表和图示，同时可作为基础数据提供给用户 MES 管理系统。该系统了解设备运转情况、生产线产出情况、被加工零件信息和生产线 OEE 情况，为设备健康管理提供大数据分析，为产能提升或优化提供大数据分析。

2. 生产示范线案例

生产线智能管理系统在公司生产示范线上得到了应用。图 6 所示为生产示范线现场实况。

图 6　生产示范线现场实况

该示范线由 3 台加工中心和 1 台地轨机器人组成，具体检测生成图如图 7～图 9 所示。

生产线智能管理系统的开发 | 281

图 7　电子数据看板

图 8　故障信息列表

图 9　刀具使用寿命统计

七、结论

生产线智能管理系统达成了开发目标，能够自动采集设备运行状态数据、工件数据、刀具数据、能耗数据、报警数据等，经过数据的统计分析，自动生成各种报表和图示，在零件出现质量问题时可追溯定位加工设备号和加工时间段，实现信息追溯，同时可作为基础数据提供给用户上位 MES 信息管理系统。通过车间按灯系统、手机 APP、电脑显示屏等客户端实时反应设备的动态信息，真实展示设备的健康状态，为预保全等生产管理提供真实、实时、可视的数据。

生产线智能管理系统自成体系，不特别依赖于现场条件，便于植入现场管理，帮助管理者和生产者及时充分掌握生产现场信息、发现并分析生产瓶颈、优化生产进程、提高设备运行效率、提升整体生产能力、提高管理水平、为投资决策提供依据，实现数据驱动管理。

高效环保型发动机智能制造技术研究与应用

上海汪青自动化科技有限公司　李小青　刘　成

一、前言

2018年1—8月我国已实现汽车累计销量1 809.61万辆，同比增长3.53%。乘用车累计销量1 519.26万辆，同比增长2.60%，商用车销量290.35万辆，同比增长8.71%。预计未来2年我国汽车产销量将保持近3%~4%的复合增速，至2020年有望突破3 300万辆。与之相对应，中国汽车保有量持续增长，从2007年的0.57亿辆达到2015年的1.72亿辆，翻了不到两番，年复合增长率约14.8%。从汽车千人保有量角度分析，预计到2024年，我国汽车保有量达到3.4亿~3.5亿辆。高速、节能、环保、安全、舒适是汽车工业发展的主题。然而，随着我国汽车工业的飞速发展，汽车产量和消费量的增加，正面临来自能源、环保等方面的巨大压力，降低能耗和保护环境的问题日益突出[1-2]。庞大的汽车拥有量，给我国能源消耗和环境保护均带来了巨大的压力。我国的汽车石油消耗已占到了全国的70%，2017年全年中国原油进口量为4.2亿吨，同比增长10.5%，创出历史纪录新高。中国原油进口依赖度由2000年的25%上升到2017年年底69%，据预测中国2040年原油依赖度将达到80%，严重影响到国家的能源安全。

1. 发动机智能工厂项目建设背景

汽车产业是推动科技进步和产业升级的重要力量，各大车企都在快速提升核心竞争力，并将发展"节能与新能源汽车"作为重点。而发动机作为整车的"心脏"，竞争也异常激烈，谁能抢占先机，谁就占有市场制高点[3]。汽车发动机零部件的中、大批量生产，在生产技术的目标和任务主要体现在高生产率、高柔性、高质量和低单件费用四个基本要求上[4]。

客户公司现有产能为5万辆，产能缺口较大，远远不能满足配套需求；

同时由于现有装备水平较低，致使生产效率低下、单台产品能耗较高，运营成本居高不下且产品质量难以控制，急需进行装备升级，提高车间装备自动化水平，提高车间信息化集成水平，建设 30 万台发动机智能工厂迫在眉睫，实现研发周期缩短、生产效率提升、运营成本降低、单位产值能耗降低、产品不良率降低，提高工厂管理水平。

2. 发动机智能制造主要技术参数指标

（1）建设高效环保型发动机智能制造工厂，包含缸体缸盖智能加工线、发动机智能装配线、智能热试线、智能立体仓库及物流，实现多品种变批量生产，产能 30 万台/年。

（2）缸体缸盖生产线节拍≤75 秒/件，装配线节拍≤75 秒/件，热试线节拍≤75 秒/件。

（3）完善 MES，建立与智能机加线、装配线、热试线、物流系统的集成。

（4）数控化率达到 92.5%。

（5）数据自动上传率达到 96.1%。

（6）申请 2 项发明专利，登记 3 项软件著作权，形成 3 项行业标准草案。

3. 发动机智能制造技术国内外对比

主要技术指标与国内外的对比见表 1。

表 1　主要技术指标与国内外的对比

对比项	国内行业情况	国际先进水平	本项目建设目标
产品三维数字化设计、工艺仿真	产品三维数字化设计普遍运用，工艺仿真设计较少运用	在新品开发时均使用三维设计、工艺路线仿真	实现产品三维数字化设计、工艺仿真设计
ERP 与 DMS、LES 集成	ERP 没有与供应商、经销商建立信息共享平台，多数采用人工完成信息传递和协调	实现订单计划、物流、配送、生产线和成品库、销售数据的信息共享，自动下单、排产、按需自动配送无缝对接，实现整个订货、物流、生产、销售等环节的自主管理运营	初步打通实现订单计划、物流、物料配送、生产线和成品库、销售数据的信息共享，自动排产、按需自动配送无缝对接，基本实现整个物流、生产、销售等环节的自主管理运营

续表

对比项	国内行业情况	国际先进水平	本项目建设目标
MES与自动化装备、自动化检测和自动化物流仓储等的集成	MES与自动化装备、自动化检测的数据集成运用比较普遍，但与自动化仓储和物流等的集成运用较少	MES与自动化装备、自动化检测和自动化仓储物流等的集成	基本实现MES与自动化装备、自动化检测和自动化仓储物流等的集成
MES与PLM、ERP系统集成	MES、PLM、ERP之间相互独立，信息无法共享	实现软件集成，信息共享	通过标准化数据接口和标准化数据格式实现三个系统的高效集成
数控化率和数据自动上传	(1) 数控化率普遍较低；(2) 数据自动上传率普遍较低	(1) 数控化率较高；(2) 数据自动上传率较高	(1) 数控化率92.5%；(2) 数据自动上传率96.1%

4. 发动机工厂智能制造是未来发展趋势

中国是制造业大国，国务院2015年5月正式发布《中国制造2025》，对我国制造业转型升级和跨越发展做了整体部署，提出将我国制造业变大变强的战略目标。2015年，智能制造装备产业销售收入超过1万亿元。到2020年，智能制造装备业将成为具有国际竞争力的先导产业，建立完善的智能装备产业体系，产业销售收入超过3万亿元，国内市场占有率超过60%，实现装备的智能化及制造过程的自动化。在未来5~10年的时间里，中国智能制造装备行业增长率将达到年均25%。

为此，本项目将智能制造创新性地融入传统发动机制造行业，通过深入实施创新驱动发展战略，依靠自主研发的智能制造技术全速加快新动能成长，期望通过对发动机产品三维设计、工艺、经营、生产、服务等环节全面实施智能化升级，实现企业转型升级，提高核心竞争力。依靠总体规划设计、智能机加生产线、智能装配生产线、智能化热试线、智能物流与仓储、智能软件平台、信息化系统等内容集成应用，建立构架完整、功能完善、信息安全的工业网络，开发适合高效环保型发动机智能工厂标准化系统的解决方案，实现生产过程的优化控制，缩短产品升级周期，提高生产效率，降低运营成本、产品不良品率和单位产值能耗。该项目将会打造成发动机行业标杆，并以此为蓝本推动整个产业的转型升级。

5. 项目创新点

(1) 通过智能装配装备，保证装配过程的稳定性、减少人员数量；通过自动检测设备，减少不合格产品零流出；通过电子标签、条码等采集系统设备进行产品信息的采集，确保产品质量的可追溯；通过工业机器人、AGV、高速堆垛机等进行上下料和仓储物流管理，实现物流的自动化和精准化；通过 MES 与工业机器人、装配与检测设备、物流仓储等的集成，实现发动机从零件装配、检测、仓储物流等生产环节的数字化管控，建立 MES 与 PLM、ERP 等系统的互联互通，实现工厂全价值链数据共享，为工厂生产经营提供强大的数据支持。

（2）在轴承盖、凸轮轴盖装配工序，实施自动化物流与配送，实现装配、拧紧、检测工步全自动，节省人工 4 人，时间压缩 80% 以上。采用视觉设备、智能化检测设备，实现缸体、缸盖上线机型自动识别，实现多品种机型生产柔性化，提高生产效率。

（3）系统化质量管理系统：建立全制造过程的检测系统，通过在机、在线检测，实现制造、检测一体化。通过自动化、流程化、数字化及系统化检测，建立产品全过程数据库，实现质量追溯并可连接产品设计和服务，实现全生命周期管理，为产品改进和提升提供分析与依据。

6. 项目先进性

（1）本项目应用三维数字化设计、工艺仿真设计、柔性制造技术、系统闭环防错、实时检测平台、先进的管理软件、多系统深度集成。

（2）智能化装备集成应用。对加工设备，采用了过程监控和动态适应控制，过程数据采集和大数据分析；装配、清洗、检测等都采用了全自动化装备，包括自动配料、自动拧紧、自动物流、自动检测，并且过程数据全部采集和绑定控制。

（3）智能物流和物料追溯技术。采用了机器人、AGV、自动辊道、桁架等全自动物流设备，采用 RFID、二维码等全过程物料信息识别和控制技术。

（4）全过程的质量控制体系。实现了过程的在线监测和防错、纠错，完整的质量管理信息化流程。

（5）多级安全控制模式。设备、单元、车间、工厂的四级控制体系，采用环形连接和集中连接的方式确保生产过程安全可控。

（6）通过 MES 与 PLM、ERP 等系统的集成，实现研发与生产的有效对接；通过 MES 与自动仓储和物流系统的集成，实现生产与采购、配送的有效对接；通过 MES 与自动化装备、生产线装备、检测试验设备和仓储物流装备的深度集成，实现发动机产品的全过程质量信息可追溯。

（7）工艺优化。工序集中和优化，缸体主加工工序由 9 道减少为 6 道，缸盖主加工工序由 13 道减少为 8 道，设备利用率提高 10%，零件合格率提高

10%。在轴承盖、凸轮轴盖装配工序方面，实施自动化物流与配送，实现装配、拧紧、检测工步全自动，节省人工 4 人。

二、建设内容

本项目是以发动机工厂制造系统为对象，以生产工艺为基础，建立顺序流、连续流、信息流的标准作业流程。在系统集成方面：涵盖材料、毛坯制造、机加、清洗、装配、检测、生产线布局、仓储、软件、控制、流程管理体系及信息化系统性的制造系统和制造过程的整体研究。

通过产品先进性、三维数字化建模、工艺仿真设计实施 PLM 项目；完善 MES 系统，建立与 PLM、ERP、智能装备线、智能热试线、智能机加线、智能仓储物流的互联互通；打造生产物料、设备、产品的物联网，建成绿色发动机数字化工厂，实现研发周期缩短、生产效率提升、运营成本降低、单位产值能耗降低、产品不良率降低，以提高工厂管理水平。

1. 发动机产品先进技术介绍

（1）在发动机配气系统方面，采用连续可变气门升程（VVH）技术，国外使用该技术的有宝马、日产等品牌。

（2）发动机采用废气涡轮增压及进气中间冷却技术，大幅提高进气密度，优化燃烧组织，提高发动机动力性及经济性。先进的涡轮增压技术在不增加发动机排量的基础上，大幅提高发动机的功率和扭矩。与自然吸气发动机相比，发动机性能提高 40% 多。

（3）可变正时系统（VVT）。发动机采用独立控制可变正时系统，可以根据发动机转速、负荷对工作相位的需求不同，分别独立地调整进排气凸轮轴的相位角度，使发动机在每一个转速、负荷下都能达到性能最优化，提高发动机在所有转速范围内的动力性、燃油经济性，同时通过调整相位角度使缸内燃烧更加充分，降低有害物质的排放。同等情况下可实现功率提高 20%，扭矩提高 15%，油耗降低 5%。

（4）高效进气系统。发动机在进气歧管的设计正是遵循了"短小"原则，保证了发动机进气空间小、中低速扭矩性能佳的优势。材料 PA66 + GF30，成本低、质量轻、导热性低；爆破压力 $\geq$ 9 bar；压力损失 $\leq$ 0.83 kPa；均匀性 $\leq$ 1.3%。

（5）材料先进性。铝的传热系数为 130 W/(m·K)，铸铁的传热系数为 46 W/(m·K)，铝的传热系数是铸铁的近 3 倍；与采用铸铁缸体的发动机相比，采用铝合金无缸套结构，单机质量可降低 45%。

（6）紧凑化和小型化设计。采用无缸套缸体之后，取消了传统的镶缸套结构，实现了缸套与缸体的一体化压铸成型，既节省材料，又达到结构紧凑化、缸体轻量化、降低制造成本的要求。同时，一次压铸成型可提高尺寸精度，减少加工余量，减轻后续加工的人力物力，符合近净成型的发展趋势。

2. 产品三维数字化建模

数字化产品设计系统主要是实现工业产品的快速设计，为了实现产品的数字化设计，本项目引入了快速设计模块，如图 1 所示。该模块主要是根据各种技术要求、设计说明、材料信息以及各结构之间的相对位置，利用运动学、动力学、虚拟装配等设计、分析、验证、模拟仿真的技术，对所需进行设计的零件进行仿真和分析，使其能够满足设计需求，并在此基础上实现产品数字化三维设计；同时根据装备及工艺要求，利用 CAE 等相关技术，进行产品工艺的设计、仿真及优化；利用 CAM、CAE 等产品虚拟加工及仿真技术，实现产品虚拟制造及智能管控，最终搭建集产品数字化三维设计、工艺数字化仿真及优化、产品虚拟加工等为一体的数字化产品设计系统。

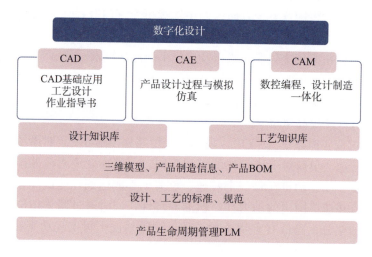

图 1　数字化设计

3. MES 与智能化生产线集成

以 MES 系统为核心，通过视觉传感器、RFID、二维码、条码等数据采集系统装备进行产品的过程数据采集，实现产品的质量追溯，降低不良产品的流出和减少召回造成的损失；通过自动化上下料系统、AGV、智能化立体仓库等物流仓储的应用，可减少工序间的等待、提高产品的物流顺畅度、满足产品先进先出的质量要求和减少人员配送的等待；通过 MES 与智能化装备、智能化物流仓储等的无缝对接进行生产计划、生产准备、物料管理和设备运维管理等，降低企业的运营成本。图 2 所示为数据采集接口平台。

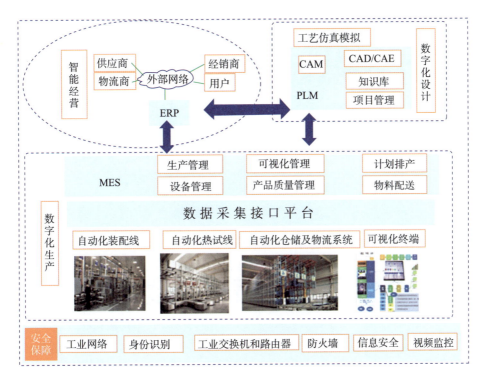

图 2　数据采集接口平台

4. 智能化物流及仓储系统

智能化立体仓库用于产品原材料和采购件、成品、半成品等的存储、分拣和运输等的管理。采用 AGV 自动出货和存放，提高工作效率，保证货物的先入先出管理以及库存库位的科学管理。

智能化立体仓库主要由立体货架、轨道堆垛机、输送系统、存储货架、机器人、行驶轨道、AGV 运输系统组成，如图 3 所示。利用射频数据通信系统、二维码技术、RFID 卡技术、PLC 集成技术、扫描技术、传感技术、自动导引运输车（AGV）形成货物存储系统，货物存取机货物运输、控制和管理等。实现各个系统的集成化、信息化、数字化和自动化集成，最终实现原材料、半成品、成品的存储、输送、分拣和运输的自动化。

货架总共布置 25 列、4 排、5 层；立体库左侧为托盘入库区，右侧为托盘出库区。智能化立体仓库基础数据见表 2。

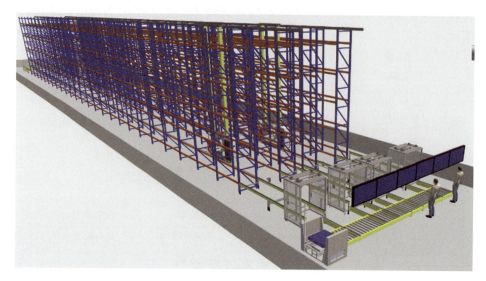

图 3 智能化立体仓库

表 2 智能化立体仓库基础数据

名称	描述	备注
库区尺寸	长 77 m、宽 9 m、高 10 m	
库容	1 024 货位	
货物尺寸	1 200 mm×1 000 mm×1 160 mm	含子母托盘高度
钢制托盘尺寸	1 200 mm×1 000 mm×1 160 mm	
库区承重	5 t/m^2	库区地基全钢筋网,形成平板模式
单件质量	≤1 000 kg	
入库需求量	50 托盘/小时	设计出入库总量 100 托盘/小时
出库需求量	50 托盘/小时	

图 4 和图 5 分别为入库流程和出库流程。

智能化立体仓库信息系统软件结构主要包括信息管理层、监控调度层和设备控制层。

（1）信息管理层：包含物流信息管理系统（WMS）以及与外部其他信息系统的信息交换接口，负责对物料、库存进行动态计算、分配与统计，提供各种查询统计，为企业信息管理系统提供实时动态接口，接收计划信息并提供仓库信息，实现与企业信息管理系统的数据共享；同时提供与外部其他系统的接口，实现数据交换。

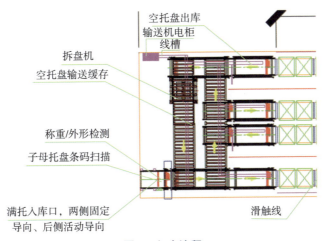

图 4　入库流程

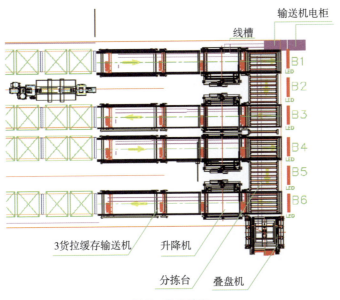

图 5　出库流程

（2）监控调度层：包含物流监控调度系统（WCS）以及与各种设备控制子系统的数据通信，负责进行自动化设备任务调度优化、自动化设备运行监控、设备故障诊断、报警提示及信息归档、操作记录等。

（3）设备控制层：包含各底层物流设备控制 PLC，负责进行信号检测和自动化系统设备运行控制，具有手动、自动、在线控制功能和相应的安全保护功能，具有完整的联锁保护功能，可以实现各系统的手动/自动联锁启停、顺序启停等功能。

图 6 所示为一体化软件管理系统的任务管理原理图。

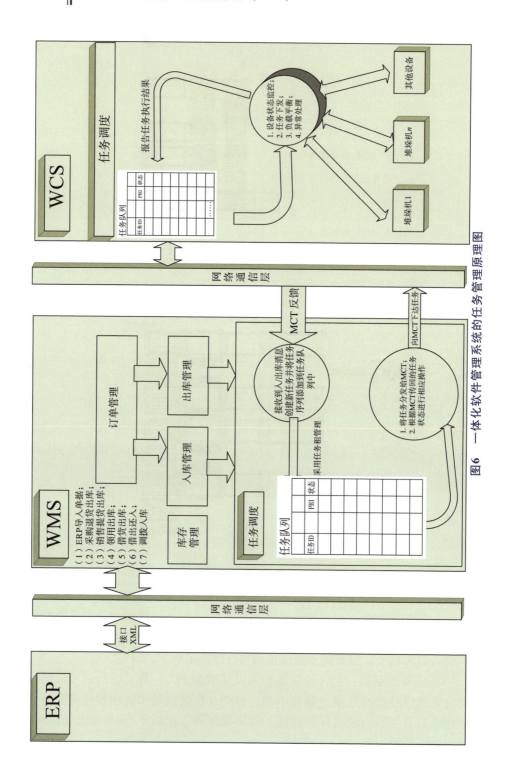

图6　一体化软件管系统的任务管理原理图

5. 智能化生产线——加工线

缸体、缸盖柔性生产系统采用先进的制造工艺，由主机部分、辅机部分、物流部分等组成了全自动无人生产线，如图7所示。采用全过程质量检测、过程数据自动绑定上传、生产线智能控制等信息化手段，确保该系统的先进性、稳定性和可靠性。智能加工线主机采用高速高精加工中心，辅机包括清洗机、试漏机、打码读码机、压装机、涂胶机、拧紧机、在线测量机。本项目通过缸体、缸盖加工工艺优化、工艺路线的筛选与优化；定位基准、加工基准、测量基准的选取与一致；零件的工艺特性（以精密孔系和平面加工为主），加工难点（同轴度、位置度、孔距精度、平面度及加工质量等）的分析、研究，结合精密高档数控机床的性能、特点，并在现有工艺方案的基础上进行优化，大胆运用先进工艺、特殊加工刀具，形成整套最优的加工工艺方案和工艺路线。工序集中和优化，缸体主加工工序由9道减少为6道，缸盖主加工工序由13道减少为8道，设备利用率提高10%，零件合格率提高10%。在数控设备上安装智能刀具管理模块，实现断刀检测、刀具破损检测、刀具寿命管理功能，对刀具和加工过程资料进行智能化、无人化管理，保护刀具断裂对主轴产生的损坏，如图8所示。采用先进的采样方式、独特的功率检测、全程监控，无须增加加工循环时间，可缩短和优化加工循环时间，对机床、刀具和工件起到保护作用。在切削过程中，建立切削过程动力学模型，对刀具和工件的切削状态进行分析，并通过监测刀具切削状态，研究缸盖切削工艺参数与切削性能的关系，从理论上保证缸体缸盖加工精度，彻底改变过去仅靠实际经验确定缸体缸盖加工工艺参数的做法。

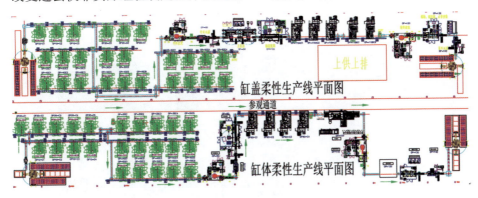

图7 生产线布局图

6. 智能化生产线——装配线

装配线由12台机器人和积放输送机构组成（图9），可实现自适应的动态工序调整，控制系统通过以太网进行信号交换，对全过程进行监控，数据实时上传，实现可追溯功能，自动完成物料的接、卸货输送。装配线柔性特点如下：

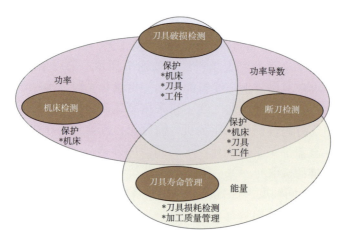

图 8 智能刀具管理模块

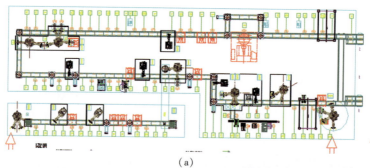

(a)

(b)

图 9 发动机装配线

（1）自动化：机器人（带视觉系统）自动上下料，积放输送机构实现工序间自动流转。

（2）高质量：拧紧设备带力-位移监控系统，涂胶设备具有定量防漏系统。

（3）全过程跟踪：对设备运行状态实时监控，过程数据采集，大数据分析；实现数据自动上传，如发动机打刻编号数据，拧紧设备的力矩和转角数据，轴瓦分组数据，挺柱选配数据，压装设备过程的压力数据以及水道、油道等试漏数据实现自动上传至 MES。

（4）智能化：托盘共用，机器人柔性抓取，实现产品换型的快速转换。

表 3 所示为装配线亮点及简单描述。

表 3 装配线亮点及简单描述

装配线亮点	简单描述
 缸体曲轴机器人上线工作站	大容量的立体货架储备曲轴和缸体零件，曲轴及缸体在料架定位，便于机器人自动抓取上料和满足柔性化生产节拍；机器人手爪设计采用共用原则，一套手爪实现自动抓取缸体和曲轴；缸体及曲轴二维码读取采用一套固定式二维码读取装置
轴瓦装配智能防错工作站	根据轴瓦防错料架指示灯、光电感应开关检测及计数，自动运算和匹配出所选用的轴瓦，并根据顺序指令引导使用和自动进行误用与计数防错，在拿取轴瓦过程中，顺序、次数出错和漏装情况下设备均会自动报警

续表

装配线亮点	简单描述
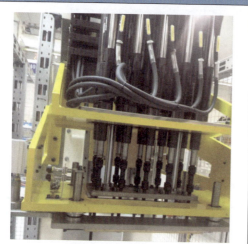 缸盖自动拧紧螺栓工作站	10轴拧紧枪同时完成10个位置螺栓拧紧，高可靠性、稳定性和高效率。自动实现角度控制和监控、扭矩检测和监控。螺栓拧紧数据自动通信、上传、绑定。具有拧紧轴的合格和不合格显示、自动认帽、故障声光报警、自动停机功能
 AGV配送	采用激光导引AGV小车，匹配AGV无线叫料与设备、调度系统、MES、ERP系统自动对接控制系统、自动管理系统、工程管理系统实现物流运输的自动化、管理的自动化、作业的自动化。将装配好的发动机总成运输至热试线

整线节拍≤75秒/件。缸体、缸盖拧紧、上料、压装等工序大部分采用机器人工作站或专业化智能数控设备完成

7. 智能化生产线——热试线

发动机热试线布局采用串、并联组合的形式，实现自适应的动态工序调整，如图10所示。控制系统可自动进行参数匹配和设定，可完成发动机在静态和动态情况下的测试，在不同转速、负荷、高温、高压条件下对发动机性能进行测试和诊断。测试数据通过数据库反馈至总控系统，分析后对设备参数进行调整，实现热试线的自动化。

热试线柔性特点如下：

（1）自动化：AGV自动配送，自动对接辊道上下料，自动读码。

图 10 发动机热试线

（2）柔性化、智能化：布局采用串、并联组合形式，满足多品种静态和动态，在不同转速、负荷、高温、高压条件下对发动机性能进行测试和诊断，测试数据实时采集、绑定、上传。

（3）数据自动上传：VVT 角度、出水温度、点火提前角、机油压力、进水温度、燃油压力、循环水压、油门、转速及运行时间等数据自动上传至 MES。

（4）安全性：设备有高温、高压、过载报警系统。

（5）快速实现发动机托盘与台架的定位，如图 11 所示。

图 11 托盘快速定位

三、项目总结

本项目通过智能工厂建设,可达到以下目标。

1. 缩短产品研发周期

数字化设计:设计阶段采用模拟分析计算,此阶段可以节省40%的时间;工程设计阶段大量借鉴和应用产品库数模,使设计可以更加精准,避免了大量返工和验算;在进行单个零件设计时,与之相关材料选型、公差配合、尺寸链计算随机展开,进一步缩短了设计开发周期;形成了三维数模即可投入样件试制,使样件制作的成功率提高,制作周期缩短,综合以上各因素,可使产品研发周期缩短34%。

2. 提升生产效率

通过提升生产线设备尤其是关键设备的自动化程度,采用自动上下料系统和自动仓储物流,提高生产线效率。装配线通过信息化项目实施后生产节拍由 110 s/件提升到 75 s/件,生产效率提高 31.8%。

3. 降低运营成本

通过 MES、PLM、ERP 相互集成,实现信息互联互通,如 ERP 自动接收客户订单及 PLM 提供的 BOM 信息,排出主生产计划,下发到 MES,MES 根据 ERP 客户订单需求和实际库存及 PLM 提供的工艺过程资源进行排产;通过 ERP 排出采购物料需求计划发送供应商平台,达到设计、工艺和生产过程一个流。生产效率大幅提升,使运营成本稳步下降,运营成本下降 30.6%。

4. 降低单位产值能耗

得益于数字化管理,提高了生产效率和产品质量,避免了工时浪费和返工损失,使单位产值能耗下降了 14.3%。

5. 降低产品不良品率

为了提高零部件加工精度,采用实时在线监测,可以显著提升产品加工质量,杜绝不良品流出;通过自动化、程序化作业,提升装配一致性和产品品质一致性;通过 MES 实现数据可追溯和工序防错,防止不合格品流出;通过系统的改善和项目实施,最终实现产品不良率显著降低 32%。

本项目高效环保型发动机已达到国内一流水平,该发动机综合运用当前国际先进制造技术。该发动机综合运用目前国际上各种先进技术,改善了整机动力性、工作平稳性和使用经济性,有效控制了废气排放,改善了发动机的起动、急速、加速性能,同时有效地控制了有害气体的排放达到国 V 二阶段的排放标准。

参考文献

[1] 陈勇. 中国能源与可持续发展 [M]. 北京：科学出版社，2007.

[2] 徐元浩，李云伍. 汽车工业汽车节能减排的措施与前景 [C]. 重庆：重庆汽车工程学会2008年学术会议论文集，2008.

[3] 刘光磊. 多元 Al – Si – Cu 合金铸造工艺参数优化及其在汽车发动机缸体应用的研究 [D]. 江苏大学博士论文，2013.

[4] 姚渝辉. 发动机缸体柔性制造工艺技术 [J]. 四川兵工学报. 1999 (1)：42 – 45.

特 邀 稿

新一代智能加工系统——智能工艺中心

MAKA Systems GmbH
马柯系统有限公司　吴昊阳

前言

无论是德国的工业 4.0 还是我国的智能制造，本质上都是对未来制造业形态的展望，体现出一种从工业视角看待未来的态度，强调的是对现有信息技术的广泛集成和深度应用。本文试图从另一个层面入手，着眼于制造工艺，结合人工智能和 CPS 相关概念，提出一种面向未来的智能加工系统的理论框架和技术构想。同时，结合中国轻量化加工的实际需求和欧洲最新技术动向以及厂商应用案例，探讨新一代轻量化加工设备的技术路线。

一、应用背景

大背景是制造业转型升级。德国的工业 4.0 和中国的 2025 智能制造，两化融合都是从顶层提出的转型升级的大方向。但是过度强调互联网、数据采集、云计算等信息软件范畴的应用，忽略了制造业的本质，那就是设计和工艺。应该说这股风向已经让中国制造业的升级路线偏离了正确航线。生产设备及自动化企业也纷纷推出 4.0 或智能制造概念下产生的解决方案，但是无一例外都是强调消灭信息孤岛。这对于制造业已经相当成熟的欧美日当然是水到渠成的，但是对于基础较差的中国企业来说，无论是 4.0 还是智能制造，都不能帮助中国企业从根本上提升设计和工艺能力。

1. 制造业的行业本质及内核

两个英文单词都可以翻译成"制造"，它们分别是"Manufacturing"和"Production"。如果从字面理解，"Manufacturing"实际上来源于两个字根：

"Manu-"和"-facturing"。"Manu-"指手工，用手做，而"-factruing"就是"Factory"的变体，是概念化的工厂。所以"Manufacturing"字面的意思就是"手工工厂"，更贴切的翻译应该是"手工业"。"Production"这个词来自"Produce"，本意是"作曲、创作、分娩"有一种"孕育、酝酿"的意味。"Production"这个词确切的翻译是"生产"，强调一种从无到有的过程。

可以说Manufacturing是指狭义的制造，强调手工装配，强调制造的劳动属性，比较适合特指劳动密集型制造业；Production更适合用于广义的制造，涵盖了产品从创意设计到制成的整个过程。用新生命的孕育和诞生诠释了产品从设计到生产出成品的全过程。

所以说，制造业的本质就是"设计"和"工艺"，制造业的转型升级就是不断地回答两个问题："造什么"和"怎么造"，为这两个问题给出更好的答案就是制造工程师永恒的目标。制造业的转型升级若不能围绕这两个内核展开，那么任何漂亮的方案都是舍本逐末。

2. 制造业转型升级的内在逻辑

越是能够从技术源头上进行创新就越能极大地提高技术投入的成效。如果能够在物理理论层面实现技术突破，那么对于制造业来说无疑是个创举。但是理论基础研究投入周期长，技术风险大，投入成本高。对产品设计、工艺以及生产系统（设备及生产线）的研发投入实际上是针对成熟度相对较高的生产技术，这类投资技术风险相对较小、成效较高，是生产型企业技术升级和改造的主要对象。系统优化是指IE（工业工程）或系统工程层面的整体的持续性的优化，企业信息化、质量体系认证、数据采集、工业云等项目实际上都属于系统性整体优化的范畴。着眼于支撑整个生产体系的辅助性功能，同样重要。

通常来说，一般的企业仅通过系统优化（如标准作业流程）就可以快速提升生产效率。但是正规的管理体系是现代企业的基础，如果生产型企业要进一步提升竞争力，就必须投入足够的资本进行升级。最立竿见影的投资是设计、工艺和设备，它们是制造企业的基础。当基础夯实以后，就意味着企业已经拥有为数众多的设计图纸、工艺方案、生产及检测设备，以及数目众多的专业软件。这个时候就需要进一步投资，做系统整合和整体优化，工业4.0本质上就是给这样的投资计划所做的方向性和概念性的指导意见。不同阶段技术投入成效与成本对照如图1所示。

对于绝大多数中国制造企业来说，设计、工艺和设备才是最薄弱的环节，急需资本投入。而对于很多发达经济体来说，设计、工艺和设备仍然有很大的提升空间，例如德国的企业，学术界和政府其实并没有把发展局限于工业

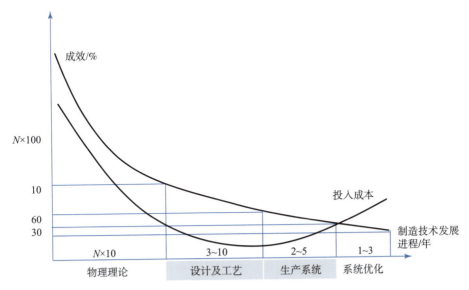

图1　不同阶段技术投入成效与成本对照

4.0，对于制造业的转型升级，德国人非常清醒：物联网和信息技术也许会推动制造企业技术变革，但任何工业体系的转型升级都是一个系统工程，任何环节都缺一不可。

3. 中国制造业转型升级的潜在误区

中国制造业转型升级的潜在误区就是一厢情愿地以为通过智能化改造就可以跨越式发展。部分国内企业关注范围相对狭窄，重视后段装配为主的狭义制造，忽略了前段设计和零件生产环节的广义制造。结果就是错误地以为"机器换人"可以解决一切自动化的问题。

本文希望能够在智能制造这个商业语境下，提出一套新的设想，面向特种工艺设备研发，为中国制造业转型升级提供一套全新的解决方案。

结构件集成程度越来越高，特别是轻量化零件的广泛应用，让结构件的制造工艺越来越复杂。装配、加工、检测环节的融合度越来越高，在一些高端应用场合出现了很多新工艺集成的趋势。另外，目前的工业机器人可以完美地实现搬运涂装等对精度要求不高的工作，但无法满足高精度加工。在预装配环节往往需要加工中心的介入，这其实严重影响了不同工序和工艺集成，因此需要研发出新一代通用型可以满足加工精度要求的机器人。

德国 MAKA 公司针对上述技术需求，提出了新一代智能加工系统的架构，并以此为指导方针，做出若干的技术尝试。

二、生产系统升级的内在逻辑

1. 生产系统逻辑模型

对于一个完整的生产系统来说，产品设计决定生产工艺，而工艺和设计又相辅相成。二者同时取决于生产规模，并受制于成本、质量等生产目标。

在一个制造型企业里，设计、工艺和设备通常都是最核心的制造技术。制造技术需要在各类管理和技术体系下发挥作用，例如质量体系、研发测试体系、供应链体系等。各类不同的体系为企业战略服务，体现了管理理念和企业文化。构成体系的核心内容是流程，规定和相关的文件报表等等。而信息系统是支撑各个体系的工具，如果没有信息系统，各类体系仍然可以继续运行，但效率会大打折扣。核心制造技术、体系及其信息系统共同构成了一个完整的生产系统。当然，任何生产系统都离不开人的参与，人是知识和技术的最终载体。

对于不同的生产系统来说，体系和核心技术的重要程度并不相同。企业越小，专业性越强，核心制造技术的重要性就越突出。德国和日本很多隐形冠军企业都具有这样的特性；而产品线越复杂，涉及的工艺和设备种类越多，那么体系就显得越来越重要，特别是对于面向终端消费市场的生产商（如家电、手机）来说，系统的重要性甚至要高于核心制造技术，因为这种行业的核心技术可以在市场上买到。但是，无论如何核心制造技术是生产系统的基础，设计、工艺和设备（含相关工装及工具）三者构成制造技术平台。生产系统结构如图2所示。

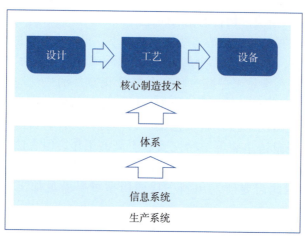

图2　生产系统结构

这里提到的产品设计实际上也包括了整个生产系统的规划和设计，这个过程会直接决定工艺和工艺路线的选择。而工艺和工艺路线确定后，就会决定采用哪些生产设备，包括与生产设备相配套的工装夹具、刀具、量具和检具等，也包括检测设备和与设备相配套的软件系统。

对于新工艺来说，市面上并不存在现成的设备，因此往往需要根据工艺需要，开发出专用的自动化工艺设备。可以说，专机是新工艺的载体。

2. 加工系统的技术发展规律

加工系统的发展明显体现了技术集成的大趋势。例如最初的数控机床通过自动更换刀具以及多主轴的技术方案，实现了不同加工工艺的集成，通过换刀实现了车削、钻削、铣削、镗孔和磨削等加工工艺的集成。

例如，传统车床的加工过程是工件高速旋转，刀具固定在刀塔上，通过刀具和零件的相对运动完成车削工艺。当车刀也可以高速转动并获得一定运动的自由度时，那么车刀就可以完成铣削的工艺。这种车铣复合加工中心就是典型的工艺融合，零件的加工过程中不再需要更换工位，不再需要更换机床，在同一个机床上就可以完成绝大部分的加工。图 3 所示为 DMG 的车铣复合中心，除了车床主轴以外，刀塔转变为一个刀库，刀柄与电动机耦合后，可以高速转动，完成铣头的加工工艺。

图 3　车铣复合加工中心
图片来源：DMG Mori

另外，柔性制造系统本质上也是工艺整合的解决方案，如图 4 所示。

在图 4 中显示了典型的柔性制造系统解决方案。龙门式机器人抓手抓取零件，在 3 台数控机床上完成不同的工艺组合。FMC/FMS 与 CNC 的不同之处在于零件的流动，所以柔性制造系统本质上是为加工中心增加了自动化物流系统。为了便于让零件在不同工艺设备上"流动"，就需要为加工中心/标准工艺设备配备"接口"，如自动化托盘更换系统。图 5、图 6 所示为典型的柔

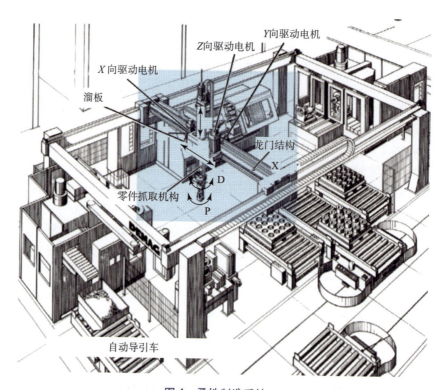

图 4　柔性制造系统

图片来源：Mannesmann Demag Fordertechnik

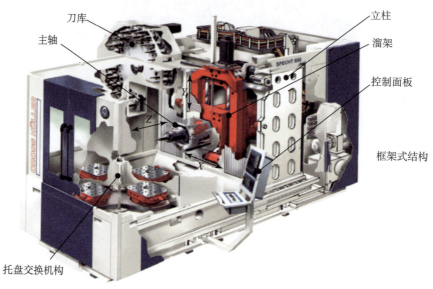

图 5　框架式柔性制造单元

图片来源：Cross Hüller

性制造单元,为加工中心配备了托盘转换系统。该系统的好处是,加工的同时在机床外侧可以进行零件修整和更换。

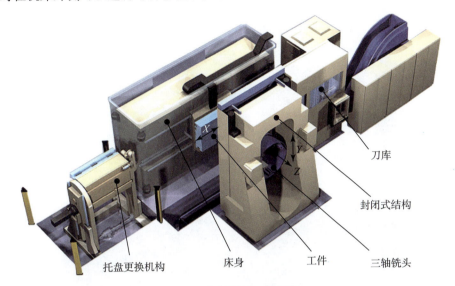

图6 卧式柔性加工单元
图片来源:DS Technologie

为实现自动化柔性加工,还需要解决夹具问题。一个方案是自动化夹具库与 CNC 的集成,另一个方案是采用柔性夹具。为此,零点卡盘技术应运而生,能够快速定位工装和工作台,容易实现自动化。柔性夹具的问题是价格昂贵,调整时耗时长,通常需要对零件重新定位,多用于飞机蒙皮等超大型零件加工。

图7所示为交换式旋转工作台,工作台的两侧都可以放置工件和工装。工装和工作台之间靠零点卡盘系统(ZPS)固定,便于精准定位和快速更换。这样的加工中心是目前欧洲非常流行的 FMC 结构。

3. 数控机床未来发展的趋势

工艺集成将成为新一代数控机床技术发展的大趋势。

机床的技术进步就是工艺自动化的不断集成。手动机床与数控系统相集成,本质上解决了复杂运动控制和逻辑控制问题。数控系统的出现取代了大量复杂的机械自动化机构,极大简化了机床的机械设计,自动化成本得以极大降低。

加工中心实质上是车铣刨磨钻等加工工艺的集成,复合加工中心则是通过更复杂的运动控制实现了更多工艺的集成;CNC 配合自动化托盘更换系统便成为一个柔性制造单元,因为 CNC 可以自动识别并调用加工程序对送到加工中心内部的零件进行加工。

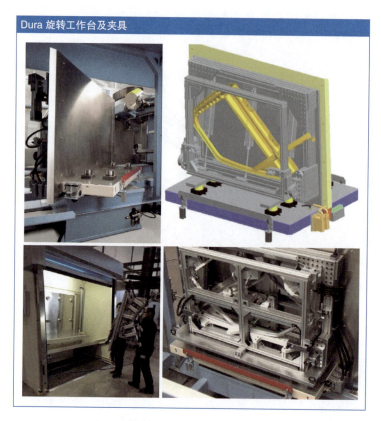

图 7　柔性加工单元旋转式交互工作台

通过自动化物流系统使得零件在不同工位之间流转就成为柔性制造系统。

由此规律不难推断,新一代的数控机床应该着眼于更进一步的工艺集成。本文称之为柔性工艺中心(FPC Flexible Process Centre),本质上是更多工艺模块的集成,并配合特殊的工装夹具。例如在一台加工设备里集成激光切割和机械打磨工艺。更进一步的发展在于 AI 技术的引进,在人工智能和机器学习的帮助下,让每一个工艺模块都获得智能,可以不断积累加工经验,让加工结果日趋完善。图 8 所示为加工系统的历史演变。

三、智能工艺中心

定义:一种将诸多不同工艺集成于一台生产设备的技术解决方案,是一种面向工艺和工序集成的自动化生产系统。

特点:零件的工序位置保持相对固定,工艺部件围绕零件进行不同的

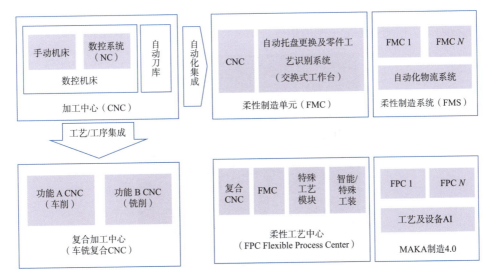

图 8　加工系统的历史演变

工艺处理和工序操作。图 9（a）所示为超声切割与高速铣削工艺的集成，图 9（b）所示为高速铣削工艺与表面灼烧工艺的集成。

图 9　智能工艺中心
（a）超声及机械加工复合 CNC；（b）表面灼烧工艺模块

其本质都是将不同工艺集成于同一个设备。这样，工件一次装夹，在一个工位上就可以完成多个不同工艺路线，使工艺设备/装置围绕产品完成工艺过程。与 FMS 相比，IPC 的工艺装置并没有得到充分利用，但是柔性最高。随着技术的完善，工艺设备的价格是不断降低的，因此一个工艺中心将取代原有的 FMS，而 FMS 将升级为对若干套工艺中心的集成度更高的柔性制造系统。

图 10 所示为钻铣－铺管一体机，先对板材进行修整：铣平面、侧面，铣

槽，钻孔，经过在线测量后，用铺管装置将橡胶管道按压到板材内部，实现机械加工、检测、装配工序的集成。

图 10 钻铣—铺管一体机

生产线和柔性制造系统都是强调零件的流动，工艺设备的位置相对固定。而工艺中心则强调零件位置固定，在同一工位完成多种工艺，工艺设备/模块围绕零件运动，完成各类工艺过程。实质上是让不同的工艺模块公用同样一套（或多套）运动控制系统。例如3D打印和机械加工都可以使用同样的五轴联动控制系统以及生产环境控制系统。

可以说工艺和工序向同一台设备上集成是技术发展总的趋势。因此这里将新一代加工设备命名为智能工艺中心（Intelligent Process Centre）。

1. 功能结构

图 11 所示为工艺中心的功能结构。

工艺中心本质上是将多种不同的工艺功能集成在一台设备上。首先需要满足的是工艺环境的兼容性，工艺环境控制系统是设备的最基本的功能，如安全防护、冷却系统、粉尘和油雾收集、冷却液循环、视频采集等功能。

工艺中心会有一个或多个运动平台，运动平台携带不同的工艺模块，完成对零件的不同工艺任务。而运动平台的形式会有多种，例如机器手臂和龙门结构都是通用型运动平台，都可以安装不同的工艺模块。另外，很多工作台也可带有一定运动自由度，构成运动平台的一部分。

工艺模块管理系统与外部的工艺模块库连接，根据工艺程序，为运动平

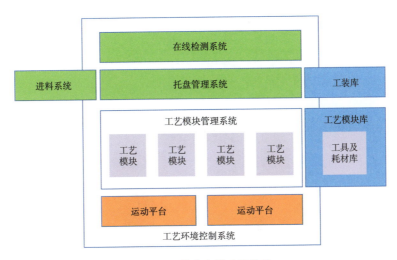

图 11　工艺中心的功能结构

台更换不同的工艺模块，并为工艺模块更换相应的工具和耗材。例如某些高端加工中心的"换头"技术就是这样的工艺模块管理系统。不同规格的主轴头对应不同的工艺，与之相配合的刀柄也不一样。

为了节约零件加工原点定位时间，越来越多的零件在整个工艺过程中都是随定位托盘运动的。由于托盘/夹具与工作台之间的定位精度足够高，这样零件在不同工艺设备中不用重新定位就可以马上开始工艺加工。

在线监测系统是工艺中心的工艺控制回路，直接通过检测零件进而判断工艺质量。而在线监测系统也会集成工艺所需要的各类检测装置，例如机器视觉、激光扫描、超声检测、热辐射检测等。

2. 智能工艺系统结构

工艺中心的智能体现在启发性算法对工艺的实时优化，以及多个工艺执行机构的相互配合。

实际上，对智能的定义可以非常宽泛，通过识别条码信息调用相应的 NC 程序，实现柔性自动加工可以算是一种智能。但是本文智能的概念等同于人工智能，即将神经网络、遗传算法、马尔科夫、多智体、机器学习等 AI 相关的算法和技术运用到工艺中心的设备里。

表面上看，IPC 的系统结构并不复杂，只是在同一台 FMC 或 CNC 上集成了其他功能的工艺装置，如激光头、超声头、水切割头、等离子头等，但是每一个模块都需要能够实现快速组态并具备自主学习功能。

工艺装置的物理实体与其 3D 数模构成了一对双生子 CPS 系统，底层控制程序可用以控制工艺装置的物理实体，也可以用于 3D 数模的仿真。

同时，构建工艺 CPS 模型，通过在线监测比对优化仿真结果，不断优化工艺仿真模型。以此指导新工艺的开发和调整。对设备的控制程序和对工艺的仿真程序都被定义为多智体（Multi-Agent），两个 Agent 都是通过在线检测装置，反馈零件的工艺结果，通过机器学习，训练 Agent，让工艺 CPS 模型和设备 CPS 模型达到高度吻合，如图 12 所示。

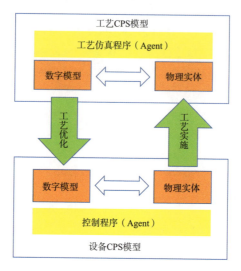

图 12　工艺中心 CPS

通过该模型，工艺和设备被有机地结合在一起，工艺 CPS 的目标是构建更加精确的 FE 模型和材料的力学本构，有了这个模型之后，才能不断深入地研究基础性工艺。

设备 CPS 模型的意义在于实时调节工艺参数，同时优化工艺参数数据库。同样是利用在线监测回路，每一次加工都让 Agent 更加智能。

值得注意的是，工艺 CPS 最初旨在对某一类典型工艺进行仿真，当基本 FE 模型测试成熟后，每一个新的工艺项目都可以自动生成准确的 FEA 模型。

智能工艺中心（IPC）系统旨在将 CAD/CAM 与 CAE 做有效的集成，除了生成机械加工路线并仿真物理干涉情况之外，通过 CAE 仿真直接预测出薄弱的工艺环节，并生成优化的加工策略和 NC 控制程序。实际加工过程中，在线检测系统向控制程序 Agent 以及其他相关功能模块 Agent 实时反馈实际的工艺信息，如形状精度、表面粗糙度、切削力、材料去除率等，相关 Agent 会根据优化目标实时调整控制参数。例如主轴 Agent 会以工艺策略为基础，实时调整功率和转速，使表面质量和加工效率达到最优，同时刀库 Agent 也会实时监控刀具寿命和潜在的破损刀具，与主轴 Agent、动作 Agent 以及工艺 Agent 相互协调，在不影响总体优化目标的前提下，提高刀具使用寿命。

在实际的加工和在线反馈过程中，FE 仿真模型也得到优化，更加贴近真实。

通过这样的智能系统结构,整个 IPC 就可以通过生产实践不断积累工艺经验,不断提升工艺指标,成为名副其实的智能制造系统。同时,不同的 IPC 之间也可以互相交流工艺经验,快速完成技术迭代。

3. 基于 Agent 的可组态 CPS 模块

该模块将每一个工艺子系统定义为一个 Agent,Agent 之间能够通过协作、交流,完成对某工件的一系列复杂工艺过程。

而每个工艺或一系列工序都可以通过机器学习,不断地优化过程控制参数,积累生产经验。每个工艺中心又可视为一个高一级 Agent,同类工艺中心之间可以分享经验,彼此获得更高的"智能"。

控制逻辑将每一个工艺模块定义为 Agent,而对应的实体模块也可以实现特定的功能。因此这个实体及数学的功能模块本质上就是一个 CPS 系统。加工设备的模块化组态本质上就是 CPS 子系统之间的模块化搭接。Physic 部分设计机械模块化设计,接口标准化相关的技术,Cyber 部分中的控制算法系统实际上就是一个个 Agent,与数模和参数系统共同构成 Cyber,这样基于 MAS 的 CPS 就被定义出来了。

一个基本的 Agent 可以衍生出相关多种 CPS 模块和设备,例如电主轴、车床主轴、磨床主轴,尽管控制程序不同,但是基本的控制参数和工艺优化目标都是相同的,因此可以通过同样的 Agent 继承过来,如图 13 所示。

图 13 多智体与 CPS 模块

4. 多智体的功能描述

传统的工艺过程以通常的机械加工为例,通过 CAM 软件将零件的数模文档转换为加工设备可以识别的代码,其中最重要的信息包括:工艺参数、刀具路径和换刀控制,如图 14 所示。这些信息通过控制系统作用在加工设备上,以特定运动形态输出不同形式的能量和物质,完成工艺输出。例如激光切割就是由激光器输出热量,运动形态由机器人完成。工艺作用在零件毛坯上,使零件形态和微观结构发生改变,例如金属加工的工艺结果是零件出现了精确的外形的同时也会伴随加工硬化的现象,产生了大量的切屑和切削热等。在线检测的过程本质是检测设备对工艺结果施加不同形式的物质和能量

（如振动、辐射、吹气等），不同的工艺结果对此会产生信息反馈，经检测设备的处理得出测试结果。

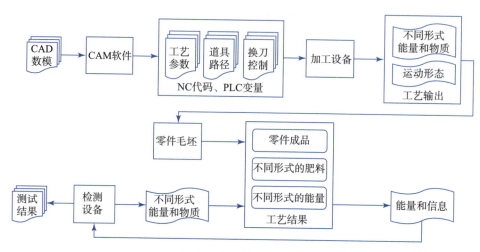

图 14　传统的工艺过程

引入智能工艺中心概念之后，对工艺和设备控制的视角发生了变化：一个工艺设备并不是简单的自动控制系统，而是由多智体系统协同完成一项工作，并对工艺进行优化。

如图 15 所示，工艺参数、刀具路径以及换刀控制的相关（运动及逻辑）控制代码实际上对应了工艺模块、运动平台和模块管理系统。在智能工艺中

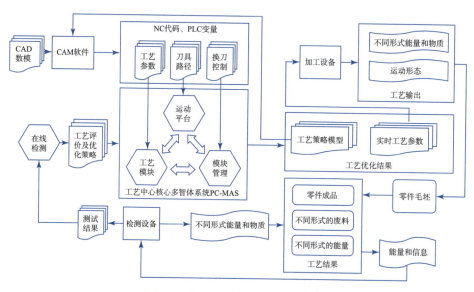

图 15　引入多智体的工艺控制流程

心里,这三大 Agent 构成工艺中心多智体系统(PC - MAS, Process Centre-Multi Agent System)。在线检测的结果分析也被定义为在线监测 Agent, 它会在测量结果的基础上,生成工艺评价及优化策略, PC - MAS 在优化策略的指导下,生成优化后的工艺策略模型和实时工艺参数,以代码及可变参数形式控制加工设备完成工艺。而优化结果参数也会反馈给 CAM 及 CAE 软件,帮助其在下一个项目中生成更好工艺程序。对于工艺仿真来说,该控制回路可以让 CAE 的模型更加接近真实。

总的说来,智能工艺系统是在传统工艺模型中引入了多智体和机器学习,首先在加工过程中可以不断微调工艺参数。其次,每次加工之后都会优化整个工艺及仿真模型,进而优化整个工艺 CPS。

1) 工艺控制 Agent

在整个加工过程中,工艺系统会记录实际每个位置的加工参数。加工完毕后,在线检测系统会对零件的工艺质量进行测量并反馈到工艺控制系统。这样 Agent 就可以根据实测的每个位置的工艺结果评估当时各项工艺参数,从工艺大数据中发现规律,实时给出优化结果。

目前西门子的叶片加工工艺控制软件可以实现工艺参数追溯功能,可以追溯到瑕疵点附近的工艺参数记录,进而研究缺陷产生的问题并给出改进建议。其技术实现并不复杂,需要将 CAM 及 NC 后处理程序与当时工艺的真实值与目标值进行数据连接,这样就可以通过实物的工艺瑕疵直接溯源到当时的程序和真实记录。

而工艺控制 Agent 的功能,就是在此基础上加入机器学习,进而不断优化工艺策略。

2) 工艺仿真 Agent

仿真 Agent 的目的在于不断提高仿真模型的可信度。相关的研究在欧洲一些高校也已经开展,例如 Fraunhofer IPT 基于机器学习的工艺仿真系统。在研究玻璃模压成型的工艺参数时,引入 AI 方法,通过对物理实验结果进行修正和比对,让 FE 仿真参数极大限度地接近真实。在此基础上设计模压工艺及模具,使得最终的模压精度达到纳米级。

复合材料性能仿真处于刚起步阶段,欧洲也有研究所在仿真模型和实测数据之间建立连接,通过多次实验不断自动优化复合材料的有限元模型。

图 16 所示为德国某高校对铣削工艺的动态仿真。首先通过实时监控车削工艺,建立起准确的材料模型和工艺模型。通过不断的迭代和参数优化,最终的仿真结果与实际并无二致,甚至连切屑生成和转动的方式都可以模拟出来。

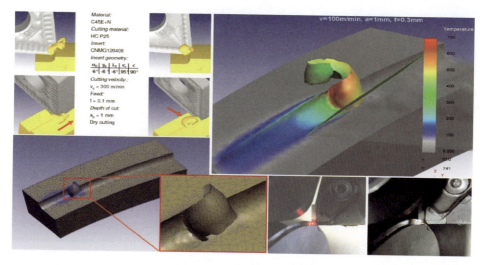

图 16　欧洲某研究所加工工艺仿真结果

5. 主要功能模块定义

1）工作环境系统

工作环境是制约不同工艺能否集成在同一个工艺中心的主要因素。例如真空等离子焊接工艺就无法与普通的机械加工工艺相集成；电火花切割需要特殊的液体介质，所以无法与其他工艺复合。工作环境系统通常要求集成与工艺相关的辅助功能，例如冷却液循环、粉尘防护及防爆、油雾冷却等。

2）运动系统

不同的工艺模块会共用同一套运动系统。运动系统会有几个通道，同时运行不同的控制程序。但是运动系统通过更换工艺模块，实现工艺自由的转换。运动系统实际上是机床或机器人最基本的功能，NC（数控）、RC（机器人控制器）、MC（运动控制器）都可以作为运动平台的控制系统。多个运动系统的协调就是多机配合以及多平台的配合问题。

奥迪 A8 的轻量化零件加工主要是铝合金零件和焊接之后的结构部件。保时捷的方案则是在整个车体结构焊接之后，整体对关键部位加工。

图 17 所示为保时捷全铝车身加工单元。

保时捷的生产线采用通过式，与车身装配线集成。加工中心采用立柱式单侧支撑结构。这种结构相对简单、造价低，但存在先天刚性缺陷。不过由于零件切深小（$a_p = 2$ mm），因此切削力对刚度不构成主要影响。通过控制程序和软件进行精度补偿，两个加工单元同时加工，采用双通道控制。每侧行程：500 mm×725 mm×600 mm，驱动速度：45/45/24 m/min。为了避免电主轴与车体发生碰撞，设计了转向刀具。产品精度可以达到 0.2 mm/整体，生产节拍为 100 s，具备在线检测功能。

新一代智能加工系统——智能工艺中心 | 319

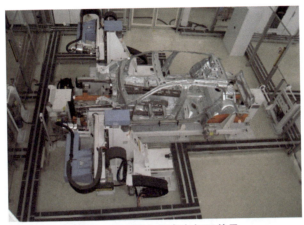

图 17　保时捷全铝车身加工单元

这个案例里面两个相对放置的立柱式 CNC 就是两套运动平台,通过同一套 NC 的两个通道,可以独立运行不同的程序。在进行机床设计的时候首先通常要考虑床体结构设计,从工艺系统集成的视角看,就是选择合适的运动平台。

工业机器人是目前通用性最强的运动平台,可以集成多种工艺模块,比较常见的是焊接、打磨、探伤、喷涂等,如图 18 所示。随着机器人精度的提高,在一些领域机器人加工已经取代了加工中心,更廉价而可靠的技术方案也在不断出现。对于一些精度要求较低的塑料等材料的覆盖件,机器人加工是比较好的选择。国内很多铝型材加工也采用工业机器人安装电主轴的技术方案。这个方案在国内比较盛行,主要原因是自动化集成成本较低。而欧洲的机器人和自动化集成成本并不比加工中心便宜,所以对于欧洲轻量化零部件供应商来说,低精度（0.8 mm/m）的覆盖件会选择机器人加工,而高精度结构件（0.2 mm/m）则通常会选择加工中心。

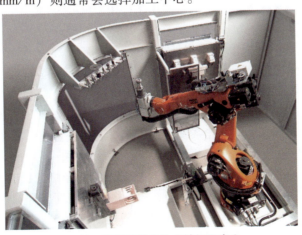

图 18　基于机器人的 6 轴加工中心

在过去20年里,随着控制技术和控制算法的成熟,并联机床(Parallel Kinematical Machine)结构成为研究热点。与传统结构不同,并联机床要实现任何几何形状的运动,所有轴都必须同时运动。

图19所示为六足并联机床,由德国WZL机床所研制。其优点是只需用较小的驱动距离就可以实现复杂的运动,而且每组驱动轴都构成了三角形结构,结构刚性要优于传统机床。

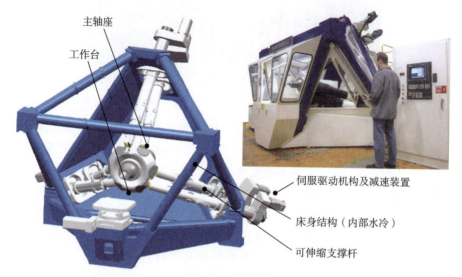

图19 并联机床

3)工艺模块

包括工具交换系统,例如刀库就是加工工艺模块下的工具管理系统;水切割头可以集成不同规格的水刀喷嘴,那么不同的喷嘴就是水切割工艺模块下的工具管理系统。不同的工艺若使用条件相似可以公用,例如3D测头、划线系统就可以集成在标准刀柄上,通过刀库进行管理。

工艺模块Agent主要完成与本身相关的智能控制,例如对激光器功率的调节。工艺模块Agent与运动平台Agent最为直接地决定了工艺结果。

RWTH-WZL曾经进行过第五代加工中心的研究,其中自适性温度补偿系统体现了工艺模块Agent思想。在NC外部建立了额外的智能算法补偿系统,通过神经网络训练该补偿系统,让机床对温度进行进一步高精度的补偿,进而提升机床精度。目前机床精度控制已经面临瓶颈,要想进一步提高精度,只有充分考虑热变形的影响。而温度对加工系统的影响又极其复杂,适合通过机器学习,对工艺大数据进行黑箱分析,进而将精度提升到更高的数量级。该探索性项目并没有引入多智体,本文所阐述的工艺中心概念将工艺模块和运动模块视为两个独立的智能体Agent,通过自组织方式共同优化工艺参数。

4）柔性工装系统

该工装需要试用于不同的工艺要求，工件完成装夹固定后，将不再转换工位，因此工装设计要考虑多种因素。同时，工装系统可以适用于多种不同的零件，或通过夹具库，或改变夹具形状。

图 20 所示为集成立体夹具库的柔性制造单元。机床本身为经典的龙门结

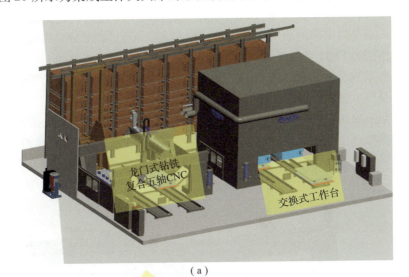

（a）

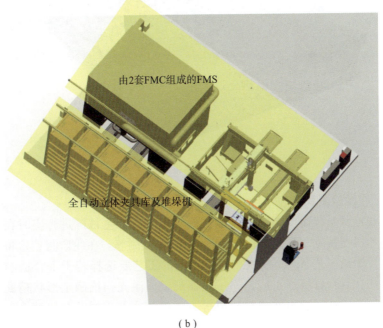

（b）

图 20　集成立体夹具库的柔性制造单元

构，为了便于实现自动化，在龙门下面设计了滑出式工作台，可以从龙门前侧和后侧滑出，以便更换工装和零件。后侧的立体仓库可以码放70多种不同的夹具，通过自动堆垛机将选定的夹具安装在工作台上。而工作台和夹具之间同样通过零点卡盘系统固定。每个FMC都有两个工作台交换系统，单个工作台在加工区域时，另一个工作台可以滑出至龙门外侧，更换零件或夹具。若零件较大，可以横跨放置在两个工作台上，两个工作台同时运动，将大型零件送入至龙门内部的加工区域。前端的机器人可以按照APS的排产计划实时优化由哪台FMC执行订单。

整套系统结构相对简单且工艺灵活，可以完成几乎所有样式零件的机械加工，是典型的FMS的应用案例。

如果不采用自动化夹具库和夹具更换系统，也可以用自动化柔性夹具实现全柔性生产。但是柔性夹具在调整过程中耗时较长，自动化难度相对较大。柔性夹具如图21所示。

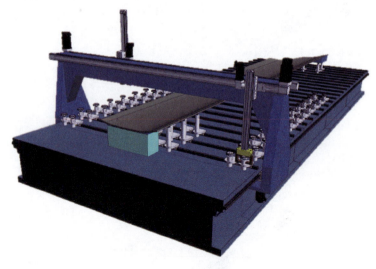

图21 柔性夹具

5）在线检测系统

在线检测系统需要不同的检测手段对不同的工艺目标进行实时在线的监控，例如机器视觉、激光/蓝光扫描、热辐射检测等。在线监测装置将检测结果实时反馈给工艺Agent模块。对于不同的工艺要选择若干个合适的检测方式，例如在复合材料加工后，除了机器视觉或激光扫描确定形状精度和毛边情况，还需要通过超声波或热辐射等方式检测内部破损及分层情况。两个测量方式对工艺控制都很重要。

四、技术展望

德国 MAKA 公司的模块化非标 CNC 设计目前已经初具智能工艺中心的雏形,机械及控制层面可以完成不同工艺设备的集成,也可以实现在线检测回路对工艺参数的实时优化,但是尚不具备 Agent 和 AI 学习功能。下一步工作需要对设备和工艺 CPS 以及 Agent 进行定义和功能划分。

IPC 特别适用于与装配或预装配环节的融合,也就是轻量化结构件的加工和装配。除此之外也适用于工艺复杂的关键机械零部件加工,如发动机叶片。